ATLAS DU MILLÉNAIRE

GÉRARD CHALIAND • JEAN-PIERRE RAGEAU

ATLAS DU MILLÉNAIRE

LA MORT DES EMPIRES
1900-2015

FRANCE
LOISIRS
123, boulevard de Grenelle, Paris

Avertissement

Cet atlas vise à fournir une perspective d'ensemble sur une période historique donnée. Celle-ci tient compte des perceptions variées et souvent contradictoires de cultures et de civilisations extra-occidentales.

Les chronologies abondantes qui accompagnent la cartographie et son commentaire font aussi de cet atlas un outil de travail.

Les auteurs remercient la Fondation pour les études de Défense
pour l'aide qu'elle leur a apportée.

Conception graphique et réalisation : ML Editions, Paris

74, rue Bonaparte, 75006 Paris

Édition du Club France Loisirs, Paris
avec l'autorisation de Hachette Littératures
ISBN : 2-7441-2726-4
N° éditeur : 31467
Dépôt légal : octobre 1999

A la mémoire de Georges Buis, ancien directeur
de la Fondation pour les études de Défense nationale

« Les hommes font l'histoire,
mais ils ne savent pas l'histoire qu'ils font. »
HEGEL

Sommaire

Liste des cartes

Les grands jalons historiques du XXe siècle

1870-1914

Affirmation de la puissance militaire allemande et de sa supériorité industrielle en Europe. Montée des nationalismes antagonistes et partage impérial du monde afro-asiatique.

1914-1918

Première Guerre mondiale. Révolution bolchevique (1917). Affaiblissement de l'Europe.

1929

Krach boursier et crise prolongée des années 1930 dans la plupart des pays industriels.

1939-1945

Seconde Guerre mondiale. Emergence des Etats-Unis comme puissance dominante. L'URSS devient la première puissance européenne. A tous égards, la guerre, qui se termine par l'éclipse politique de l'Europe et par l'apparition du feu nucléaire, marque la rupture majeure du siècle. L'ère coloniale se termine, parfois avec des combats retardateurs. Les pays asiatiques et africains retrouvent leur autonomie politique.

1947-1991

L'URSS rencontre des contestations : Yougoslavie (1948), Berlin (1953), Pologne et Budapest (1956), Tchécoslovaquie (1968), Pologne (à partir de 1980).

La guerre froide est un affrontement indirect entre deux puissances inégales sur les plans industriel et financier, mais l'atome exerce un pouvoir égalisateur à partir de 1949. L'antagonisme s'exprime à travers des crises (Berlin, 1949 et 1961 ; Cuba, 1962), des guerres où l'un des protagonistes est présent (Corée, 1950-1955 ; Vietnam, 1965-1975 ; Afghanistan, 1979-1988) et des affrontements par alliés interposés (Angola, Ethiopie...).

1989-1991

Le système communiste européen, largement bloqué, s'effondre (mur de Berlin, 1989 ; URSS, 1991).

Depuis 1991

Les Etats-Unis exercent une hégémonie sans égale. A l'échelle du globe, la paix paraît mieux assurée que jamais. Risques et menaces sont souvent surestimés et exploités à des fins de manipulation.

INTRODUCTION

Les idées et les conceptions qui façonnent l'Europe et les Etats-Unis au début du XXe siècle trouvent leur origine dans les révolutions américaine et surtout française.

■ Croyance en une égalité en droit des hommes. L'esclavage est aboli, des droits civiques sont accordés aux Juifs, droits que Napoléon étend aux territoires qu'il annexe. Croyance en la nation souveraine fondant la démocratie, où le citoyen remplace le sujet.

■ Conception de l'Etat-nation qui, progressivement, s'étend au monde entier.

■ « Levée en masse » décrétée par la République en 1792, modifiant radicalement pour un siècle et demi la conception de la guerre. Fin des conflits dynastiques aux objectifs limités, menés surtout par des mercenaires. La guerre de masse, conséquence de la démocratie, débouche sur des conflits à caractère absolu, dont le but est l'anéantissement des forces armées de l'adversaire.

A ces éléments s'ajoutent, depuis le XIXe siècle, la révolution industrielle et ses conséquences sur le plan de la production, de la division du travail, des transports et des communications, accompagnées d'un nombre considérable d'innovations scientifiques et techniques.

Par réaction aux dures conditions sociales de l'époque, apparaissent les idées véhiculées par les courants socialistes.

Au seuil du XXe siècle, la condition ouvrière s'est améliorée, en matière tant de droits sociaux que de réduction du nombre d'heures de travail hebdomadaire (84 heures en 1848, 70 heures en 1900). Le seul pays où les femmes ont le droit de vote est la Nouvelle-Zélande (1893), malgré le mouvement des suffragettes aux Etats-Unis et en Grande-Bretagne, qui n'aboutit qu'au lendemain de la Première Guerre mondiale. Aux Etats-Unis, pays qui s'estime le plus démocratique du monde, les Noirs sont discriminés. Leurs revendications sur le plan des droits légaux ne seront satisfaites que dans la seconde moitié du XXe siècle. L'Asie, à l'exception du Japon, et l'Afrique sont des colonies ou des semi-colonies des Blancs, détenteurs de la modernité, sinon de la civilisation.

L'Europe et les Etats-Unis, champions du progrès et confiants dans l'avenir, abordent le XXe siècle avec un optimisme conquérant.

Le découpage par siècle est évidemment une convention. Pour esquisser une perspective cavalière du XXe siècle, il est pertinent de remonter au lendemain de l'établissement de la suprématie militaire de l'Allemagne en Europe (1870). Celle-ci, d'ailleurs, dès 1890, dépasse la production industrielle de la Grande-Bretagne et, démographiquement, n'est surclassée que par la Russie.

Entre-temps, les nationalismes européens se partagent le monde afro-asiatique (conférence de Berlin, 1884). Entre 1870 et 1914, près de 50 millions d'immigrants quittent l'Europe pour les Amériques, l'Australie-Nouvelle-Zélande et l'Afrique (Algérie, Kenya, Rhodésie, Afrique du Sud). La guerre de 1914-1918 est l'aboutissement des nationalismes exacerbés (liés à la perte de l'Alsace-Lorraine pour la France) et des impérialismes antagonistes (Grande-Bretagne, Russie, Allemagne, France, Autriche-Hongrie) qui agitent toujours l'Europe en pleine expansion économique au cours des vingt années qui précèdent la Seconde Guerre mondiale.

Entre 1870 et 1914, transformées par la révolution industrielle, qui leur donne une supériorité absolue, et confortées par l'idée (darwinisme social) d'une stricte hiérarchie des sociétés et des civilisations humaines, les grandes puissances européennes étendent leurs ambitions à l'échelle du monde. La recherche de matières premières et de débouchés engendre un système économique mondial. Jusqu'en 1895, de fréquentes crises économiques remettent en question l'économie libérale et accélèrent l'organisation des mouvements ouvriers. La période qui s'étend ensuite jusqu'à la Première Guerre mondiale est, au contraire, très dynamique. La compétition est féroce pour le partage des colonies et des zones d'influence. Les intérêts anglais et russes se heurtent en Asie, ceux de la France et de l'Angleterre en Afrique. L'Allemagne cherche à s'imposer par une industrialisation effrénée, et sa politique coloniale porte ombrage à la France et à la Grande-Bretagne, qui finissent par se rapprocher.

Les Etats-Unis poursuivent leur ascension et leur expansion. A partir de 1898, la république impériale, déjà présente dans le Pacifique, s'étend jusqu'aux Philippines. Le Japon, en quarante ans, devient une puissance industrielle, et ses victoires sur la Russie (1904-1905) marquent un tournant dans l'histoire moderne : la première victoire d'un peuple de couleur sur une puissance blanche.

Un moment en déclin (fin de la Ire Internationale, 1876), l'organisation du mouvement ouvrier progresse. L'inspiration marxiste est prédominante dans la IIe Internationale (1889-1923), mais les révisionnismes (Allemagne) s'affrontent et les traditions nationales se développent (Grande-Bretagne, Etats-Unis).

Le développement démographique est, sauf en France, particulièrement vigoureux pour la période considérée : l'Allemagne passe de 40 à 65 millions d'habitants, la Grande-Bretagne (moins l'Irlande) de 30 à 42, la Russie de 80 à 145, les Etats-Unis de 37 à 97 (immigration), la France de 36 à 39,5 seulement, le Japon de 33 à 65. L'espérance de vie en 1910 est de 49 ans pour les hommes et de 53 ans pour les femmes en Occident et, respectivement, de 44 et 45 ans au Japon. Au sud de la planète, elle se situe en dessous de 35 ans.

Au cours du XIXe siècle, l'Occident connaît la mécanisation de l'industrie textile, l'apparition de l'usine et une série de sources d'énergie nouvelles : charbon, gaz, électricité.

Le chemin de fer, conséquence du développement de la vapeur, du fer et de l'acier, bouleverse les transports. On construit des transcontinentaux : Pacific-Express (1869), Transcanadien (1885), Transsibérien (1900). Le Berlin-Bagdad est en grande partie achevé à la veille de la Première Guerre mondiale.

Des canaux interocéaniques sont percés : Suez (1869) raccourcit la route Europe-Indes de 6 500 km ; Panamá (1914) raccourcit la route maritime New York-San Francisco de 12 000 km. Le navire métallique à vapeur supplante le navire à voile.

A la fin du XIXe siècle, le réseau des câbles sous-marins est déjà mondialisé. Le réseau télégraphique couronne le marché mondial et abolit l'espace.

Le processus d'intégration nationale est accéléré à la fois par la généralisation de l'instruction, le chemin de fer et l'information. Toute cette supériorité technologique, économique et militaire se traduit, à l'âge des nationalismes modernes, par des volontés impériales.

L'expansionnisme européen fait passer la quasi-totalité du monde afro-asiatique sous la domination directe ou indirecte de quelques nations. Le début du XXe siècle marque l'apogée de l'européanisation du monde par le peuplement ou par la conquête.

Le Japon, échappant au « péril blanc », s'industrialise rapidement et va bientôt battre la Russie tsariste (1905).

L'hémisphère Ouest est considéré par les Etats-Unis comme une aire exclusive dont les puissances européennes doivent être tenues à l'écart. L'Espagne est éliminée des Caraïbes en 1898. Le canal de Panamá est entrepris dès 1903 par les Américains (au détriment de la Colombie), qui refusent d'y associer la Grande-Bretagne. Nation marchande et conquérante, les Etats-Unis se tiennent à l'écart des querelles politiques européennes et fournissent 32 % de la production industrielle mondiale en 1900.

Le siècle en perspective

Les Etats dans le monde en 1900

On considère souvent le XXe siècle comme celui du déclin politique de l'Europe, qui dominait le monde, à l'exception des Etats-Unis et du Japon, en 1900. Vu des Etats-Unis, on le perçoit comme le siècle américain *(The American Century)*. On peut aussi estimer que la période qui s'étend de 1917 à 1991, soit la majeure partie de l'époque dont nous traitons, se caractérise par le conflit entre capitalisme et communisme ou, plus largement, entre les démocraties libérales et les totalitarismes.

Toutes ces interprétations sont certes pertinentes. Cependant, dans le cadre d'une autre perspective, *le XXe siècle est d'abord, sur le plan politique, celui de la fin des empires.*

Fin des reliquats de l'Empire espagnol hors d'Afrique (Cuba, Porto Rico, Philippines) en 1898.

Fin de l'agonie de l'Empire ottoman et de l'Empire austro-hongrois au lendemain de la Première Guerre mondiale.

Naissance et mort de l'Empire allemand du IIe Reich (1871-1918), qui perd ses colonies en 1918, puis du IIIe Reich (1933-1945), de l'Empire nippon (1895-1945), des Empires italien, britannique, néerlandais, français, belge, espagnol et portugais.

Enfin, effondrement de l'Empire soviétique (1989-1991).

La conception de l'empire territorial est désormais caduque. L'historien peut estimer que la Chine et l'Ethiopie en représentent des versions particulières, leurs marches étant considérables par rapport à leur centre de gravité.

1. Les Etats dans le monde en 1900

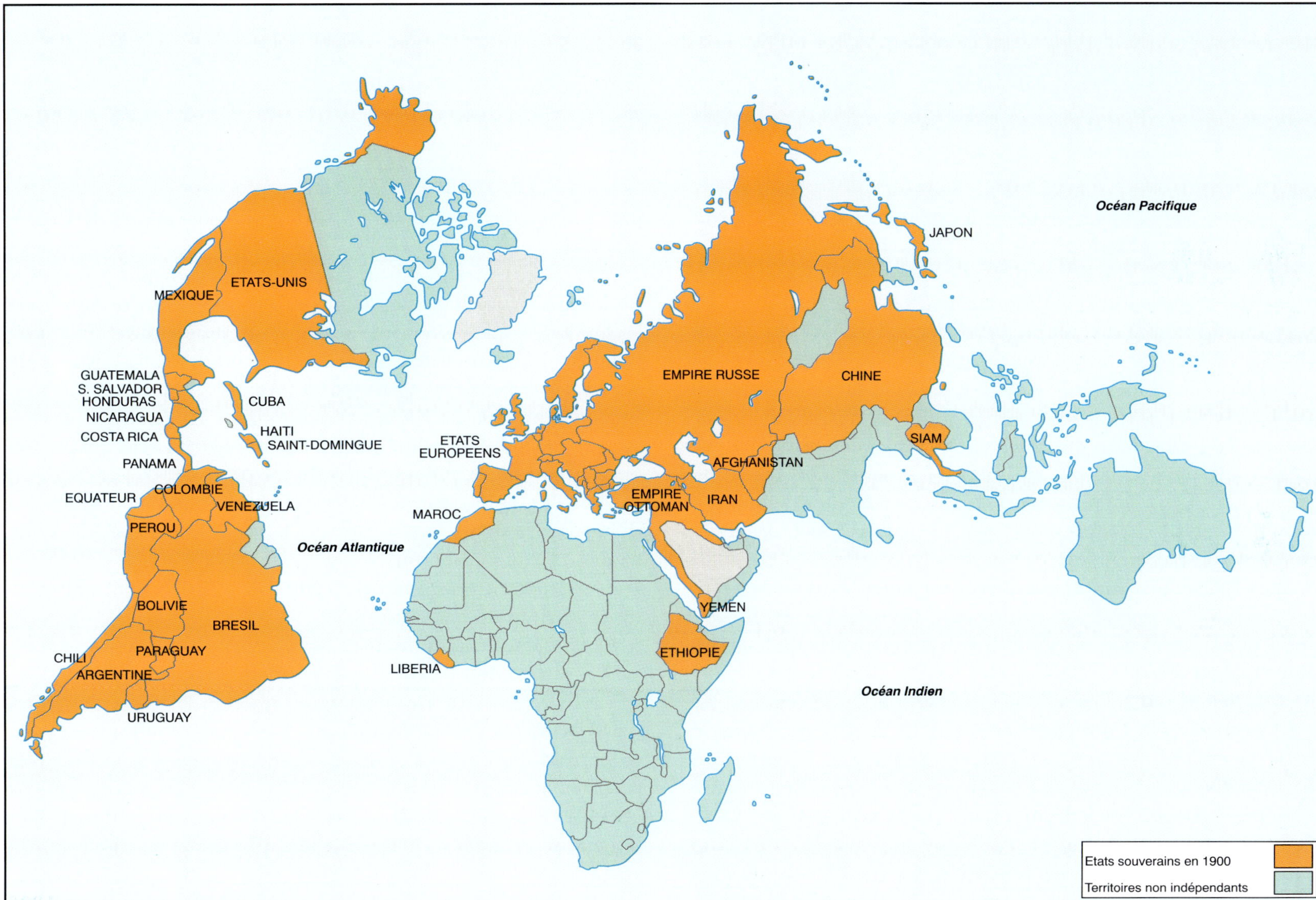

Océan Pacifique
JAPON
ETATS-UNIS
MEXIQUE
EMPIRE RUSSE
CHINE
GUATEMALA
S. SALVADOR
HONDURAS
NICARAGUA
CUBA
COSTA RICA
HAITI
SAINT-DOMINGUE
ETATS
EUROPEENS
SIAM
PANAMA
AFGHANISTAN
COLOMBIE
EQUATEUR
VENEZUELA
EMPIRE
OTTOMAN
IRAN
MAROC
PEROU
Océan Atlantique
BOLIVIE
YEMEN
BRESIL
CHILI
PARAGUAY
ETHIOPIE
ARGENTINE
LIBERIA
Océan Indien
URUGUAY
Etats souverains en 1900
Territoires non indépendants

Les Etats du monde à la fin du XXe siècle

Le nombre des Etats s'est considérablement accru. Le droit à l'autodétermination dans les Etats asiatiques ou africains n'a pas débouché sur des autonomies, tant sont importants la crainte de la sécession et le despotisme du groupe dirigeant.

L'effondrement du communisme européen suivi de celui de l'URSS (1989-1991) a mis fin au monde bipolaire issu de la Seconde Guerre mondiale. La géopolitique de l'après-guerre froide s'écarte résolument des grandes lignes définies par Mackinder (opposition des empires maritimes et continentaux). L'épicentre géostratégique du monde est désormais constitué par les Etats-Unis, seule superpuissance, située entre deux pôles économiques : la Communauté européenne et l'Asie orientale en rapide développement.

Les Etats-Unis sont la première puissance dans l'histoire à exercer une domination (indirecte) universelle. Pour une période indéterminée, ils sont sans rivaux capables de leur disputer l'hégémonie.

Outre leur puissance militaire et économique, ils confortent leur avance par l'intermédiaire de la haute technologie et de la communication *(information dominance)*. L'extension de l'OTAN à la Pologne, à la Hongrie et à la République tchèque – tout comme leur intervention en ex-Yougoslavie – renforce leur position en Europe. La Russie subit un effet de refoulement *(roll back)* par les encouragements des Etats-Unis à l'indépendance et au nationalisme de l'Ukraine, à l'Azerbaïdjan (riche en pétrole) et au désenclavement de l'Asie centrale.

L'Union européenne a davantage propension à s'élargir qu'à s'approfondir. Cependant, personne ne peut prendre à la légère une puissance économique et commerciale dont l'Allemagne est le centre de gravité. Impuissante dans les crises politiques, l'Europe pèse cependant d'un poids important. La croissance vigoureuse de l'Asie orientale, qui s'est étendue sur une longue période, ne peut, malgré les effets de la crise financière de la fin du siècle, que modifier les données du XXIe siècle.

Partout, la disparition des empires coloniaux a laissé place à de nouveaux Etats, constitués sur le modèle français de 1792, celui de l'Etat-nation.

Aux quarante-six Etats de 1900 s'en sont ajoutés cent quarante, surtout depuis 1945.

Les idées révolutionnaires drainées par la Révolution française – droits de l'homme, souveraineté populaire, concept de l'Etat-nation, idéal de liberté et d'émancipation, levée en masse – portaient en elles-mêmes, à l'échelle de l'Europe, celle de la mort des empires et des Etats dynastiques que s'efforça de retarder le congrès de Vienne (1815). Ces idées ont cependant cheminé tout au long du XIXe siècle, suscitant les nationalismes allemand et italien, faisant voler en éclats la domination

2. Le monde en 1999

GROENLAND (DANEMARK)
ALASKA (ETATS-UNIS)
CANADA
ETATS-UNIS
MEXIQUE
CUBA
REPUBLIQUE DOMINICAINE
JAMAIQUE
HAITI
PORTO RICO
GUATEMALA
HONDURAS
NICARAGUA
COSTA RICA
PANAMA
VENEZUELA
COLOMBIE
EQUATEUR
PEROU
BRESIL
BOLIVIE
PARAGUAY
URUGUAY
ARGENTINE
CHILI
ISLANDE
NORVEGE
SUEDE
FINLANDE
ROYAUME-UNI
IRLANDE
DANEMARK
K.
POLOGNE
ALLEMAGNE
FRANCE
BIELORUSSIE
UKRAINE
ROUMANIE
BULGARIE
ITALIE
GRECE
ESPAGNE
PORTUGAL
RUSSIE
KAZAKHSTAN
MONGOLIE
OUZBEKISTAN
TURKMENISTAN
TURQUIE
SYRIE
CHYPRE
IRAK
IRAN
AFGHANISTAN
JORDANIE
PAKISTAN
CHINE
COREE DU NORD
COREE DU SUD
JAPON
ARABIE SAOUDITE
OMAN
YEMEN
INDE
BIRMANIE
LAOS
VIETNAM
THAILANDE
CAMBODGE
TAIWAN
PHILIPPINES
SRI LANKA
MALAISIE
INDONESIE
PAPOUASIE NOUVELLE-GUINEE
AUSTRALIE
NOUVELLE-CALEDONIE (FRANCE)
NOUVELLE-ZELANDE
TUNISIE
MAROC
ALGERIE
LIBYE
EGYPTE
MAURITANIE
MALI
NIGER
TCHAD
SOUDAN
SENEGAL
GUINEE
BURKINA FASO
NIGERIA
COTE D'IVOIRE
LIBERIA
REPUBLIQUE CENTRAFRICAINE
ETHIOPIE
SOMALIE
CAMEROUN
GABON
CONGO
REP. DEM. DU CONGO
KENYA
TANZANIE
ANGOLA
ZAMBIE
MOZAMBIQUE
MADAGASCAR
NAMIBIE
ZIMBABWE
BOTSWANA
AFRIQUE DU SUD
AMERIQUES
1. BELIZE
2. SALVADOR
3. GUYANA
4. SURINAM
5. GUYANE FRANÇAISE
EUROPE
1. PAYS-BAS
2. BELGIQUE
3. LUXEMBOURG
4. SUISSE
5. AUTRICHE
6. REPUBLIQUE TCHEQUE
7. SLOVAQUIE
8. HONGRIE
9. SLOVENIE
10. CROATIE
11. BOSNIE
12. SERBIE
13. MACEDOINE
AFRIQUE
1. GAMBIE
2. GUINEE BISSAU
3. SIERRA LEONE
4. GHANA
5. TOGO
6. BENIN
7. GUINEE EQUATORIALE
8. RWANDA
9. BURUNDI
10. ERYTHREE
11. DJIBOUTI
12. MALAWI
13. SWAZILAND
14. LESOTHO
ASIE et EX-URSS
1. ESTONIE
2. LETTONIE
3. LITUANIE
4. GEORGIE
5. ARMENIE
6. AZERBAIDJAN
7. LIBAN
8. ISRAEL
9. KIRGHIZSTAN
10. TADJIKISTAN
11. NEPAL
12. BHOUTAN
13. BANGLADESH
14. BRUNEI
K. KALININGRAD

espagnole et portugaise aux Amériques, contribuant aux révolutions de 1848 (réprimées par le tsarisme) et débouchant sur la progressive émancipation des peuples européens de tout joug étranger. Entre-temps, l'Europe se partageait systématiquement le monde afro-asiatique (1884-1920), qui s'émancipait à partir de 1945, après avoir adopté l'idéologie majeure de l'Europe, celle du nationalisme moderne.

Dans leurs variantes particulières, le nazisme ou les fascismes ont aussi été des versions exacerbées du nationalisme.

Les idéologies religieuses qui, avant l'apparition du nationalisme moderne, étaient le référent essentiel de l'identité, sont également aujourd'hui l'une des manifestations particulières du nationalisme : intégristes en Israël, hindouistes militants. Les islamistes, malgré leur projet de reconstitution de la communauté musulmane originelle, n'échappent pas, eux non plus, au poids des traditions culturelles locales et aux spécificités de leurs histoires étatiques plus ou moins récentes.

La Belle Epoque en Afrique

POUR LA PÉRIODE limitée de 1900 à 1914, la liste qui suit[1] portant sur la seule Afrique démontre très amplement que l'époque fut, comme aujourd'hui, essentiellement paisible au nord. Ces opérations de pacification – certaines particulièrement dures – n'étaient que discrètement relatées, sauf lorsqu'elles causaient des victimes en nombre chez le colonisateur. Aujourd'hui, depuis la fin de la guerre froide, les conflits se déroulant dans le Sud sont – au moins pour une partie d'entre eux – plus largement relatés. Ils ne sont guère plus nombreux.

AFRIQUE AUSTRALE

1899-1902	Guerre des Boers
1902	Guerre du Barué (Centre-Mozambique)
1903	Campagne portugaise contre l'Angoche (Nord-Mozambique)
1904	Révoltes des Herero et des Hottentots contre l'Allemagne (Sud-Ouest africain) ; campagne portugaise contre Quitangonha (Nord-Mozambique)
1910	Conquête portugaise de l'Angoche (Nord-Mozambique)

1. Liste établie pour le présent *Atlas* par René Pélissier, auteur de *Angola. Les guerres grises* (1978), *Mozambique. Naissance du Mozambique* (1984) et *Guinée portugaise. Naissance de la « Guiné »* (1989) (éd. Pélissier, Montamets, Orgeval).

1912 Campagnes portugaises contre les Yaos et les Swahilis (Nord-Mozambique)
1913 Ultime campagne portugaise contre Namarrais (Mozambique)

AFRIQUE DU NORD

1900 La France occupe le Touat, Colomb-Béchar, etc.
1902-1909 Révolte de Bou Hamara (el-Rogui) contre le sultan du Maroc
1907-1908 Début de l'occupation française au Maroc
1909 Campagne espagnole pour dégager Melilla
1911 Occupation de Fés par la France ; l'Italie occupe Tripoli
1912-1934 Occupation progressive du Maroc

AFRIQUE OCCIDENTALE

1900 La France défait Rabah au Tchad
1900-1901 Guerre des Britanniques contre les Achantis (Ghana)
1901 Campagnes britanniques antiesclavagistes au Nupe (Nigeria)
1902 Prise de Bauchi (Nigeria) par les Britanniques ; expéditions françaises en Mauritanie, en Guinée, en Côte d'Ivoire (Baoulé)
1903 Campagnes britanniques contre Sokoto et Kano ; conquête du Nord-Nigeria
1904 Campagne française contre les Koniaguis (Guinée)
1905 Soulèvement en Guinée française et en Côte d'Ivoire
1906 Troubles au Nord-Nigeria (Tivs)
1907 Soulèvements contre les Français en Côte d'Ivoire
1908 « Pacification » de l'Adrar (Mauritanie) ; quatrième guerre de Bissau (Guinée portugaise)
1910-1911 Campagne française contre les Baoulés (Côte d'Ivoire)
1913-1914 Campagne portugaise contre les Balantes, les Mandingues, les Mandjaques (Guinée portugaise)
1913-1916 Soulèvement partiel du Nord-Ouest angolais
1914-1916 Soulèvement au Niger ; occupation franco-britannique du Togo ; occupation française du Tibesti (Tchad)

AFRIQUE CENTRALE

1900-1904 Quatrième expédition britannique contre le « Mad Mullah » (Somaliland)
1902 Soulèvement des Ovimbundus contre les Portugais (Centre-Angola)
1903 Expédition allemande contre le Burundi
1904-1911 Campagnes françaises contre les Fangs et les Batokas ; défaite portugaise au Cuamato (Ovambo, Sud-Angola)
1905 Insurrection de l'Ouellé (Congo belge)
1907 Grandes campagnes portugaises contre les Ovambos et les Dembos (Angola)
1911 Conquête portugaise au Cassange (Angola)
1914-1916 Campagne franco-britannique au Cameroun

AFRIQUE ORIENTALE

1905 Insurrection des Nandis (Kenya)
1905-1907 Révolte Maji-Maji contre les Allemands (Sud-Tanganyika)

La dimension coloniale

Au tournant du siècle précédent, l'Europe domine directement – le plus souvent – ou indirectement l'Asie et l'Afrique. L'expansion de l'Europe, qui a débuté à l'extrême fin du XVe siècle, trouve son achèvement entre la seconde moitié du XIXe et la Première Guerre mondiale. Cette expansion finale est la conséquence de la révolution industrielle, qui fournit les moyens matériels de la conquête : révolution dans les communications (steamer, télégraphe), dans l'armement (mitrailleuse), dans la médecine (quinine contre la malaria). A peu près partout – à l'exception du désastre britannique de la première guerre afghane et de la bataille d'Adoua en Ethiopie où les Italiens sont vaincus en 1896 –, des unités réduites mais supérieurement armées l'emportent et subjuguent empires et royaumes.

Cette expansion est menée non seulement par la plupart des Etats d'Europe occidentale, France et Grande-Bretagne en tête, mais aussi par la Russie. Celle-ci, au cours de la seconde moitié du XIXe siècle, conquiert une importante partie de l'Asie centrale, l'Afghanistan servant d'Etat-tampon entre les Indes britanniques et l'Empire russe. Dans le cadre des traités inégaux, la Russie arrache à l'Empire chinois quelque 2,5 millions de km^2.

En 1898, les Etats-Unis, après leur victoire contre l'Espagne, s'installent à Porto Rico et aux Philippines. La plus grande partie du Pacifique Nord est sous leur contrôle. Quant aux Caraïbes et à l'Amérique centrale, elles représentent l'« arrière-cour » de la république impériale.

Cette expansion blanche, menée au nom de la civilisation, est confortée sur le plan pseudo-scientifique par un darwinisme social (survie du plus apte).

Face à cette montée des périls, seul le Japon parvient à trouver en lui-même, grâce à son insularité, à sa cohésion et à la détermination d'une partie de ses élites, les moyens de répondre au défi (1867). Le pays s'industrialise à marche forcée. En 1905, la victoire navale de Tsushima, remportée contre la Russie par une nation sans tradition maritime, a un retentissement considérable en Asie. Elle administre la preuve que l'on peut vaincre les Blancs à condition de se mettre à leur école.

Malgré des tentatives de modernisation, aucune autre mutation n'est réussie avant la Première Guerre mondiale. Les révolutions persane (1905-1907), jeune-turque (1908) et chinoise (1911) n'aboutissent pas. Les rares élites modernistes savent ce qu'elles refusent, mais ne conçoivent pas clairement quel modèle adopter. Le rejet de l'étranger, de la subjugation, bref la conscience de l'humiliation est forte, bien qu'elle ne concerne que des couches sociales encore restreintes. Mais les voies et les moyens pour triompher de l'asservissement et reprendre en main le destin du pays restent encore mal perçus. Peut-on se contenter d'une modernisation limitée aux aspects militaires ? Faut-il imiter le parlementarisme européen ? Comment s'adapter sans renoncer à la tradition ? Telles sont quelques-unes des questions que se pose, sans parvenir à leur donner une réponse, une fraction des élites des pays à tradition étatique. Il faudra du temps pour trouver la réponse et retourner contre les Européens leur idéologie majeure : le nationalisme. Pendant ce temps, l'Europe continue son expansion : le Maroc passe sous protectorat français (1909) – c'est le seul Etat arabo-berbère qui avait su conserver son indépendance tout au long de la période ottomane. La Libye est investie par les Italiens (1911-1912). Partout, l'Empire ottoman, qui n'a cessé de se réduire depuis le XVIIIe siècle, se rétrécit à un rythme accéléré, qui précipite la crise de ses élites.

Deux Etats non européens participent à la Première Guerre mondiale – sans compter les Etats-Unis, issus de la matrice européenne –, l'Empire ottoman et le Japon. Le premier, allié aux puissances centrales, s'effondre. Cependant, grâce à Mustafa Kemal, la Turquie moderne voit le jour sur le modèle de l'Etat-nation. Avec une avance considérable sur les autres Etats d'Asie et d'Afrique du Nord, Mustafa Kemal parvient à imposer l'indépendance de son pays. Précurseur à bien des égards – non seulement dans l'européanisation plus ou moins formelle –, il est le premier à jouer des rivalités Est-Ouest. Quant au Japon, membre du camp des vainqueurs, il hérite, dans le Pacifique Nord, des possessions coloniales allemandes.

Au lendemain de la guerre, les principes wilsoniens reconnaissent le droit des peuples *européens* à l'autodétermination. Ce droit est accordé aux anciennes possessions des Habsbourg et à l'Arménie (1920). Les territoires arabes – à l'exception de ce qui devient en 1925 l'Arabie Saoudite – passent sous mandat britannique ou français. A la Société des Nations, le Japon, alors seule puissance non blanche, demande que l'on ajoute dans le Préambule un article condamnant la discrimination raciale, ce qui est refusé par la délégation américaine.

C'est à la même époque que se créent les partis communistes d'Asie et que se tient le Congrès des peuples d'Orient à Bakou (1920) sur l'initiative des bolcheviques.

L'agitation de l'entre-deux-guerres ne porte ses fruits qu'aux lendemains de la Seconde Guerre mondiale. L'idéologie impériale et coloniale, intégrée par une écrasante majorité des Européens, est subie comme une fatalité par la plupart des colonisés, à l'exception de minces couches urbaines. Celles-ci trouvent néanmoins peu à peu un soutien populaire, comme en Inde. Il faut cependant attendre la fin de la Seconde Guerre mondiale pour que s'opèrent les changements radicaux.

La Charte des Nations unies admet le droit à l'autodétermination de tous les peuples (colonisés par les Européens).

A partir de 1947-1948, la guerre froide prend acte de la bipolarité militaire du monde. Les avancées communistes en Asie : Chine, Corée, Vietnam – menaces en Malaisie et aux Philippines – sont compensées tant bien que mal par un endiguement de l'anneau maritime *(Rimland)* asiatique tel que l'avait préconisé le géopoliticien Spykman : réseau d'alliances s'étendant du

Moyen-Orient au Pakistan et de la Thaïlande au Japon en passant par les Philippines.

Dans les faits et, peu à peu, dans les consciences, la quinzaine d'années qui sépare la fin de la Seconde Guerre mondiale du début des années 1960 voit s'opérer deux changements radicaux :

- l'émergence du tiers-monde, qui devient le lieu majeur du conflit Est-Ouest ;
- le dépérissement graduel de la mentalité impériale chez les Européens.

La période coloniale à l'ère des impérialismes a été brève : elle couvre à peine quatre-vingts années. Mais, à l'échelle du siècle, la fin du colonialisme est un phénomène décisif qui modifie l'esprit du temps.

La motivation majeure des nationalistes n'est pas la révolte contre l'exploitation économique, mais la revendication de la dignité. Cependant, les conceptions mêmes des luttes revendicatrices sont héritées des modèles européens : exaltation du nationalisme moderne avec pour objectif l'Etat-nation, autre innovation occidentale.

Par un singulier retournement, c'est au moment où il est le plus vivement rejeté que l'Occident est peut-être le plus imité. Mais le modèle n'est plus, comme au temps de Mustafa Kemal, hautement revendiqué comme le plus avancé. Il est adopté comme allant de soi. Les frontières héritées de la période coloniale sont respectées non seulement en Afrique mais au Proche-Orient.

L'Etat, partout où n'existe pas la nation, cherche à la créer ou fait comme si elle existait. Quant aux droits des peuples à disposer d'eux-mêmes, il aura été le droit des peuples à se libérer de la tutelle de l'Occident. Avec pour exceptions, au sud, le Bangladesh et l'Erythrée.

3. L'apogée des empires coloniaux en 1914

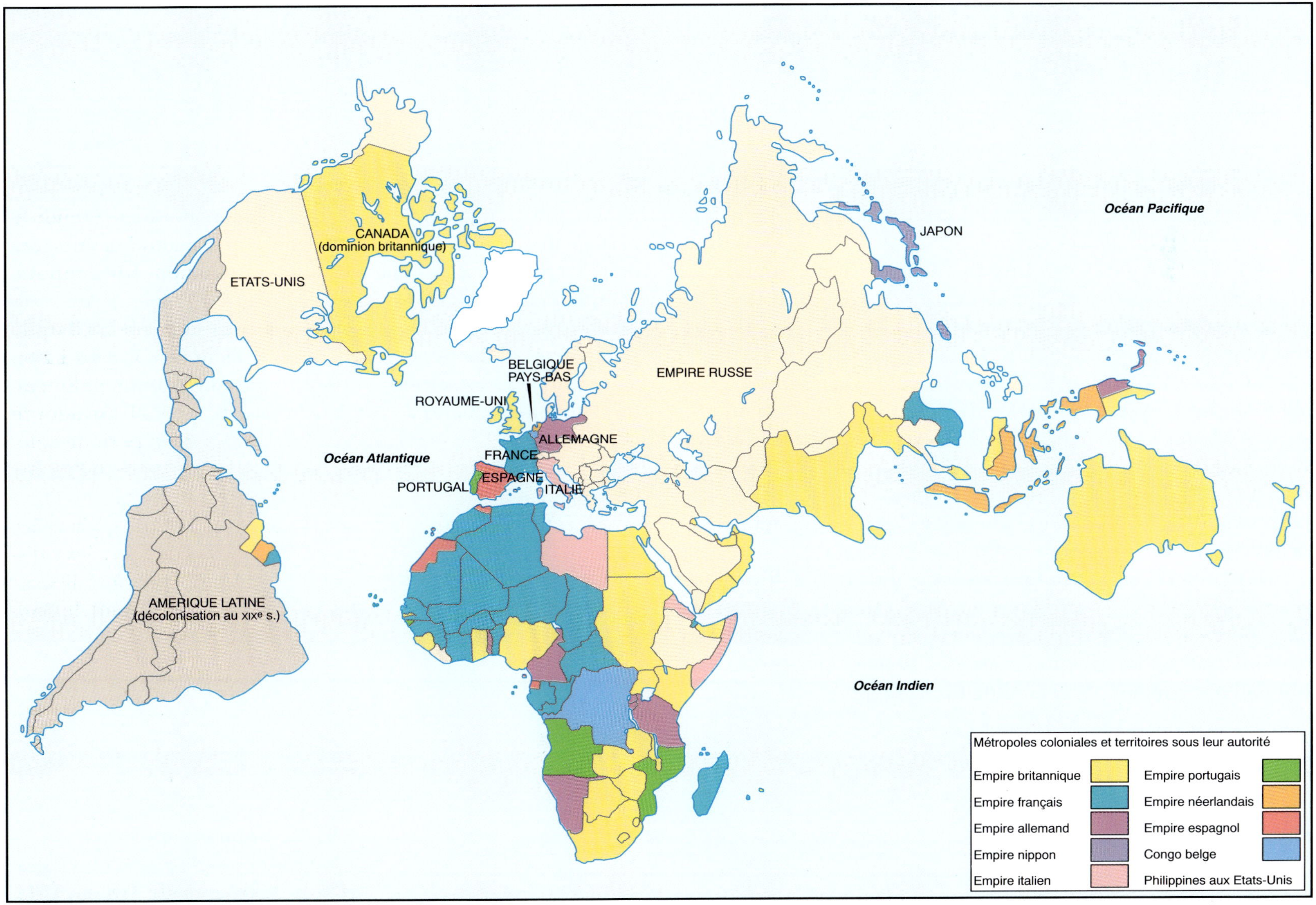
Océan Pacifique
JAPON
CANADA
(dominion britannique)
ETATS-UNIS
EMPIRE RUSSE
BELGIQUE
PAYS-BAS
ROYAUME-UNI
ALLEMAGNE
Océan Atlantique
FRANCE
ESPAGNE
PORTUGAL
ITALIE
AMERIQUE LATINE
(décolonisation au XIXe s.)
Océan Indien
Métropoles coloniales et territoires sous leur autorité
Empire britannique
Empire français
Empire allemand
Empire nippon
Empire italien
Empire portugais
Empire néerlandais
Empire espagnol
Congo belge
Philippines aux Etats-Unis

Les rivalités impériales en Asie. Le « grand jeu »

DURANT la seconde moitié du XIXe siècle et jusqu'à la Première Guerre mondiale, la Grande-Bretagne, dans le cadre du « grand jeu », fait pièce, de l'Iran au Tibet, aux ambitions russes.

La Russie tsariste a la singularité, à l'époque moderne, de constituer son empire par la continuité territoriale. La Sibérie, très peu peuplée, est conquise par les cosaques dès les XVIe-XVIIe siècles. L'expansion en Europe a surtout lieu au cours du XVIIIe siècle. L'expansion coloniale débute dès cette époque : steppes kazakhes, puis, à partir de 1800, vers le Caucase et, par la suite, vers la frontière chinoise (2,5 millions de km^2 annexés dans le cadre des traités inégaux vers 1860), enfin en Asie centrale musulmane, dont l'investissement s'étend jusqu'au début de la révolution bolchevique (émirat de Boukhara).

Dès le XVIIIe siècle et tout au long du XIXe, la Russie se heurte, directement ou indirectement, à l'Empire ottoman et cherche un débouché vers la Méditerranée, que Constantinople et ses détroits lui interdisent. L'Empire ottoman, qui agonise, est soutenu notamment par la Grande-Bretagne.

En 1907, un accord russo-britannique règle sur le papier le partage de la Perse (Iran) ; l'Afghanistan est maintenu entre les deux empires, britannique aux Indes et russe en Asie centrale, comme Etat-tampon. Plus à l'est, le Tibet est l'objet d'une compétition par missions exploratrices interposées entre la Grande-Bretagne et la Russie. Ce que l'on appelle, journalistiquement, le « grand jeu » est surtout l'illustration d'une époque où le destin des peuples asiatiques est déterminé par les puissances européennes.

4. Le « grand jeu » : la rivalité anglo-russe en Chine et en Asie centrale (1850-1914)

Expansion russe
Annexions 1800-1850
Annexions 1850-1914
Protectorats russes
Sphères d'influence russe
Occupation militaire
ROYAUME-UNI
Gibraltar
Saint-Pétersbourg
EMPIRE RUSSE
SAKHALINE
Mer Méditerranée
Mer Noire
Orenbourg
Omsk
Lac Baïkal
Irkoutsk
Chita
MANDCHOURIE
Vladivostok
CHYPRE
Mer Caspienne
TURKESTAN RUSSE
Mer d'Aral
Lac Balkhach
TOUVA
MONGOLIE
JAPON
Tokyo
Khiva
Boukhara
Port-Arthur
COREE
Pékin
Weihaiwei
1905
Guerre russo-japonaise
L'impérialisme japonais arrête la poussée russe en Mandchourie et en Corée
Suez
EGYPTE
KOWEIT
PERSE
AFGHANISTAN
TURKESTAN CHINOIS
ARABIE
CHINE
Shanghai
Océan Pacifique
TIBET
NEPAL
FORMOSE
Canton
Hong Kong
Aden
EMPIRE DES INDES BRITANNIQUES
BIRMANIE
Bombay
Calcutta
PHILIPPINES
SIAM
INDOCHINE FRANÇAISE
Singapour
Océan Indien
INDES NEERLANDAISES
AUSTRALIE
Expansion britannique
Axes d'expansion
Possessions ou protectorats au XIXe siècle
Annexions après 1880
Sphères d'influence britannique

Les prétentions allemandes en Europe (1911)

LA GÉOPOLITIQUE RÉELLE, en ce début de siècle, prend acte de la menace représentée par l'Allemagne et par les prétentions de son état-major. Première puissance industrielle et militaire d'Europe, l'Allemagne provoque un rapprochement entre Britanniques et Français.

Pour l'Allemagne, la perspective d'un conflit européen éveille la crainte de combattre sur deux fronts, l'un à l'ouest contre les Français, l'autre à l'est contre les Russes.

Le plan Schlieffen (1905) veut éviter ce danger en écrasant d'abord les Français, par un mouvement d'enveloppement dont l'une des ailes, violant la neutralité de la Belgique, avancerait vers Paris, tandis que l'autre attaquerait directement par l'est, en direction de la capitale. Il s'agit de se retourner ensuite contre les Russes, moins industrialisés et plus lents à mobiliser.

Le chemin de fer Berlin-Bagdad, dont la construction était achevée jusqu'en Anatolie orientale, était l'artère de l'expansion de l'empire et de ses aspirations.

La Grande-Bretagne était inquiète, car on envisageait de prolonger ce chemin de fer jusqu'à Bassora, projetant l'Allemagne dans le golfe Persique et menaçant ainsi l'Empire britannique des Indes.

C'est à cette époque (1904) que l'Anglais Mackinder imagine un modèle géopolitique fondé sur l'importance du « pivot » *(Heartland)* constitué par la masse eurasiatique dont la domination permettrait à un Etat continental d'exercer une hégémonie globale. Mackinder pense évidemment à l'Allemagne et oppose les intérêts des empires continentaux à ceux des empires maritimes, telle la Grande-Bretagne.

5. Les aspirations et projets de l'Allemagne en 1911

SUEDE
NORVEGE
FINLANDE
Mer Baltique
Saint-Pétersbourg
PAYS BALTES
Riga
Moscou
Volga
Oural
Mer du Nord
DANEMARK
ROYAUME-UNI
Londres
PAYS-BAS
Hambourg
Berlin
Dantzig
Vistule
Oder
Elbe
Rhin
Varsovie
EMPIRE RUSSE
Don
Kiev
Dniepr
BELGIQUE
LUX.
ALLEMAGNE
Océan Atlantique
Paris
FRANCE
CONFEDERATION GERMANIQUE
Dniestr
Vienne
Budapest
SUISSE
AUTRICHE
HONGRIE
Mer Caspienne
ROUMANIE
Danube
Mer Noire
Batoumi
Bakou
Madrid
Tage
ESPAGNE
ITALIE
Rome
SERBIE
Sofia
BULGARIE
FEDERATION BALKANIQUE
Constantinople
ALBANIE
Ankara
EMPIRE OTTOMAN
GRECE
Athènes
Tigre
IRAN
SYRIE
Euphrate
Bagdad
CHYPRE
Mer Méditerranée
Bassora
Golfe Persique
ARABIE
EGYPTE
vers Médine
Limite de la confédération germanique
Empire allemand en 1910
Territoires intégrés à la confédération (Autriche-Hongrie et autres)
Fédération balkanique
Empire ottoman
Adversaire potentiel
Chemin de fer Berlin-Bagdad

Les prétentions allemandes dans le monde (1911)

LES AMBITIONS proclamées du haut état-major allemand étaient considérables. Frustrés par l'ampleur des expansions coloniales britannique et française, comparée à la modestie des colonies allemandes, les militaires voyaient dans un conflit éventuel l'occasion de constituer un empire à la mesure de la puissance de l'Allemagne.

La guerre de 1914-1918, qui éclate à partir d'un incident mineur, se généralise à cause d'un système d'alliances entraînant la belligérance des Etats européens. Cependant, si ce long conflit a ruiné l'Europe, il a permis aux vainqueurs de maintenir le statu quo. Une victoire de l'Allemagne, possible durant l'été 1914, eût changé la face de l'Europe et du monde. (Incidemment, l'Europe n'aurait connu ni l'Allemagne nazie ni, sans doute, la révolution d'Octobre.)

La défaite de l'Allemagne, inéluctable après l'entrée en guerre des Etats-Unis en 1917, se solde par le traité de Versailles (1919), que tout nationaliste allemand ne pouvait tenir que pour injuste : l'idée de revanche était inscrite dans les conditions de ce traité, qui faisait retomber sur l'Allemagne l'entière responsabilité de la guerre, la privait d'une importante partie de son territoire et l'humiliait par une série de mesures de rétorsion politiques, économiques et financières. Les crises qui marquent les années d'après-guerre (hyperinflation de 1921-1923, crise de 1929) jouent aussi un rôle considérable dans la montée de l'ultranationalisme allemand.

6. Le rêve allemand d'hégémonie mondiale (plan du haut état-major, 1911)

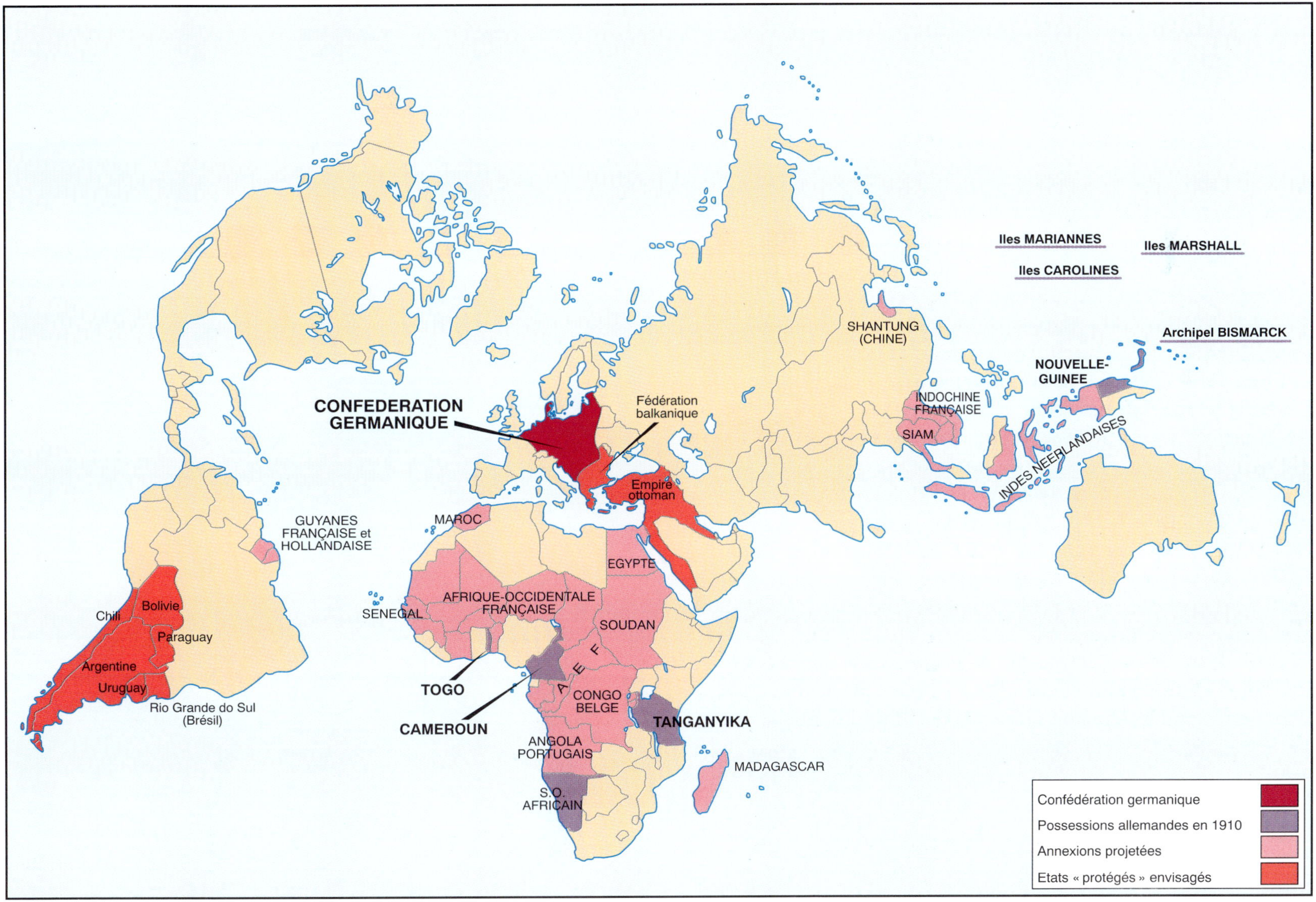
Iles MARIANNES
Iles MARSHALL
Iles CAROLINES
Archipel BISMARCK
SHANTUNG (CHINE)
NOUVELLE-GUINEE
INDOCHINE FRANÇAISE
SIAM
INDES NEERLANDAISES
CONFEDERATION GERMANIQUE
Fédération balkanique
Empire ottoman
GUYANES FRANÇAISE et HOLLANDAISE
MAROC
EGYPTE
AFRIQUE-OCCIDENTALE FRANÇAISE
SENEGAL
SOUDAN
A E F
Chili
Bolivie
Paraguay
Argentine
Uruguay
Rio Grande do Sul (Brésil)
TOGO
CAMEROUN
CONGO BELGE
TANGANYIKA
ANGOLA PORTUGAIS
MADAGASCAR
S.O. AFRICAIN
Confédération germanique
Possessions allemandes en 1910
Annexions projetées
Etats « protégés » envisagés

Les projets allemands en URSS (1941)

Tandis que l'Italie espère se constituer un empire en Afrique et dans les Balkans, l'Allemagne nationale-socialiste veut écraser le bolchevisme russe et bâtir une Europe nouvelle qui lui soit asservie. A l'est, les territoires slaves (Polonais, Ukrainiens, Russes) doivent être peuplés de colons allemands ou d'une main-d'œuvre slave sans autre droit que de servir ses nouveaux maîtres. Dans ce projet, la Russie se trouve ramenée à peu près à l'assiette territoriale qui fut la sienne à l'époque du grand-duché de Moscovie avant qu'Ivan le Terrible ne s'empare de Kazan (1556).

Ce projet politique n'était pas celui du célèbre géopoliticien allemand Haushofer qui, opposé à l'hégémonie des Anglo-Saxons, prônait une alliance entre l'Allemagne, le Japon et l'URSS. Ce projet, cohérent sur le plan stratégique, était absurde politiquement tant était aigu l'antagonisme entre le national-socialisme et le bolchevisme.

Dès 1942, la percée initiale des Allemands est stoppée. La guerre va devenir avant tout celle des moyens et des capacités économiques. L'Allemagne, face à la coalition des Etats-Unis, de l'URSS et de la Grande-Bretagne, était surclassée.

7. Plan allemand de démantèlement de l'Union soviétique (1941)

La zone japonaise de coprospérité asiatique (1941)

À PARTIR DE 1931, sous l'effet de la crise économique mondiale, le Japon voit se fermer les marchés occidentaux. Dans le même temps, l'occupation de la Mandchourie chinoise lui permet de créer un Etat satellite : le Mandchoukouo, futur point de départ de sa conquête de la Chine côtière à partir de 1937.

Le Japon, qui a entrepris avec la révolution du Meiji (1867) une marche forcée vers la modernisation, après avoir vaincu la Chine (1895), puis la Russie (1905), entend établir en 1941 une zone de « coprospérité » en Asie. Sa propagande exploite le sentiment d'humiliation des peuples colonisés. Mais la nature brutale (sac de Nankin) de sa domination révèle son mépris racial et ses prétentions impériales. Dès Pearl Harbor, la défaite du Japon est scellée.

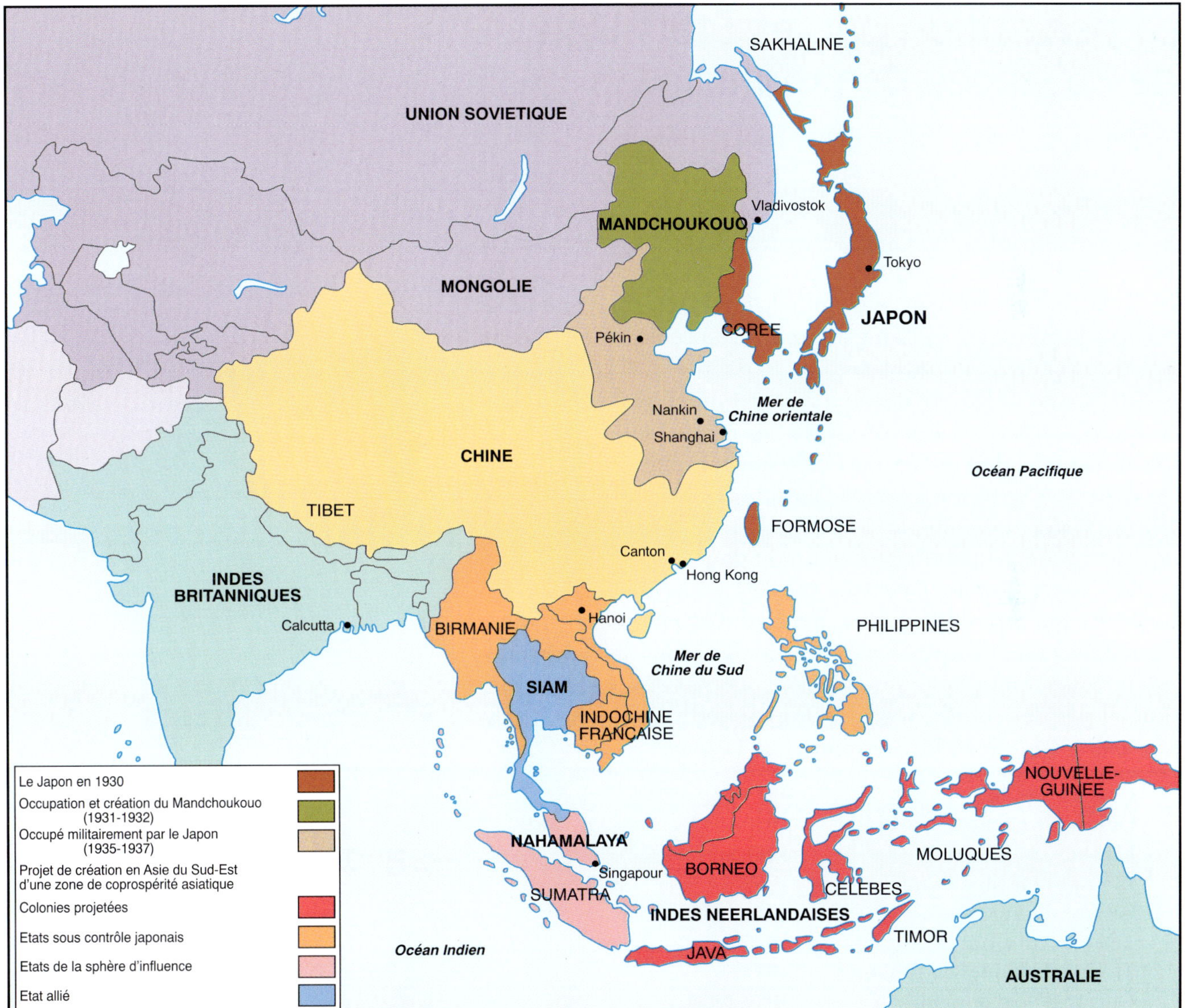

8. L'expansion du Japon dans les années 1930 : projet de sphère de coprospérité asiatique

La perception par les Etats-Unis de l'avancée communiste

LA GÉOPOLITIQUE de l'après-Seconde Guerre mondiale est admirablement interprétée par l'Américain Spykman dès 1942. Au lieu de considérer, comme le fait Mackinder, que l'Etat occupant le pivot eurasiatique est, par voie de conséquence, celui qui exerce l'hégémonie mondiale, il estime que la puissance maritime doit s'efforcer d'isoler l'Etat continental en contrôlant l'anneau maritime. La géostratégie des alliances nouées par les Etats-Unis au début des années 1950 obéit à cette logique.

Afin de s'opposer à l'expansionnisme soviétique, les Etats-Unis s'efforcent d'endiguer l'URSS par un réseau d'alliances sur le pourtour maritime du continent asiatique.

Les deux rivaux, paralysés par les conséquences du feu nucléaire qui interdit la guerre, à moins d'effets apocalyptiques, cherchent l'un et l'autre à grignoter les positions de l'adversaire par le truchement de la propagande, par des crises et leur gestion, et par des conflits indirects tout en se livrant à une course aux armements et à l'investissement de l'espace.

Crise de Berlin	1949
Guerre de Corée	1950-1953
Erection du mur de Berlin	1961
Crise des missiles à Cuba	1962
Guerre du Vietnam	1964-1973
Troupes cubaines en Angola	1976
Troupes cubaines en Ethiopie	1977
Guerre d'Afghanistan	1979-1988

9. Le monde selon Spykman

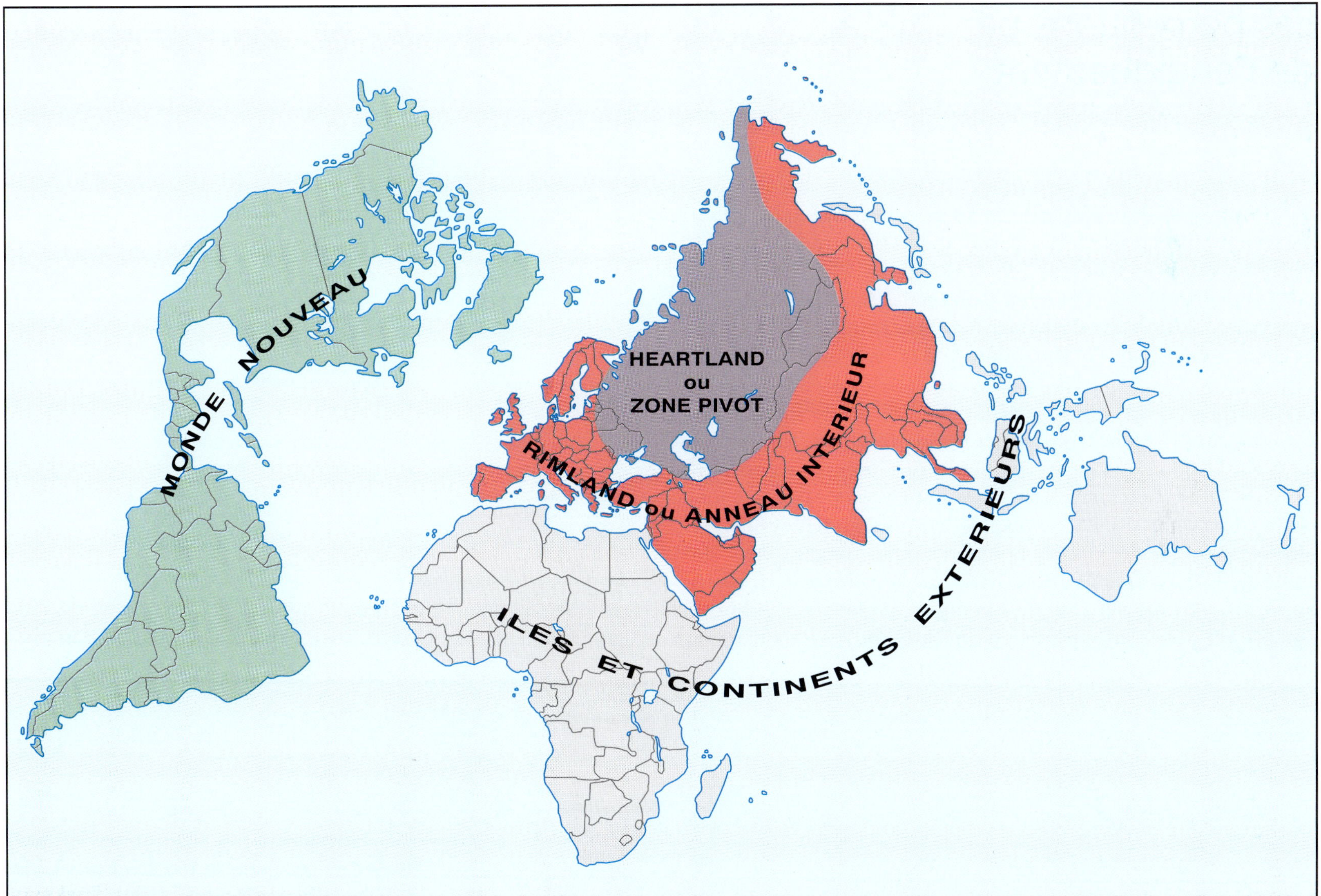
MONDE NOUVEAU
HEARTLAND
ou
ZONE PIVOT
RIMLAND ou ANNEAU INTERIEUR
ILES ET CONTINENTS EXTERIEURS

Les perceptions par l'URSS de l'endiguement

L'Union soviétique, à partir de 1945, transforme en régimes communistes les pays où ses troupes ont pénétré (Roumanie, Bulgarie, Hongrie, Pologne, Tchécoslovaquie, Allemagne orientale). Les frontières (Pologne, Roumanie) sont modifiées au profit de l'URSS et au détriment du vaincu, comme c'est l'usage. Seule la Yougoslavie de Tito échappe à la mainmise soviétique (1948).

Malgré une extension considérable de l'aire tenue par les communistes (Chine, 1949) et des zones où luttent, les armes à la main, des mouvements communistes avec des fortunes diverses (échecs en Grèce, aux Philippines et en Malaisie ; succès au Vietnam), l'URSS se perçoit comme endiguée par les alliances contractées par les Etats-Unis dont l'Organisation du traité de l'Atlantique Nord (OTAN) est la principale. L'appui apporté aux mouvements de libération nationale cherche à rompre cet isolement, surtout à partir de 1956.

10. Perception par l'Union soviétique de son encerclement par les Etats-Unis et leurs alliés militaires (1948-1955)

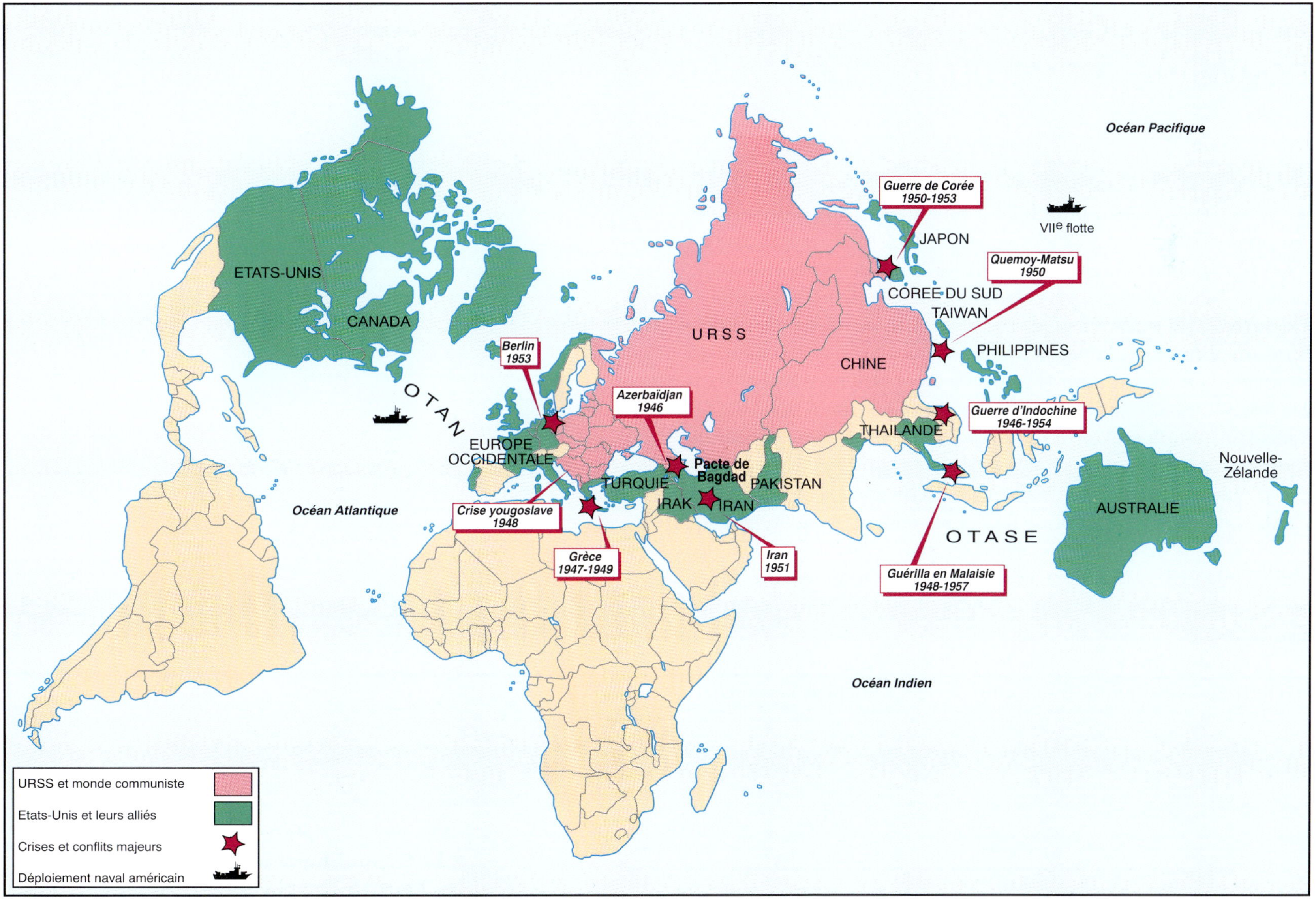

Océan Pacifique
Guerre de Corée
1950-1953
VIIe flotte
JAPON
Quemoy-Matsu
1950
COREE DU SUD
TAIWAN
ETATS-UNIS
CANADA
URSS
CHINE
PHILIPPINES
Berlin
1953
Azerbaïdjan
1946
OTAN
Guerre d'Indochine
1946-1954
THAILANDE
EUROPE
OCCIDENTALE
Pacte de
Bagdad
Nouvelle-
Zélande
TURQUIE
PAKISTAN
IRAK
IRAN
AUSTRALIE
Océan Atlantique
Crise yougoslave
1948
OTASE
Grèce
1947-1949
Iran
1951
Guérilla en Malaisie
1948-1957
Océan Indien
URSS et monde communiste
Etats-Unis et leurs alliés
Crises et conflits majeurs
Déploiement naval américain

Les Etats-Unis, nouvel épicentre du monde

LA SECONDE GUERRE mondiale a fortement contribué au rôle prédominant des Etats-Unis. De 1939 à 1945, le volume du PNB par habitant augmente de 42 %. En Europe occidentale, pour la même période, on constate un recul de près d'un tiers. De surcroît, la guerre et l'après-guerre ont porté vers les Etats-Unis un afflux de réfugiés hautement spécialisés, notamment du point de vue scientifique (l'accroissement des prix Nobel dans les disciplines scientifiques en témoigne). A l'heure actuelle, les Etats-Unis emploient près de 25 % des scientifiques du monde dans le domaine de la recherche.

L'effondrement de l'URSS place désormais les Etats-Unis à l'épicentre de la géopolitique de l'après-guerre froide. L'ALENA (Accord de libre-échange nord-américain, entre le Canada, les Etats-Unis et le Mexique) fait pièce à la Communauté européenne et à l'Asie orientale, les deux autres pôles de puissance économique.

L'Eurasie, qui fut, depuis les premiers empires historiques, le centre géographique du monde, en est désormais l'enjeu.

11. Géopolitique de l'après-guerre froide : les Etats-Unis, épicentre du monde

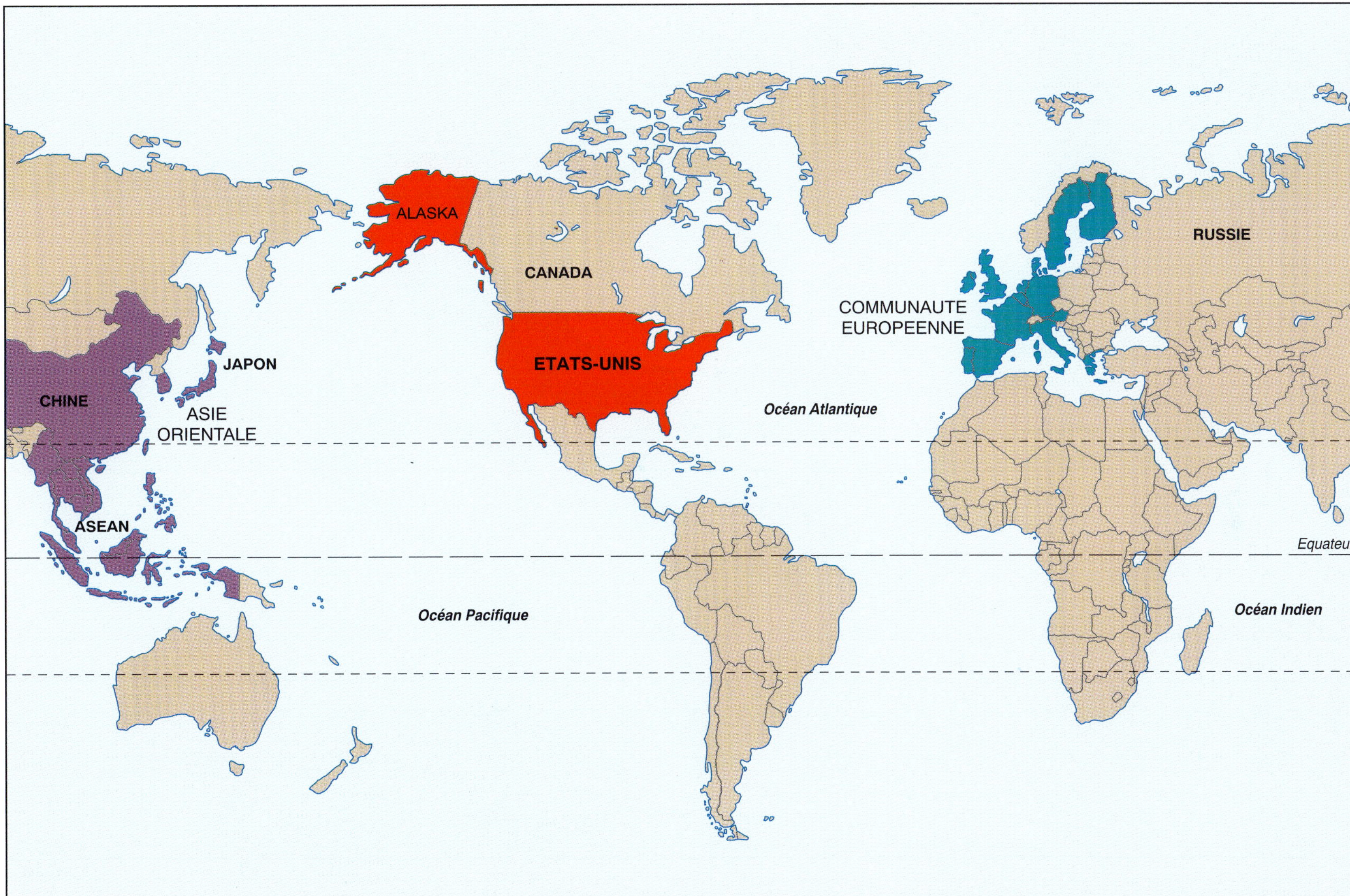
ALASKA
CANADA
RUSSIE
COMMUNAUTE
EUROPEENNE
JAPON
ETATS-UNIS
CHINE
ASIE
ORIENTALE
Océan Atlantique
ASEAN
Equateur
Océan Pacifique
Océan Indien

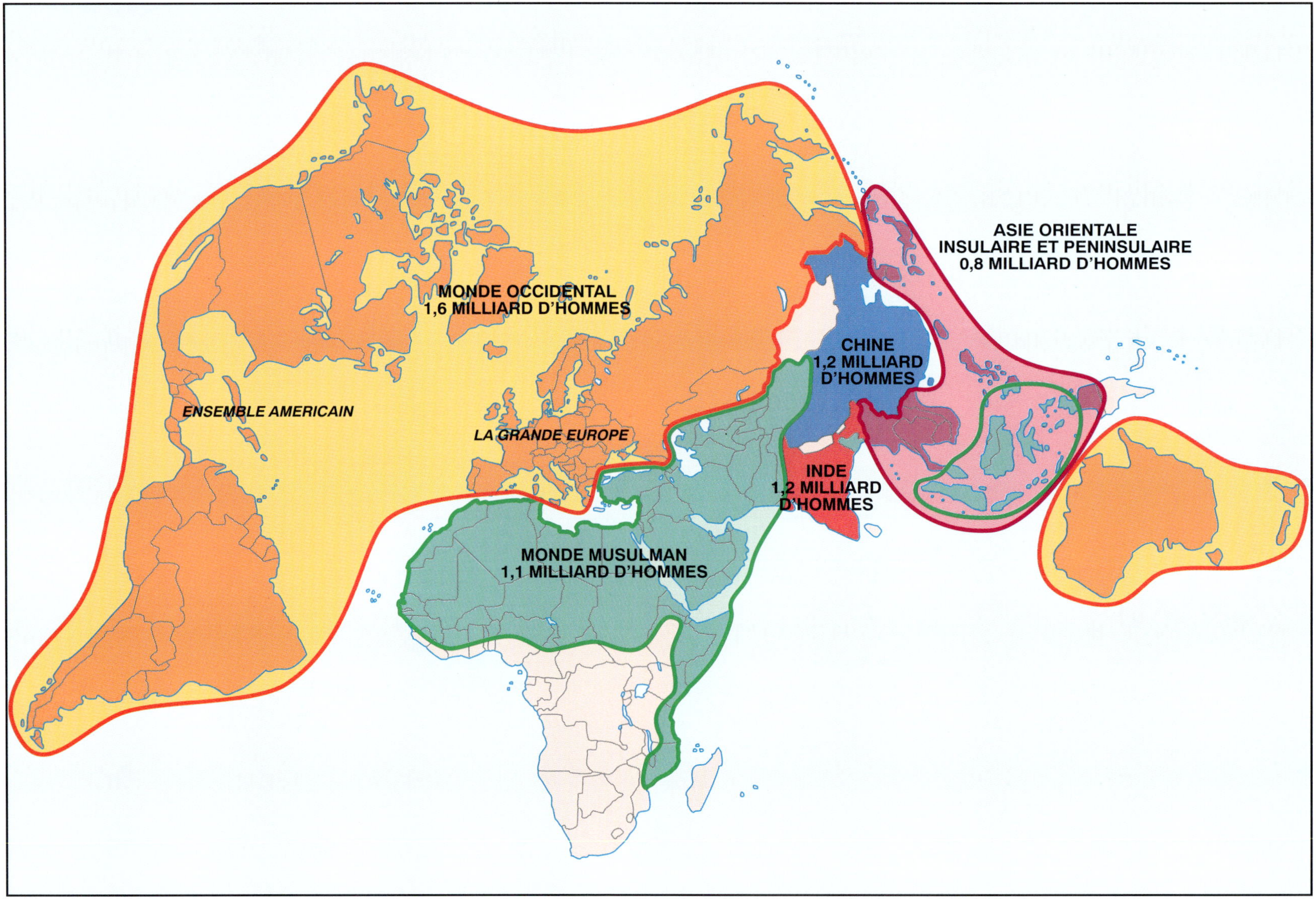

12. Les grands ensembles géopolitiques du IIIe millénaire (d'après Yves Lacoste)

Démographie, urbanisation et migrations

La démographie (1900-2025)

En 1900, ce que l'on appelait le « monde blanc » (Europe et Amérique du Nord) représentait 33 % de la population mondiale. Aujourd'hui, la population de l'Europe et de l'Amérique du Nord totalise un peu plus de 16 %. Cette proportion, à l'échelle du monde, est à peu près celle des Blancs en Afrique du Sud. Entre-temps, au cours du siècle, malgré les conflits, les génocides et les épidémies, la population mondiale passait de 1,5 à 6 milliards d'individus.

Tandis que la population de l'Europe fait un peu plus que doubler, celle de l'Asie et de l'Amérique latine augmente de quatre fois, celle de l'Afrique de cinq fois.

La France, qui avait 39,5 millions d'habitants en 1900, n'atteint pas, un siècle plus tard, 60 millions. L'Algérie, qui n'en avait pas 5 millions en 1900, dépasse 30 millions et en aura 52 millions en 2025.

Tandis que l'Allemagne, en un siècle, passe de 64 à 80 millions d'habitants, la population du Nigeria augmente de 17 à 159 millions, celle du Brésil de 18 à 178 millions, celle de l'Indonésie de 38 à 213 millions. La Turquie, qui avait environ 10 millions d'habitants vers 1920, en a aujourd'hui 70 et dépassera 90 millions en 2025. Dans l'hypothèse d'une entrée de la Turquie dans l'Europe communautaire, un Européen sur quatre serait turc.

Il y a un siècle, en dehors de la Chine et de l'Inde, aucun Etat d'Asie, d'Afrique ou d'Amérique latine n'atteignait la population de l'Allemagne. L'époque où l'Europe était le plus densément peuplé des continents est révolue.

La très forte croissance du sud de la planète commence surtout à partir de 1950. Elle se poursuivra, mais à un rythme bien moindre, durant le XXIe siècle.

La France, qui se classait au début du siècle parmi les dix pays les plus peuplés du monde, ne figurera même plus en 2025 dans les vingt-cinq premiers. Elle est dépassée, entre autres, par l'Egypte, l'Iran, la Turquie et le Vietnam. Des Etats qui, au début du XXe siècle, n'atteignaient pas 10 millions d'habitants.

Le cinéma américain nous avait habitués aux « stars » blondes aux yeux bleus. Désormais, on peut les regarder, avec une nostalgie rétrospective, comme une espèce en voie de rapide raréfaction.

La majorité des catholiques se trouvait hier encore en Europe. Ils sont plus nombreux aujourd'hui en Amérique latine, ce qui explique sans doute en partie les prises de position natalistes du pape Jean-Paul II. Quant aux musulmans, qui représentaient en 1900 10 % de la population du monde, ils sont aujourd'hui 15 % et passeront à 20 % en 2025.

Contrairement aux craintes exprimées depuis au moins un siècle, la planète n'est pas au bord du désastre malgré une très forte augmentation de la population mondiale. Mais la misère continue d'être le lot d'une importante partie du monde, notamment en Afrique et dans certains pays d'Asie méridionale.

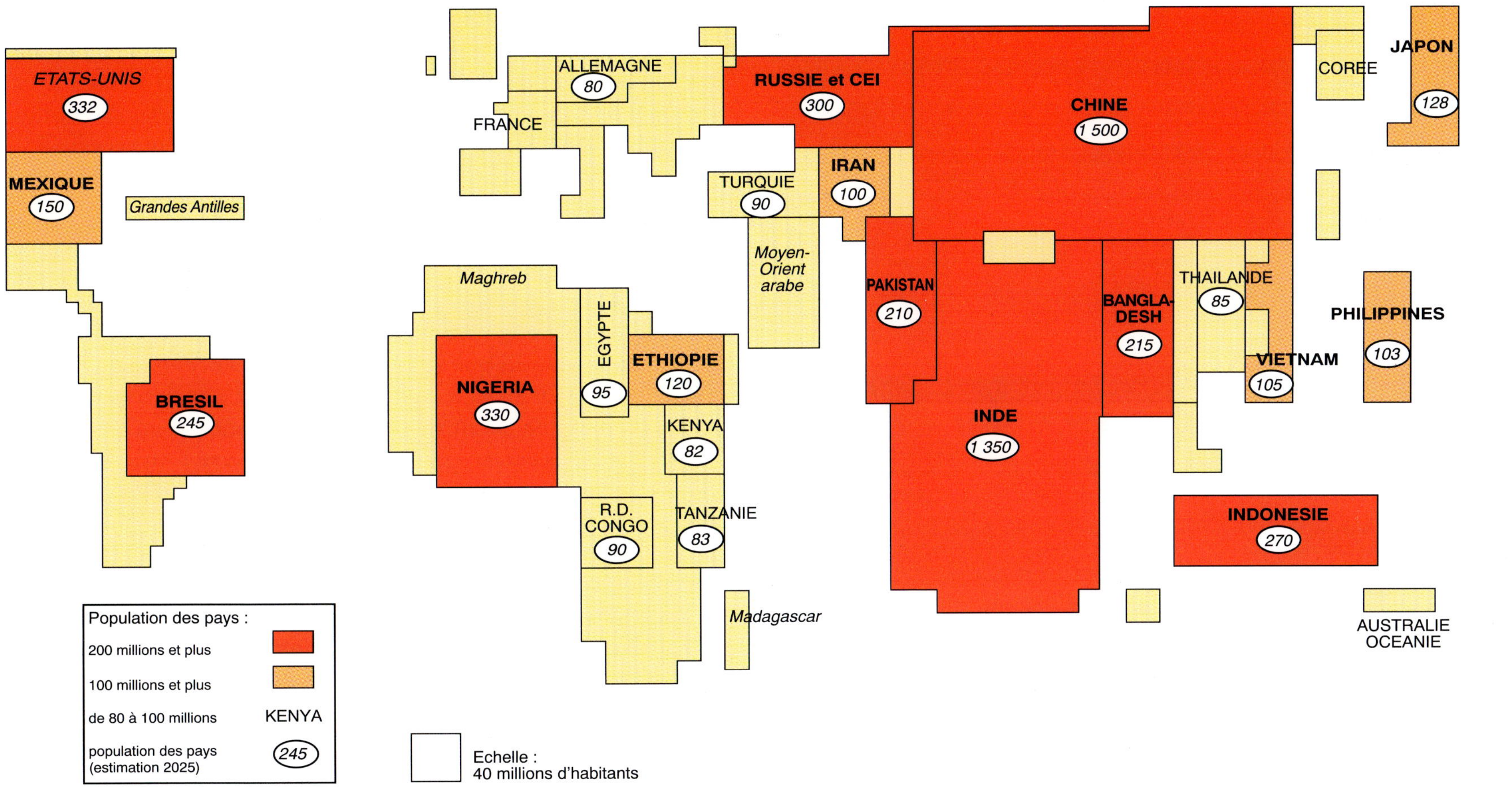

13. La démographie en 2025

Les dix pays les plus peuplés du monde

(en millions d'habitants)

1900		2000		2025	
Chine	415	Chine	1 275	Chine	1 500
Inde	280	Inde	1 007	Inde	1 350
Russie	133	Russie	290	Russie	300
Etats-Unis	76	Etats-Unis	259	Nigeria	338
Allemagne	64	Indonésie	213	Etats-Unis	332
Autr.-Hongrie	46	Brésil	178	Indonésie	273
Japon	45	Nigeria	159	Brésil	246
France	39,5	Pakistan	154	Bangladesh	219
Royaume-Uni	39	Bangladesh	145	Pakistan	213
Indonésie	38	Mexique	105	Mexique	154

Source : ONU

Accroissement projeté de quelques pays du Sud

(en millions d'habitants)

	2000	Population stationnaire hypothétique après 2050
Algérie	33	78
Afrique du Sud	45	96
Bangladesh	145	346
Brésil	178	303
Chine	1 275	1 835
Egypte	66	140
Irak	26	90
Iran	70	247
Inde	1 007	1 862
Indonésie	213	370
Maroc	32	69
Mexique	105	184
Nigeria	159	617
Pakistan	154	556
Thaïlande	65	103
Turquie	70	120
Vietnam	83	160
Zaïre	47	173

Source : ONU

Trop de pays ont connu une croissance démographique trop forte dans un temps trop court, accompagnée d'une croissance économique insuffisante. L'Afrique ne pourra pas créer d'ici à 2025 les 150 millions d'emplois dont elle aura besoin. Elle ne pourra pas pourvoir à l'éducation, à la formation et au logement de sa population croissante. Les perspectives sont celles de conflits internes, d'explosions urbaines et d'émigrations contestées.

Vers 2025, l'Europe tout entière, moins la Russie, représentera 4,5 % de la population mondiale.

Tandis que les Etats-Unis sont aujourd'hui dans un rapport numérique de 1 à 2 par rapport à l'Amérique latine, l'Europe est, avec l'Afrique, dans un rapport de 1 à 3. De surcroît, l'Amérique latine progresse. L'Afrique stagne ou régresse sur le plan économique, tandis que sa population, qui a presque quadruplé entre 1950 et 2000, va fortement continuer à progresser d'ici à 2025. Le ralentissement relatif de la croissance démographique du Sud, tout récent, n'a encore que peu affecté l'Afrique.

Au mythe du début du siècle fondé sur la foi en la science, le progrès et l'amélioration constante d'un univers sans limite, succède aujourd'hui le sentiment d'un monde surpeuplé en voie d'effondrement écologique.

Tout est affaire de perception. Vers le début du siècle, on évoquait en Europe le « péril jaune », alors que celle-ci dominait le monde. Cette époque était en réalité – pour les autres – celle du « péril blanc ». Contrairement à une vision catastrophique, des avancées considérables ont eu lieu, malgré l'augmentation du nombre d'habitants de la planète :

- multiplication du nombre des alphabétisés ;
- développement de l'instruction féminine ;
- espérance de vie doublée dans les pays du Sud ;
- croissance économique générale (sauf en Afrique et dans certains pays d'Asie méridionale).

Cependant, le Sud, qui représente l'écrasante majorité des habitants de la planète (83 %), ne produit que 18 % des richesses mondiales – encore ce pourcentage concerne-t-il surtout un petit nombre des pays d'Asie et d'Amérique latine. L'écart entre le Nord et le Sud s'est encore creusé au cours du siècle.

Les conséquences des récents bouleversements démographiques sont doubles :

- le Sud représente près de 85 % de la population du globe, et la moitié de celle-ci a moins de 20 ans, dont une bonne partie sans perspective d'emploi ;
- la baisse de la natalité dans les pays du Nord a fait progresser sensiblement la proportion des personnes âgées.

Ces faits inquiètent, et il est vrai que l'exubérance démographique sans croissance économique constitue un facteur négatif, tout comme la stagnation démographique. Le phénomène migratoire en est l'une des conséquences.

Il n'y a pas trop de vieux en Occident et au Japon : il n'y a pas assez de jeunes. Quant à l'âge de la retraite, il est trop bas pour de larges catégories de la population.

L'augmentation du nombre des personnes âgées ne devrait pas être perçue seulement comme une charge sociale. Au début du siècle, l'espérance de vie en Europe et en Amérique du Nord n'atteignait pas 50 ans. Chacun sait qu'elle avoisine aujourd'hui 75 ans. Avant de regretter le nombre croissant de personnes âgées, il faudrait peut-être se réjouir de ce quart de siècle d'existence supplémentaire. Aujourd'hui, l'humanité – car l'espérance de vie a aussi augmenté au Sud – vit en moyenne 25 années de plus, généralement en bonne santé.

Personnes âgées de plus de 65 ans *(en %)*

	1950	2000	2025
Etats-Unis	8,1	11,7	17,2
Japon	4,7	14,9	20,6
Grande-Bretagne	10,7	14,9	18,3
Allemagne	9,4	15	20
France	11,4	14,8	19,4
Suisse	9,7	20,6	27

Source : ONU

Vers 2025, le nombre des personnes âgées de plus de 65 ans égalera celui des moins de 15 ans. En 1950, il était dans une proportion de 1 à 4 en faveur des jeunes.

Baisse relative du dynamisme et tendance au conservatisme en sont les conséquences.

L'explosion urbaine (1900-2025)

CONSÉQUENCE de l'industrialisation et de la démographie, l'urbanisation du monde, qui fut surtout rural durant six millénaires, fait que, pour la première fois dans l'histoire, les villes sont plus peuplées que les campagnes.

Au début du siècle, les trois grandes villes du monde étaient Londres (6,4 millions d'habitants), New York (4,2 millions) et Paris (3,3 millions). Quinze des vingt villes les plus peuplées de la planète se trouvaient en Europe et aux Etats-Unis, contre quatre seulement aujourd'hui. Mexico, São Paulo et Shanghai approchent 20 millions d'habitants, tandis que Paris et Londres avoisinent les 10 millions.

Presque toutes les villes dépassant 10 millions d'habitants sont aujourd'hui situées au sud de la planète.

L'urbanisation, commencée avec l'industrialisation au XIXe siècle, s'est accélérée depuis 1950. Il y a plus d'urbanisés en cette fin de siècle dans le monde qu'il n'y avait d'habitants en 1945.

Population urbanisée dans le monde *(en %)*

	1920	2000	2025
Europe	46	79	86
Amérique du Nord	52	78	85
Amérique latine	22	77	85
Afrique	7	43	58
Asie	9	36	54

Source : Banque mondiale

Neuf des dix villes qui seront les plus peuplées en 2015 se situent dans les pays en voie de développement. La dixième est Tokyo, avec 28,7 millions d'habitants. A l'exception de New York et Los Angeles, les dix suivantes sont également des villes de pays en voie de développement (Chine, Inde, Brésil...). Si la population a doublé en trente-cinq ans dans les pays du Sud, les grandes villes, et surtout les capitales, se sont multipliées par six et, souvent, par dix.

C'est dans les mégapoles et à leur périphérie que se concentrent la misère, le sous-emploi, la criminalité et la frustration, ferments des émeutes.

La révolution iranienne (1979) marque, à cet égard, un tournant. Jusque-là, ce sont surtout des guérillas rurales qui agitent le Sud. Dans la révolution iranienne, plus moderne qu'il n'y paraît malgré son conservatisme religieux, la contestation a lieu en ville (Téhéran, Ispahan, Tabriz). Depuis cette date, plus d'une vingtaine d'importantes émeutes urbaines ont éclaté, la majorité dans le sud de la planète.

Les émeutes urbaines dans le Sud affecteront sans nul doute les concentrations où la croissance est la moins dynamique. A cet égard, l'Afrique paraît très vulnérable. Des villes comme Lagos, Kinshasa, Dakar et bien d'autres sont des foyers probables d'émeutes. L'Afrique du Nord aussi. De même, le sous-continent indien, avec des villes comme Karachi, Dacca, Calcutta, Bombay, Madras..., et certaines villes d'Amérique latine, notamment Rio de Janeiro, qui paraît bien menacée.

Comme l'ont montré les émeutes à Los Angeles (1992), celles-ci ne sont pas l'apanage exclusif des villes du Sud. Aux Etats-Unis, ainsi que dans les banlieues des villes d'Europe occidentale, les causes sociales, économiques, ethniques sont à l'origine des émeutes.

14. Les villes en 1900

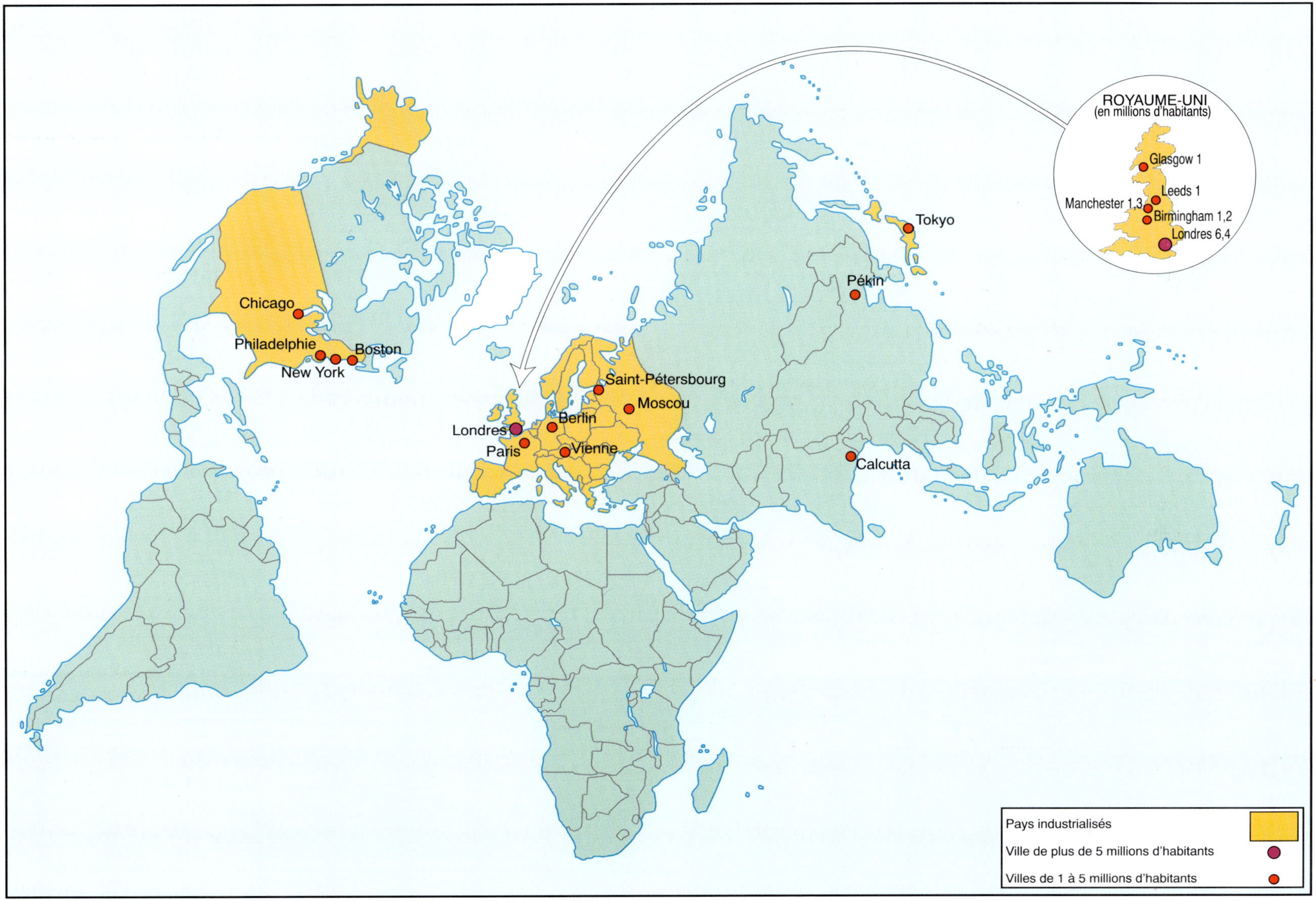
ROYAUME-UNI
(en millions d'habitants)
Glasgow 1
Leeds 1
Manchester 1,3
Birmingham 1,2
Londres 6,4
Chicago
Philadelphie
Boston
New York
Saint-Pétersbourg
Moscou
Berlin
Londres
Paris
Vienne
Tokyo
Pékin
Calcutta
Pays industrialisés
Ville de plus de 5 millions d'habitants
Villes de 1 à 5 millions d'habitants

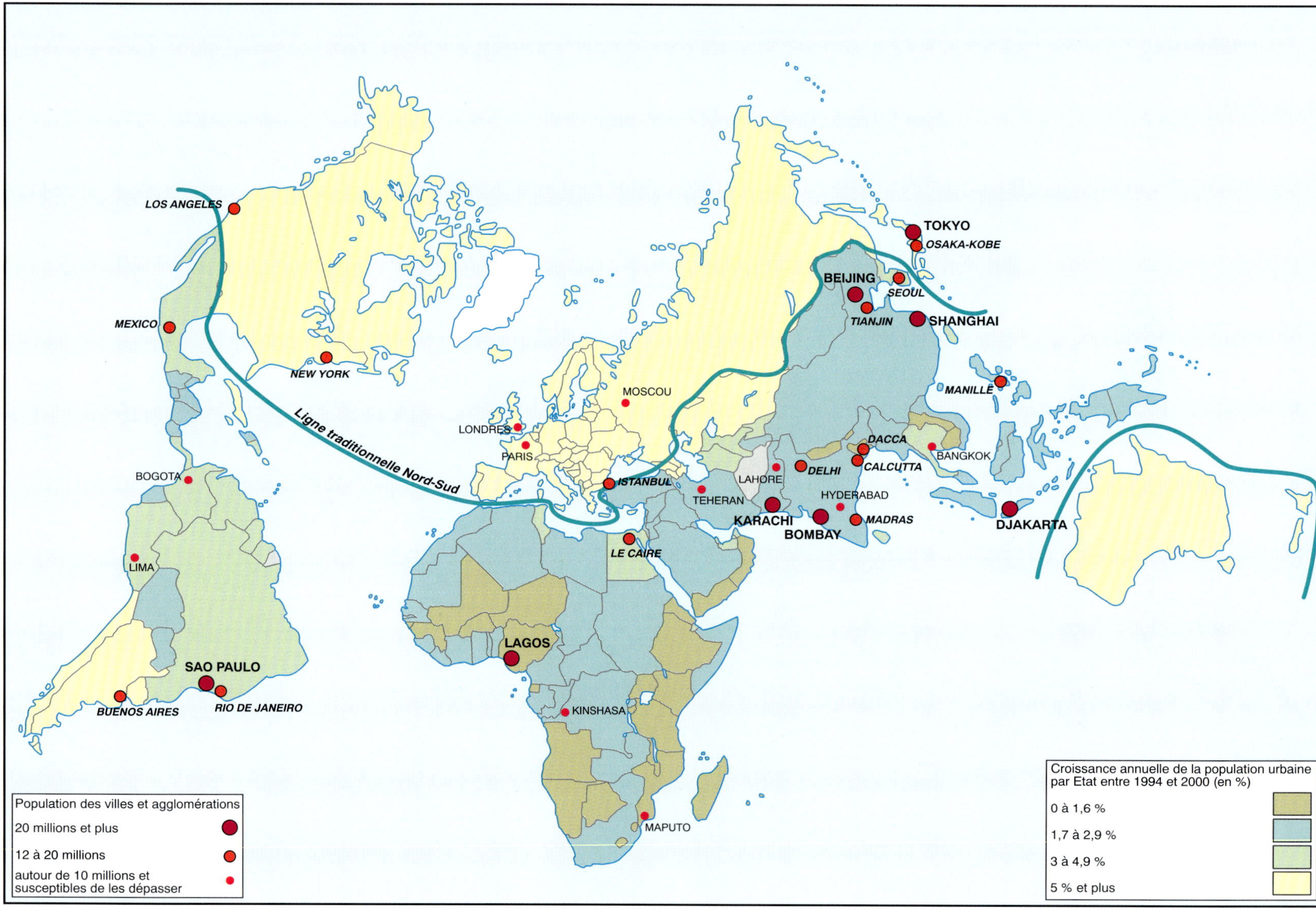

15. Les grandes agglomérations urbaines en 2015 (prévisions)

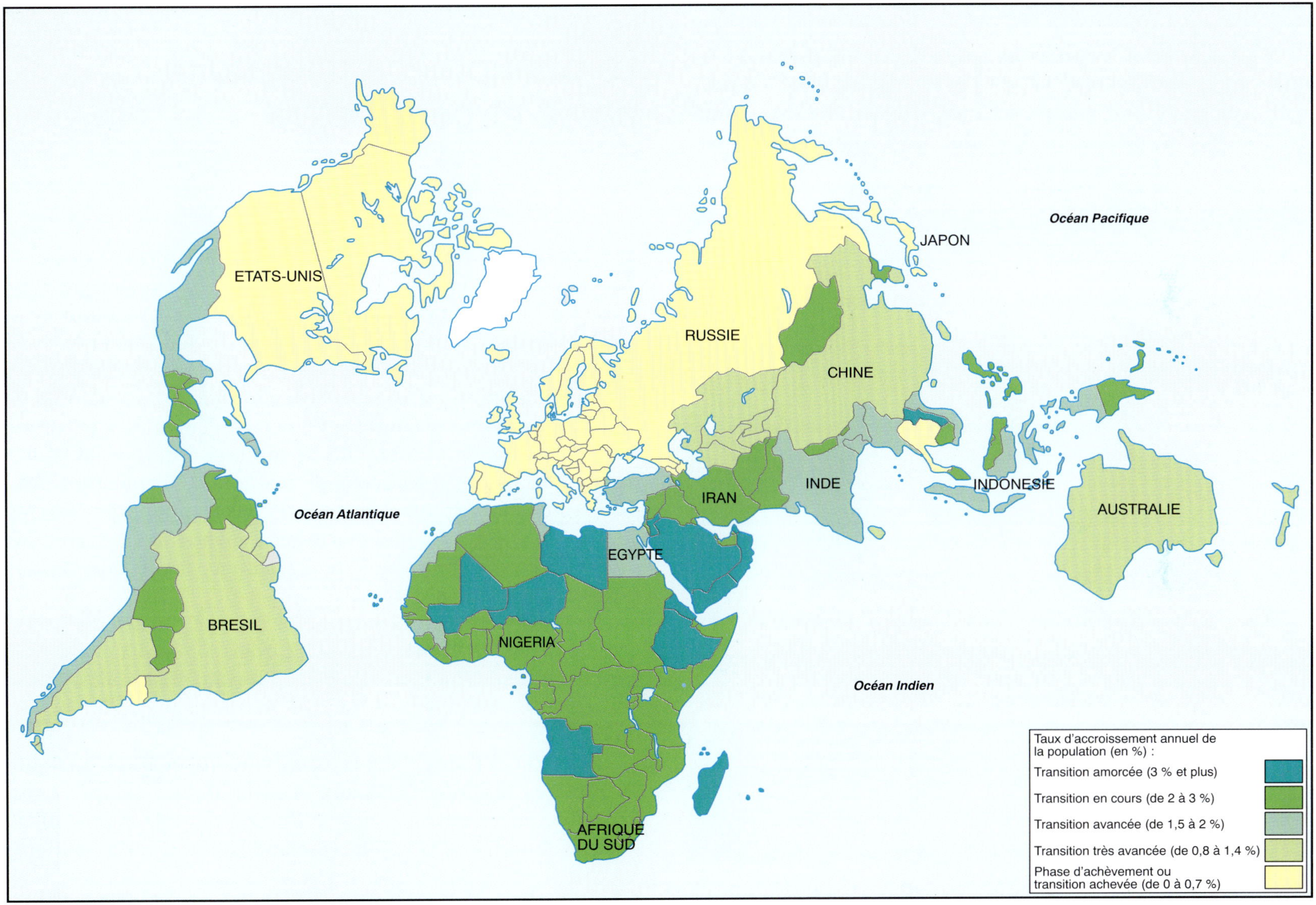

16. L'avancement de la transition démographique (1994-2000)

En Europe, les quartiers de banlieues ou les îlots dans lesquels les agents de l'Etat ne peuvent plus pénétrer qu'en force parce qu'ils n'y sont plus en sécurité, doivent être mieux intégrés, sous peine de devenir des points de fixation d'où éclatera la violence à caractère social et/ou ethnique.

Villes et agglomérations les plus peuplées

(en millions d'habitants)

1900		1950		2015 *(estimations)*	
Londres	6,4	New York	12,3	Tokyo	28,7
New York	4,2	Londres	9,5	Bombay	27,4
Paris	3,3	Tokyo	6,7	Lagos	24,4
Berlin	2,4	Shanghai	5,8	Shanghai	23,4
Chicago	1,7	Paris	5,5	Djakarta	21,2
Vienne	1,6	Buenos Aires	5,5	São Paulo	20,8
Tokyo	1,5	Chicago	4,9	Karachi	20,6
Philadelphie	1,4	Moscou	4,8	Pékin	19,5
Saint-Pétersbourg	1,4	Calcutta	4,6	Dacca	19
Manchester	1,2	Los Angeles	4	Mexico	18,8
Birmingham	1,2	Osaka	3,8	New York	17,7
Moscou	1,2	Milan	3,6	Calcutta	17,6
Pékin	1,1	Bombay	3	Delhi	17,5
Calcutta	1	Mexico	3	Tianjin	17
Boston	1	Rio	2,9	Manille	14,7
Glasgow	1 env.	Philadelphie	2,8	Le Caire	14,5
Osaka	1 env.	Detroit	2,8	Los Angeles	14,3
Constantinople	1 env.	Naples	2,5	Séoul	13,1
		Le Caire	2,1	Buenos Aires	12,4
		São Paulo	2,1	Istanbul	12,3
		Leningrad	2,1	Rio	12
				Madras	11
				Lahore	10,8
				Bangkok	10,6
				Hyderabad	10,6
				Osaka	10,6
				Téhéran	10,3
				Paris	10,2
				Lima	10,2
				Bogotá	10
				Moscou	10
				Kinshasa	10
Source : ONU et INED				Londres	10

Le phénomène migratoire : passé et perspective

ENTRE 1840 ET 1920, plus de 50 millions d'Européens s'établissent outre-Atlantique. A la même époque, 10 millions de Chinois et d'Indiens se rendent comme main-d'œuvre à bon marché vers les Amériques, l'Australie, l'Asie du Sud-Est et l'Afrique du Sud.

L'immigration, qui, avant la Seconde Guerre mondiale, était, en Europe, surtout le fait de la France, se généralise à partir de 1950 et devient de plus en plus le fait, non d'Européens venus des régions pauvres, mais celui de migrants d'Afrique du Nord, de Turquie et d'Afrique. Depuis 1974, les frontières du Marché commun sont officiellement fermées. Cependant, des regroupements familiaux ont pu se faire légalement, tandis que l'immigration clandestine se poursuit.

Depuis 1992, on ne compte plus comme travailleurs immigrés les ressortissants des pays de l'Europe communautaire.

Le chiffre des immigrés illégaux pourrait être estimé à 1 million environ en France, en Italie et en Allemagne, et à 300 000 en Espagne.

En 1995, l'Europe de la Communauté totalise quelque 10 millions d'immigrés légaux et, sans doute, compte tenu des bouleversements survenus en Europe centrale depuis 1989, environ 5 millions d'immigrés clandestins. Ces 15 millions

17. Les grandes migrations européennes en 1900

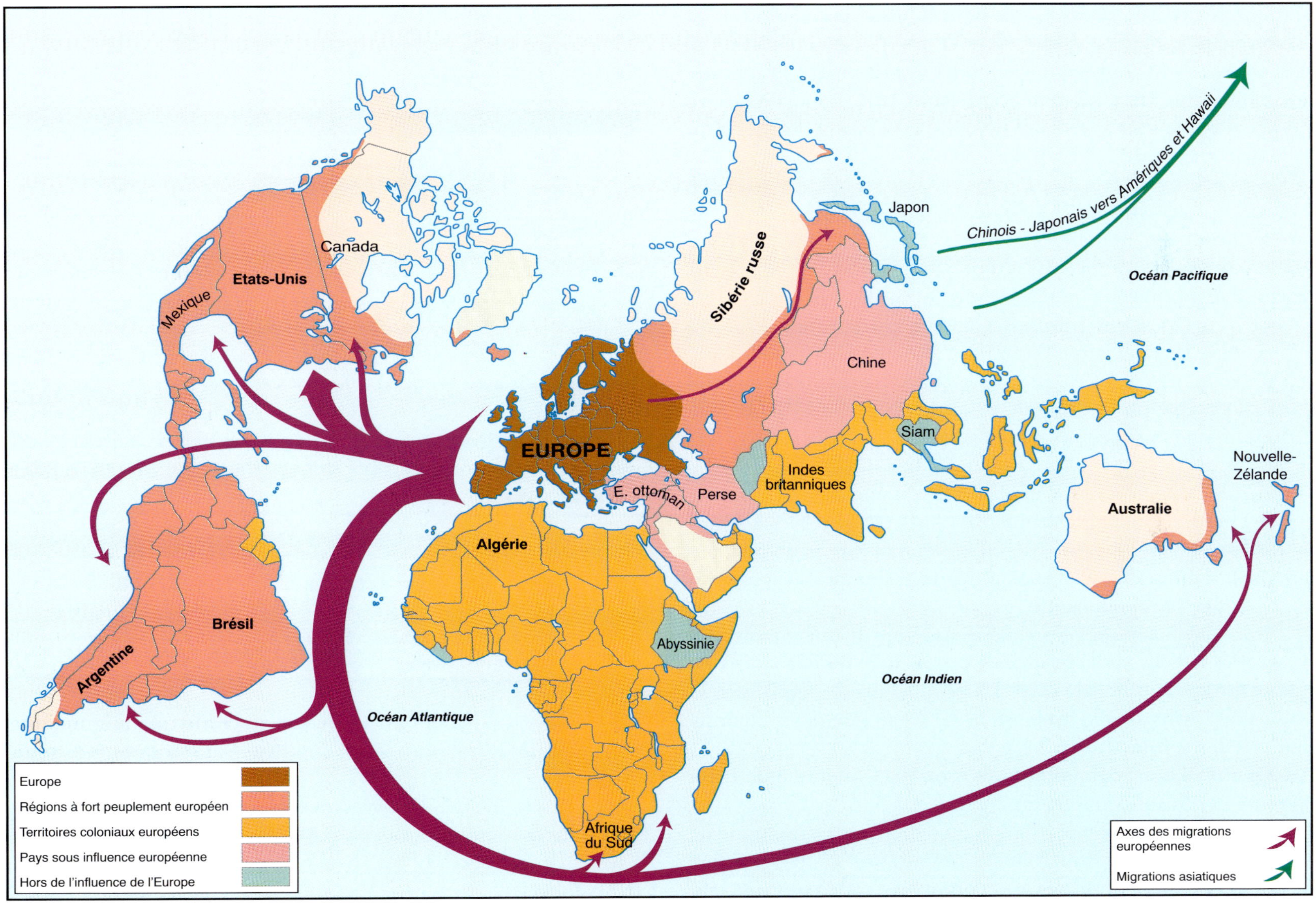

EUROPE
Canada
Etats-Unis
Mexique
Brésil
Argentine
Sibérie russe
Japon
Chine
Siam
Indes britanniques
Perse
E. ottoman
Algérie
Abyssinie
Afrique du Sud
Australie
Nouvelle-Zélande
Chinois - Japonais vers Amériques et Hawaii
Océan Pacifique
Océan Atlantique
Océan Indien
Europe
Régions à fort peuplement européen
Territoires coloniaux européens
Pays sous influence européenne
Hors de l'influence de l'Europe
Axes des migrations européennes
Migrations asiatiques

d'immigrés représentent moins de 5 % de la population de la Communauté. Mais ce chiffre ne rend pas véritablement compte des changements intervenus au cours des dernières décennies.

Si l'on considère les immigrés légaux, leur proportion entre 1973 et 1995 aurait augmenté de 52 % en France, de 150 % en Allemagne et de 700 % en Italie.

Aujourd'hui, 11 % de la population de France sont nés à l'étranger. Cette proportion est de 9 % aux Etats-Unis.

L'Europe occidentale est devenue terre d'accueil. Des pays hier fournisseurs de main-d'œuvre (Italie, Espagne, Portugal) abritent de nombreux immigrés, surtout issus d'Afrique.

Le rapport démographique actuel entre l'Amérique du Nord et l'Amérique latine est de 1 à 2. Celui de la Communauté européenne et de l'Afrique est de 1 à 3. L'écart économique entre les Etats-Unis et l'Amérique latine est de 1 à 4. Celui de la Communauté européenne et de l'Afrique, de 1 à 7.

L'Europe se trouve à proximité de la zone de misère et de croissance démographique la plus vaste du monde.

A l'heure actuelle, l'Afrique du Nord (Maghreb et Egypte) et la Turquie enregistrent 1,5 million de naissances de plus par an que la Communauté européenne, dont la population est près de deux fois plus importante.

Tandis que la population algérienne représente aujourd'hui la moitié de celle de la France, il y a un tiers de naissances de plus en Algérie qu'en France. La proportion des individus de moins de 15 ans au Maghreb est de 42 % ; au sein de la Communauté, elle est inférieure à 20 %.

Quant à l'écart démographique entre la Communauté européenne et l'Afrique, il sera, en 2025, de 1 à 3.

L'immigration est une solution au déficit démographique de l'Europe. Comme partout, elle représente une main-d'œuvre à bon marché dont profitent les économies des pays industriels. Mais les demandes excèdent très largement l'offre, y compris dans les grands pays d'immigration comme les Etats-Unis ou le Canada.

Les immigrés en Europe

	Nombre d'immigrés légaux n'appartenant pas à la CEE	**Groupe ethnique le plus important parmi les immigrés**
Allemagne	3 210 000	Turcs : 45 %
France	2 520 000	Maghrébins : 56 %
Grande-Bretagne	1 650 000	Pakistanais et Indiens : ?
Pays-Bas	435 000	Turcs : 38 %
Belgique	339 000	Maghrébins : 45 %
Italie	250 000	?
Espagne	167 000	Marocains : ?
Danemark	102 000	Turcs : 22 %

Source : IISS (1993)

Aux Etats-Unis, terre d'immigration par excellence, on constate, comme en Europe, depuis 1945, une mutation dans l'origine des migrants.

Provenance des immigrants légaux aux Etats-Unis

	Avant 1920	**De 1965 à 1995**
Europe	93 %	11 %
Amérique latine	3 %	37,5 %
Asie	2,7 %	48 %

Source : US Census Bureau

Chaque année, depuis vingt ans, le chiffre des immigrants est de 500 000 (les estimations des illégaux varient de 300 000 à 500 000).

Le Bureau des recensements des Etats-Unis indique qu'en 2050 la population du pays sera composée de 47 % de « non-Blancs », soit 22 % d'Hispaniques, 14 % de Noirs et 11 % d'Asiatiques.

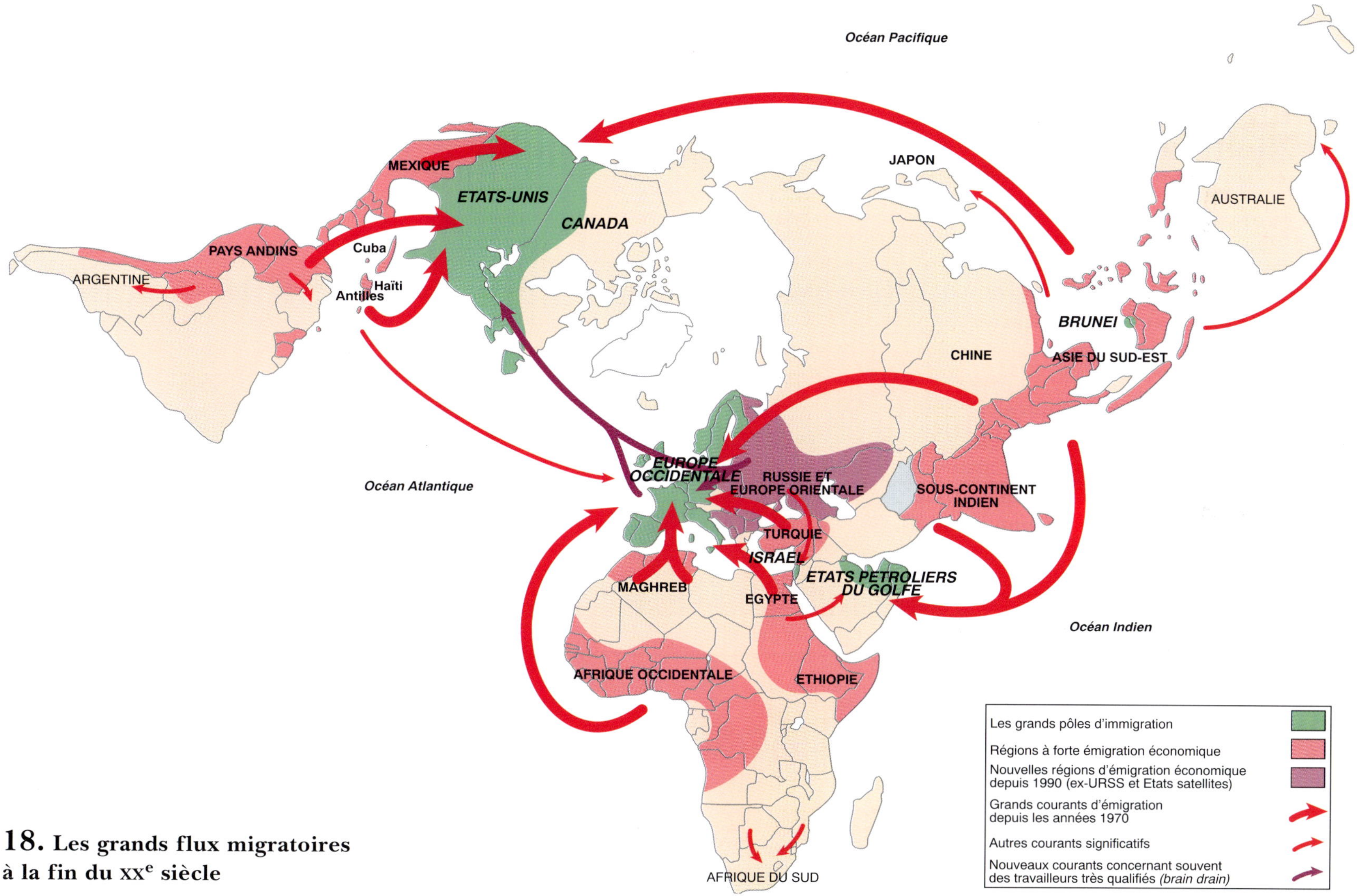

18. Les grands flux migratoires à la fin du XXe siècle

La situation sera à peu près similaire au Canada. Depuis 1992, ce pays accueille 250 000 migrants par an, soit 1 % de sa population. Avant 2050, près de 50 % de sa population seront des « non-Blancs ».

L'avenir dépendra moins de la couleur de la peau que de la capacité des pays d'accueil à intégrer les migrants en leur rappelant que, s'ils ont des droits, ils ont aussi des devoirs, dont l'essence tient au respect de l'Etat de droit et aux règles qui le fondent.

En ce qui concerne l'intégration des immigrés, le modèle français – radicalement différent de celui des Anglo-Saxons, fondé sur le communautarisme – a fonctionné de façon satisfaisante depuis la fin du XIXe siècle jusqu'en 1974. Depuis, la crise et le chômage ont rendu cette intégration beaucoup plus difficile.

Il est normal de vouloir contrôler l'immigration, ne serait-ce que pour pouvoir intégrer les immigrés récents. Par ailleurs, le modèle français ne doit pas être abandonné au profit d'une mosaïque multiculturelle où chaque groupe ethnique s'intéresserait d'abord à ses intérêts communautaires.

Le poids de l'histoire

L'Empire britannique

DEPUIS 1815, la Grande-Bretagne est la puissance impériale par excellence. C'est le premier pays industrialisé, et ses échanges, confortés par une supériorité navale qui garantit sa sécurité, la situent en tête, tandis que Londres est la place financière majeure. Son empire colonial s'étend sur quatre continents.

Dès 1890, le dynamisme industriel de l'Allemagne, sa supériorité militaire et bientôt ses ambitions maritimes inquiètent la Grande-Bretagne. Tandis que la France obtient l'alliance de revers de la Russie, le Royaume-Uni se rapproche de la France, malgré une longue rivalité, et signe l'Entente cordiale (1904), désignant ainsi l'adversaire principal.

Tout en constituant un empire considérable, dont les Indes sont le joyau, la Grande-Bretagne connaît une émigration très substantielle en direction de l'Amérique du Nord (Etats-Unis, Canada), de l'Océanie (Australie, Nouvelle-Zélande) et de l'Afrique (Afrique du Sud, Rodhésie, Kenya).

En 1901, la mort de la reine Victoria marque symboliquement la fin du « splendide isolement » que la Grande-Bretagne pouvait se permettre depuis 1815. Désormais, l'ère des alliances commence : en 1902 avec le Japon, en 1904 avec la France.

La grande force de l'impérialisme britannique a été sa capacité de créer des colonies de peuplement ou de transmettre l'anglais comme langue vernaculaire à des sociétés démographiquement considérables (sous-continent indien, Nigeria...).

Dès 1763 (traité de Paris), l'Angleterre l'avait emporté sur les Français en Amérique et aux Indes. Sa prépondérance maritime est en partie à l'origine de son succès. A la fin du XVIIIe siècle, cette expansion coloniale est menée simultanément avec la révolution industrielle, qu'elle stimule à son tour.

Afin de garantir la route des Indes, les Britanniques interviennent en Egypte (1882) et contrôlent Aden. En Extrême-Orient, Hong Kong (1842) et Singapour sont les relais stratégiques avec la Chine et la péninsule Malaise. L'Afrique du Sud (1899-1902) devient une colonie : du Caire au Cap, la Grande-Bretagne règne après la défaite de l'Allemagne (annexion du Tanganyika). Quatre cents millions d'individus dépendent de la Couronne en 1900.

A la veille de la Première Guerre mondiale, malgré la supériorité de l'industrie allemande, la Grande-Bretagne est la première puissance financière et coloniale, et de loin, non seulement par la superficie mais aussi par le nombre d'habitants. Ses exportations en millions de dollars ($ 2 550) devancent celles des Etats-Unis, de l'Allemagne (tous deux $ 2 450) et de la France ($ 1 340).

19. **L'Empire britannique et l'aire d'influence de sa puissance maritime en 1900**

La France et son empire colonial

LE PREMIER Empire colonial français, constitué à partir du XVIIe siècle en Amérique du Nord et en Inde, avait été presque entièrement perdu au profit de l'Angleterre lors des traités de Paris (1763) surtout et de Vienne (1815).

Le second Empire colonial s'amorce avec le débarquement d'un corps expéditionnaire à Alger en 1830. Limitée d'abord aux zones côtières, l'occupation s'étend vers l'arrière-pays, malgré une dure résistance. Elle est à peu près achevée avec la reddition de l'émir Abd el-Kader (1847). Une colonisation de peuplement est entamée. L'appropriation des terres par les colons provoque une importante révolte (1871).

Entre-temps, une nouvelle impulsion est donnée à l'expansion française par Faidherbe au Sénégal, sous le second Empire, et par l'investissement de la Nouvelle-Calédonie (1853), de la Cochinchine (Sud-Vietnam, 1862-1867) et du Cambodge (1863).

Tandis que Pierre Savorgnan de Brazza explore et investit le Congo (1874-1878), puis s'efforce d'étendre la présence française aux marches du Zaïre actuel, la IIIe République se lance dans une politique de conquête concertée. Pour cause première, celle-ci a moins les intérêts économiques que le souci de prestige et la rivalité avec des puissances voisines de la France, la Grande-Bretagne et l'Allemagne (congrès de Berlin, 1884-1885). Cependant, l'esprit impérial ne pénètre qu'assez lentement l'opinion publique.

En 1881, la Tunisie devient un protectorat français (traité de Bardo). La conquête du Tonkin (Nord-Vietnam) est menée par de dures campagnes (1883-1885), et un protectorat est imposé, ainsi que sur l'Annam (Centre-Vietnam). En 1887 est formée l'Union indochinoise qui comprend le Vietnam et le Cambodge, auxquels le Laos est ajouté en 1893.

Le congrès de Berlin, qui partage le continent, reconnaît une très large zone d'influence française en Afrique de l'Ouest, où la conquête est menée, avant comme après le congrès, par des campagnes parfois meurtrières (résistance de Samory).

Après le Sénégal où les Français sont présents depuis longtemps (Saint-Louis), le Tchad et surtout les pays côtiers du golfe de Guinée, Côte d'Ivoire, Guinée, Dahomey, sont investis. Plus près de l'équateur, ce sont le Gabon, le Congo et l'Oubangui-Chari (République centrafricaine).

L'occupation des ports de l'île de Madagascar a lieu en 1883 et un protectorat est imposé en 1885, mais l'occupation effective est menée par Gallieni à partir de 1896.

Un ministère des Colonies est créé en 1894. L'Algérie (plus de 600 000 colons pour plus de 5 millions de musulmans en 1900) est intégrée au territoire national. Quant aux protectorats, auxquels il faut ajouter le Maroc (1912) géré par Lyautey, ils

20. L'Empire colonial français à son apogée (1920-1930)

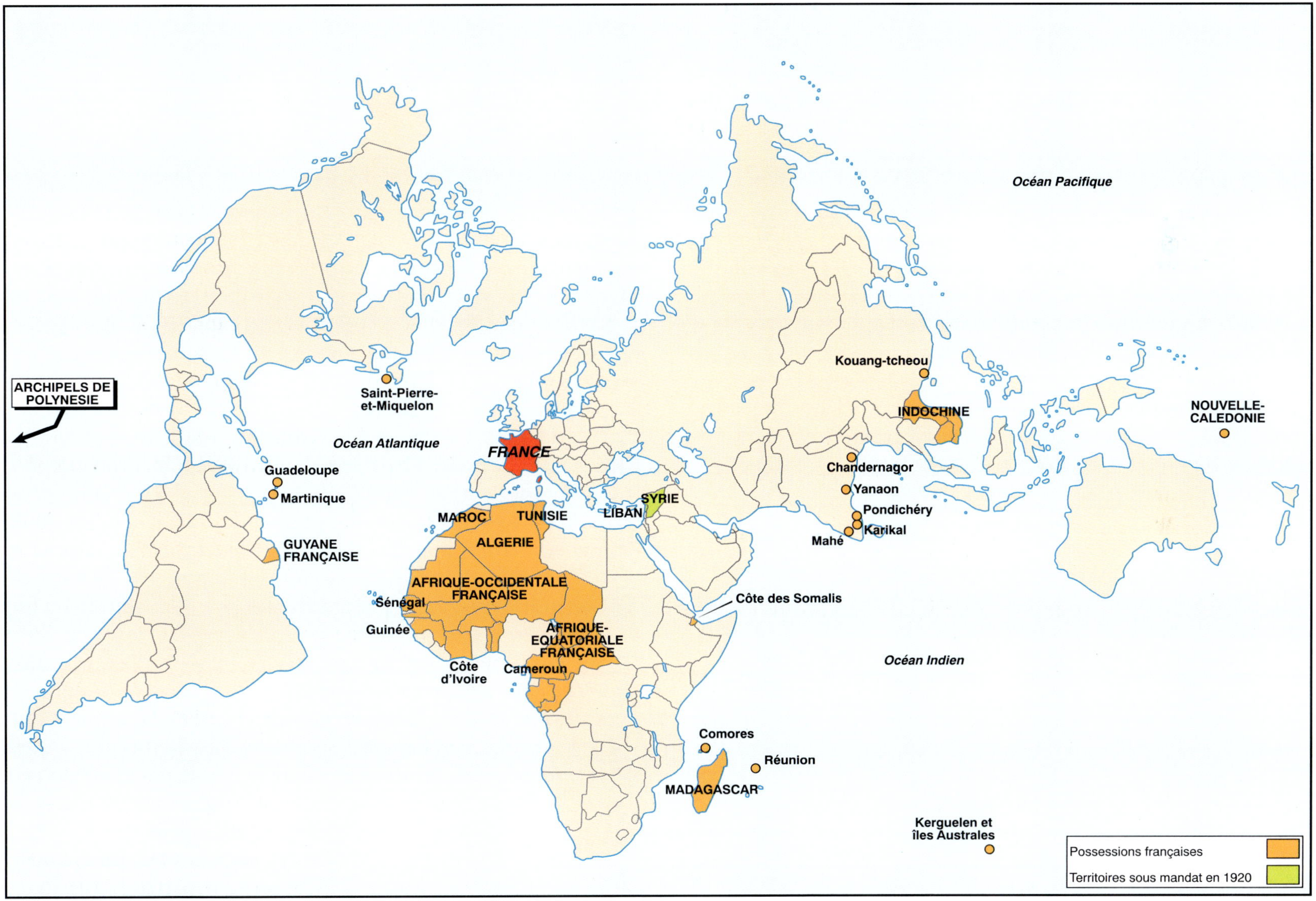
Océan Pacifique
ARCHIPELS DE POLYNESIE
Saint-Pierre-et-Miquelon
Océan Atlantique
FRANCE
Guadeloupe
Martinique
GUYANE FRANÇAISE
MAROC
TUNISIE
ALGERIE
LIBAN
SYRIE
AFRIQUE-OCCIDENTALE FRANÇAISE
Sénégal
Guinée
Côte d'Ivoire
Cameroun
AFRIQUE-EQUATORIALE FRANÇAISE
Côte des Somalis
Kouang-tcheou
INDOCHINE
Chandernagor
Yanaon
Pondichéry
Karikal
Mahé
NOUVELLE-CALEDONIE
Océan Indien
Comores
Réunion
MADAGASCAR
Kerguelen et îles Australes
Possessions françaises
Territoires sous mandat en 1920

dépendent du ministère des Affaires étrangères. La France se constitue le deuxième empire du monde – loin cependant, en importance, derrière celui de la Grande-Bretagne. La fin de la Première Guerre mondiale donne à la France une partie des possessions coloniales de l'Allemagne (Togo, Cameroun), et la chute de l'Empire ottoman permet la création de mandats en Syrie et au Liban.

Déjà, à la veille de la Seconde Guerre mondiale, les élites locales des pays colonisés – Indochinois en tête – retournent contre la France les idées de souveraineté de la nation et de liberté dont celle-ci se réclame. La fin de la Seconde Guerre est immédiatement suivie de mouvements de libération qui débouchent sur Diên Biên Phu (1954) et la fin de l'Algérie française (1962).

Une communauté est instituée, assortie d'accords militaires, après 1960, avec la plupart des Etats d'Afrique subsaharienne auxquels l'indépendance a été octroyée.

L'Allemagne : de l'expansion au reflux

En janvier 1871, le roi de Prusse est proclamé empereur d'Allemagne. Le IIe Reich est né. Très vite, compte tenu de son dynamisme industriel et de son accroissement démographique, l'Allemagne devient la deuxième puissance mondiale. Les mouvements sociaux aboutissent à l'adoption des législations les plus avancées d'Europe (lois sur l'assurance maladie, les accidents du travail, l'assurance vieillesse, les conditions de travail) entre 1883 et 1891.

Tandis que s'opère une expansion coloniale sans doute modeste en Afrique (Tanganyika, Sud-Ouest africain, Cameroun, Togo), l'amiral Tirpitz, dès le début du siècle, cherche à doter le pays d'une marine de première importance. En 1903 débute la construction du chemin de fer de Bagdad, destiné à relier Hambourg, Berlin, Constantinople, Bagdad et Bassora (sur le golfe Persique). Autant de projets que redoutent les Britanniques.

Au cours des XVIIIe et XIXe siècles, des populations allemandes – des minorités se considérant comme supérieures – s'étaient installées en Europe centrale et orientale et jusqu'à la Volga. Cette diaspora joue un rôle économique important, et, en 1913 comme entre les deux guerres, le poids politique de ces

21. L'Allemagne et les populations allemandes d'Europe orientale en 1913

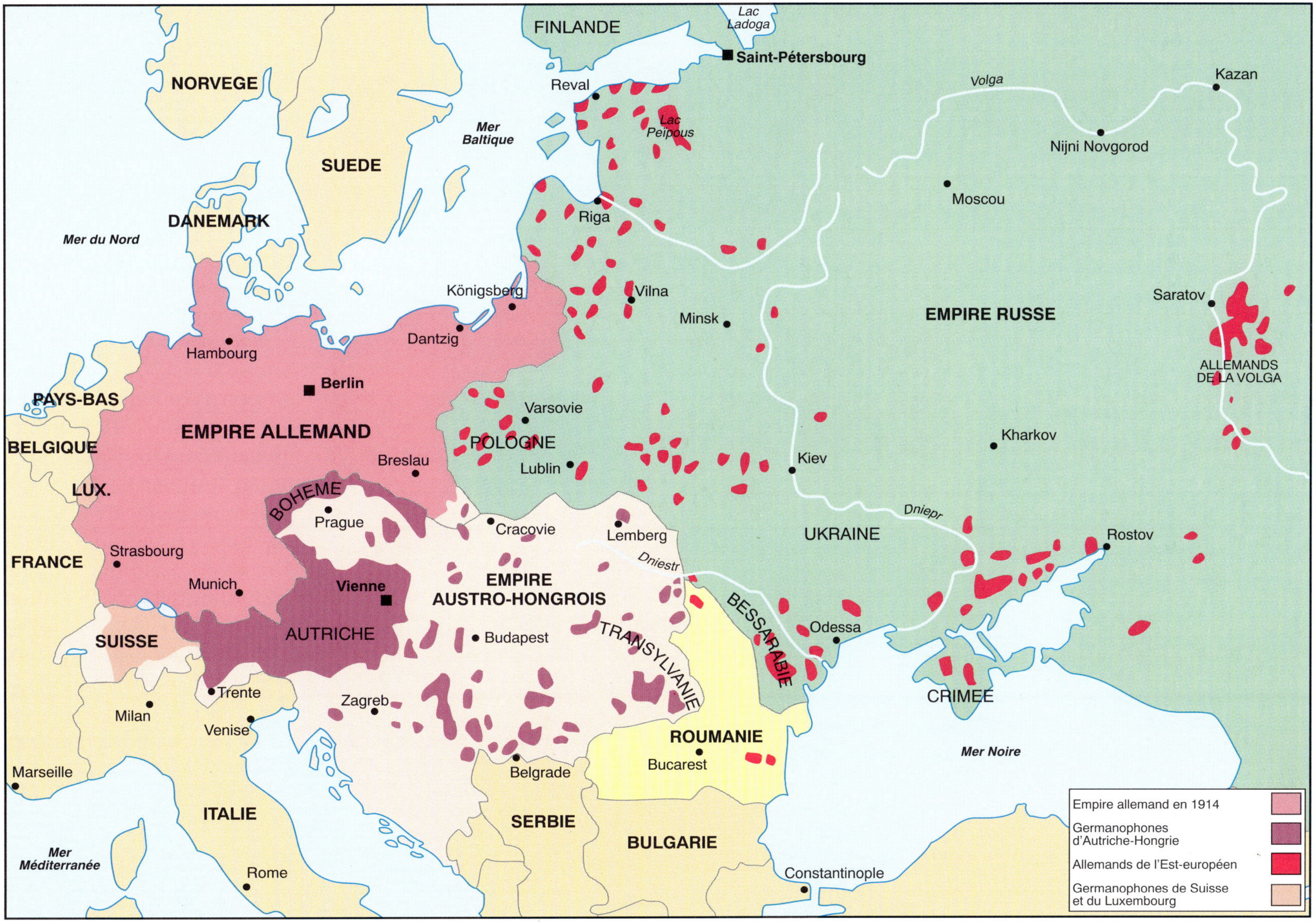

FINLANDE
Lac Ladoga
Saint-Pétersbourg
Volga
Kazan
NORVEGE
Reval
Mer Baltique
Lac Peïpous
Nijni Novgorod
SUEDE
Moscou
DANEMARK
Riga
Mer du Nord
Königsberg
Vilna
Saratov
Minsk
EMPIRE RUSSE
Dantzig
Hambourg
ALLEMANDS DE LA VOLGA
Berlin
PAYS-BAS
Varsovie
EMPIRE ALLEMAND
Kharkov
BELGIQUE
POLOGNE
Breslau
Kiev
Lublin
LUX.
BOHEME
Dniepr
Prague
Cracovie
Lemberg
Rostov
UKRAINE
Strasbourg
FRANCE
Dniestr
EMPIRE AUSTRO-HONGROIS
Munich
Vienne
BESSARABIE
SUISSE
AUTRICHE
Odessa
TRANSYLVANIE
Budapest
Trente
CRIMEE
Zagreb
Milan
Venise
ROUMANIE
Mer Noire
Marseille
Bucarest
Belgrade
ITALIE
SERBIE
BULGARIE
Mer Méditerranée
Rome
Constantinople
Empire allemand en 1914
Germanophones d'Autriche-Hongrie
Allemands de l'Est-européen
Germanophones de Suisse et du Luxembourg

minorités germaniques est non négligeable (question des Sudètes). Durant la Seconde Guerre mondiale, Staline fait déporter les Allemands de la Volga, pourtant fixés depuis deux siècles. Au lendemain de la Seconde Guerre mondiale, 15 millions d'Allemands sont expulsés d'URSS, de Pologne, de Tchécoslovaquie, des Pays baltes, etc., vers l'Allemagne fédérale.

Les pertes territoriales allemandes sont, avec celles de la Hongrie, au terme de deux guerres, les plus considérables qu'ait subies un Etat européen. La Silésie et la Prusse ainsi que la Prusse-Orientale (Königsberg, aujourd'hui Kalingrad) ont été soit données à la Pologne – elle-même une fois de plus bousculée, cette fois vers l'ouest, par Staline –, soit annexée par l'Union soviétique. Certains territoires ont également été cédés à la Tchécoslovaquie. Au total, près de 40 % des territoires qui étaient allemands en 1913 ne le sont plus.

La frontière Oder-Neisse, officiellement reconnue par le chancelier Kohl, met un terme à toute inquiétude polonaise.

Après une longue division, expression même du partage de l'Europe en deux blocs hostiles (1945-1989), l'Allemagne est réunifiée. La chute du régime communiste est devenue inéluctable à partir du moment où le Parti n'usait plus, comme autrefois, de la répression. Le mur s'effondre en 1989. Cette réunification inattendue – et pas toujours souhaitée – déplace vers Berlin et vers l'Allemagne l'épicentre de l'Europe.

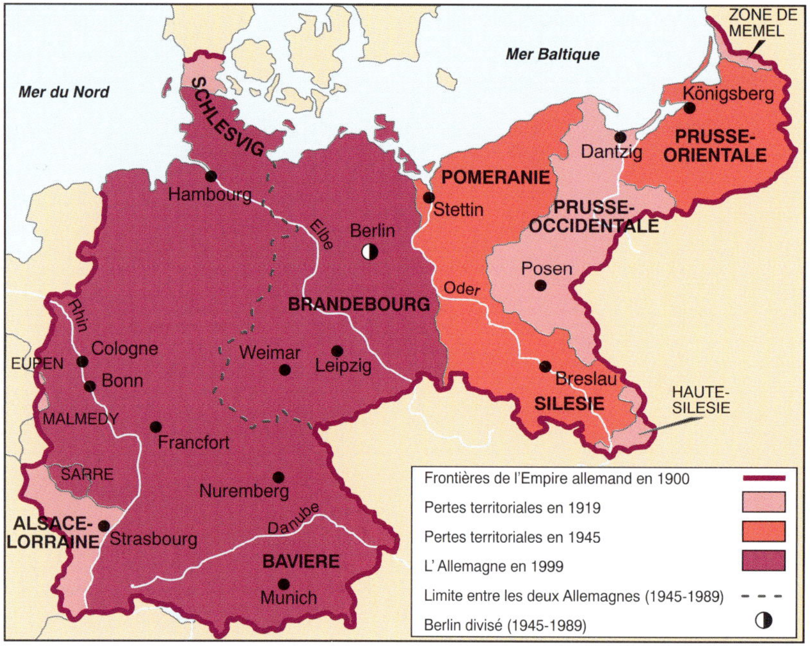

22. Les pertes territoriales allemandes au XXᵉ siècle

Désormais, quelles que soient les difficultés d'intégration économique de près de 17 millions d'Allemands de la République démocratique, l'Allemagne réunifiée pose le problème de la recomposition géopolitique de la *Mitteleuropa*. Durant plusieurs décennies, le couple franco-allemand fut l'élément dynamique de la construction européenne. Or, depuis quelques années, ce tandem se distend, et l'après-Kohl laisse prévoir des changements visibles. L'influence économique de l'Allemagne est sensible dans l'ensemble de l'Europe centrale et orientale (Ukraine et Russie comprises), sans oublier les Etats baltes.

Cette fois, la guerre est non seulement finie, mais elle appartient au passé, la génération qui l'a faite n'étant plus présente ou active.

La formation de l'Empire russe

DU POINT DE VUE de la continuité territoriale, l'Empire russe est le plus vaste des empires. A ses origines, le grand-duché de Moscovie n'est qu'un Etat modeste au moment où Ivan III (1462-1505) monte sur le trône après deux siècles et demi de domination mongole. Mais le déclin de la Horde d'Or et l'introduction de l'artillerie permettent de refouler pour toujours les nomades des steppes. Au début du XVIIe siècle, les cosaques ont atteint le Pacifique, tandis que l'Etat russe, après avoir cherché à s'étendre au nord, porte ses efforts à l'ouest avec Pierre le Grand (1682-1725). La Russie devient une puissance au temps de Catherine II (1762-1796), avec une double expansion menée contre les Tatars en Crimée et contre la Pologne à l'ouest. La mer Noire cesse d'être un lac ottoman. La Russie pèse en Europe.

Au XIXe siècle, la Russie apparaît bientôt, sur tout le front asiatique, des Dardanelles au Tibet, comme le principal adversaire de la Grande-Bretagne, qui cherche à limiter son expansion. Celle-ci est considérable. Elle concerne quatre fronts à la fois : l'Ouest-européen avec l'annexion de la Finlande (1809), de la Bessarabie (1812), et d'une partie supplémentaire de la Pologne (1815), disparue de la carte de l'Europe en 1795 ; le Caucase où la Russie, parfois après des résistances acharnées (cheikh Chamyl au Daghestan), s'empare de territoires dominés par l'Iran (Azerbaïdjan et Arménie, 1828) ; l'Asie centrale, où le Kazakhstan est investi (1846) avant le Turkestan, où la pénétration se révèle bien plus délicate (un protectorat est imposé aux khanats de Boukhara en 1868 et de Khiva en 1873) ; enfin l'Extrême-Orient, où 2,5 millions de km^2 sont annexés sur la Chine par les traités inégaux (second traité en 1860).

Au tournant du siècle, les Russes ont des visées sur le Tibet (où les Britanniques s'efforcent de s'implanter), sur l'Iran (plan de partage avec la Grande-Bretagne en 1907) et sur les Dardanelles.

Malgré une extraordinaire croissance démographique qui fait d'elle le pays le plus peuplé du monde, la Russie, qui comprend à la fin du XIXe siècle près de 90 % de Slaves, reste un pays industriellement arriéré. Le servage n'est aboli que dans la seconde moitié du XIXe siècle (1861), à peu près à la même époque que l'abolition de l'esclavage aux Etats-Unis (1862). Le pays reste gouverné par des autocrates relativement peu éclairés et par une caste aristocratique et militaire foncièrement conservatrice. Les problèmes sociaux ne trouvent guère de solution ; les capitaux sont surtout français, ce qui amène la Russie à passer une convention militaire avec la France à la fin d'un siècle où s'accumulent, pour elle, les périls : montée du Japon, question sociale, puissance formidable de l'Allemagne wilhelmienne.

Malgré un début d'industrialisation, le pays reste « semi-asiatique » et essuie un désastre en 1904-1905 contre le Japon en Mandchourie et sur mer à Tsushima. Des troubles éclatent à Saint-Pétersbourg. Les réformes de 1905-1913 paraissent redonner dynamisme à l'Empire au moment où éclate une guerre aux conséquences considérables : le régime tsariste s'effondre en 1917 dans un pays économiquement épuisé et socialement en ébullition.

23. L'Empire russe à la fin du XVIIIe siècle

24. L'Empire russe en 1914

La contagion révolutionnaire en Europe

À LA FIN de la Première Guerre mondiale, la situation paraît révolutionnaire en Europe continentale. C'est particulièrement sensible en Allemagne où il faudra, pour faire face à la multiplication de conseils ouvriers (Bavière) et à l'agitation révolutionnaire, recourir à une répression très dure (liquidation du mouvement spartakiste ; assassinat de Karl Liebknecht et de Rosa Luxembourg). Cet échec est durement ressenti en Russie par les bolcheviques, qui estiment que l'Allemagne est le pays révolutionnaire par excellence. D'autres conseils sont actifs en Italie du Nord (Turin), tandis qu'en Hongrie le pouvoir est pris brièvement par Bela Kuhn et les Conseils hongrois.

Partout la répression, menée au besoin par des Etats voisins (intervention roumaine en Hongrie), l'emporte. Seule la Russie, malgré des interventions étrangères multiples (France, Grande-Bretagne, Etats-Unis, Japon), grâce à Lénine et à Trotski, parvient à triompher.

25. La révolution bolchevique d'octobre 1917 et la contagion révolutionnaire en Europe

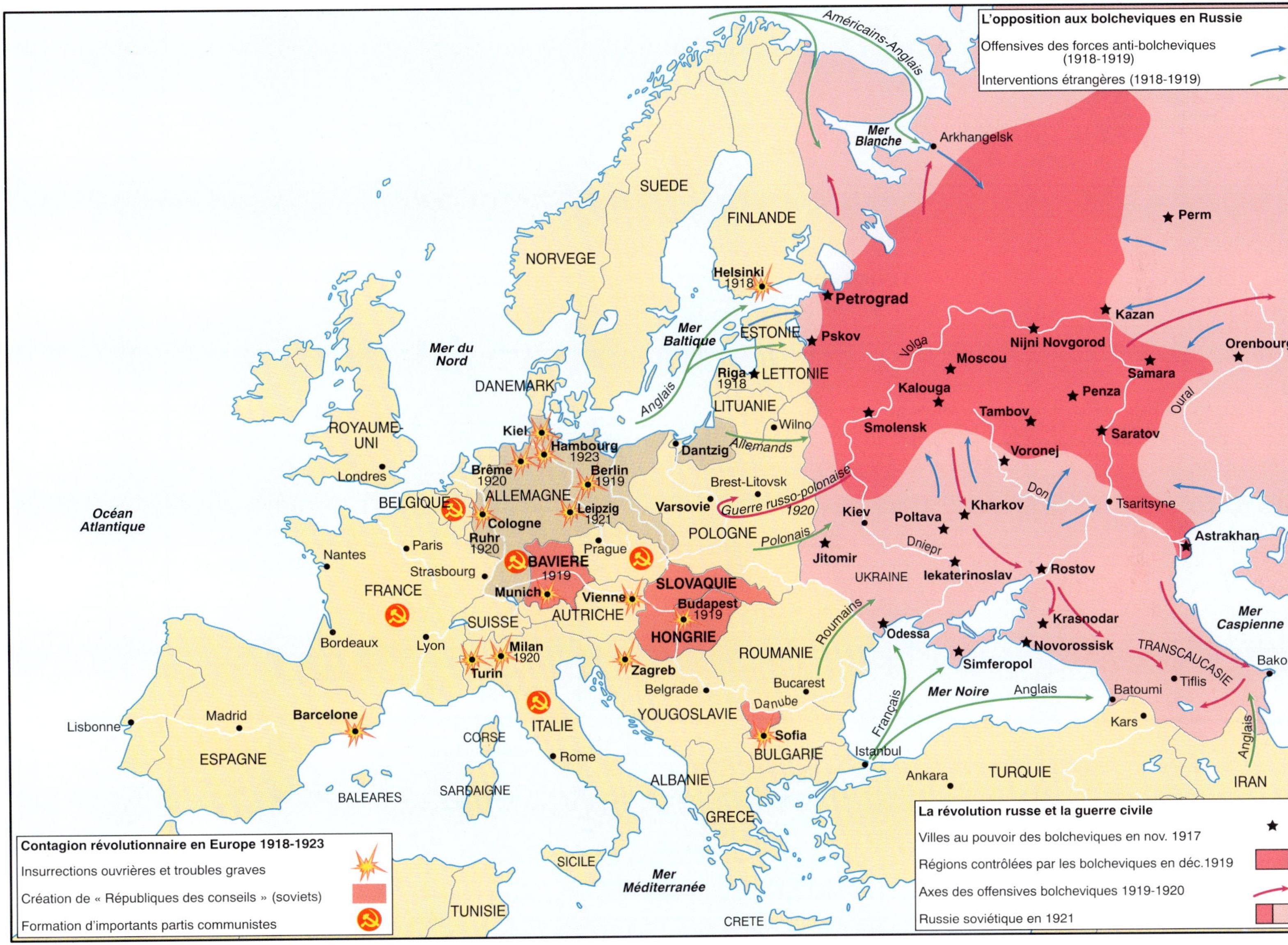
L'opposition aux bolcheviques en Russie
Offensives des forces anti-bolcheviques (1918-1919)
Interventions étrangères (1918-1919)
La révolution russe et la guerre civile
Villes au pouvoir des bolcheviques en nov. 1917
Régions contrôlées par les bolcheviques en déc.1919
Axes des offensives bolcheviques 1919-1920
Russie soviétique en 1921
Contagion révolutionnaire en Europe 1918-1923
Insurrections ouvrières et troubles graves
Création de « Républiques des conseils » (soviets)
Formation d'importants partis communistes
Américains-Anglais
Mer Blanche
Arkhangelsk
Perm
SUEDE
FINLANDE
NORVEGE
Helsinki 1918
Petrograd
Kazan
Mer Baltique
ESTONIE
Pskov
Nijni Novgorod
Orenbourg
Mer du Nord
Volga
Moscou
Samara
Riga 1918
LETTONIE
DANEMARK
Anglais
Kalouga
Penza
LITUANIE
Oural
ROYAUME-UNI
Tambov
Smolensk
Wilno
Kiel
Saratov
Hambourg 1923
Dantzig
Allemands
Voronej
Londres
Brême 1920
Berlin 1919
Brest-Litovsk
Don
ALLEMAGNE
Guerre russo-polonaise 1920
BELGIQUE
Varsovie
Kharkov
Tsaritsyne
Océan Atlantique
Leipzig 1921
Kiev
Poltava
Cologne
POLOGNE
Dniepr
Astrakhan
Ruhr 1920
Polonais
Jitomir
Nantes
Paris
Prague
BAVIERE 1919
UKRAINE
Iekaterinoslav
Rostov
Strasbourg
FRANCE
SLOVAQUIE
Munich
Vienne
Budapest 1919
AUTRICHE
Roumains
Krasnodar
Mer Caspienne
SUISSE
HONGRIE
Odessa
Bordeaux
Lyon
Milan 1920
Novorossisk
TRANSCAUCASIE
Turin
ROUMANIE
Simferopol
Bakou
Zagreb
Bucarest
Tiflis
Belgrade
Mer Noire
Anglais
Batoumi
Danube
Français
Madrid
Barcelone
YOUGOSLAVIE
Lisbonne
ITALIE
Kars
CORSE
Sofia
ESPAGNE
Rome
BULGARIE
Istanbul
Ankara
TURQUIE
IRAN
ALBANIE
BALEARES
SARDAIGNE
GRECE
SICILE
Mer Méditerranée
TUNISIE
CRETE

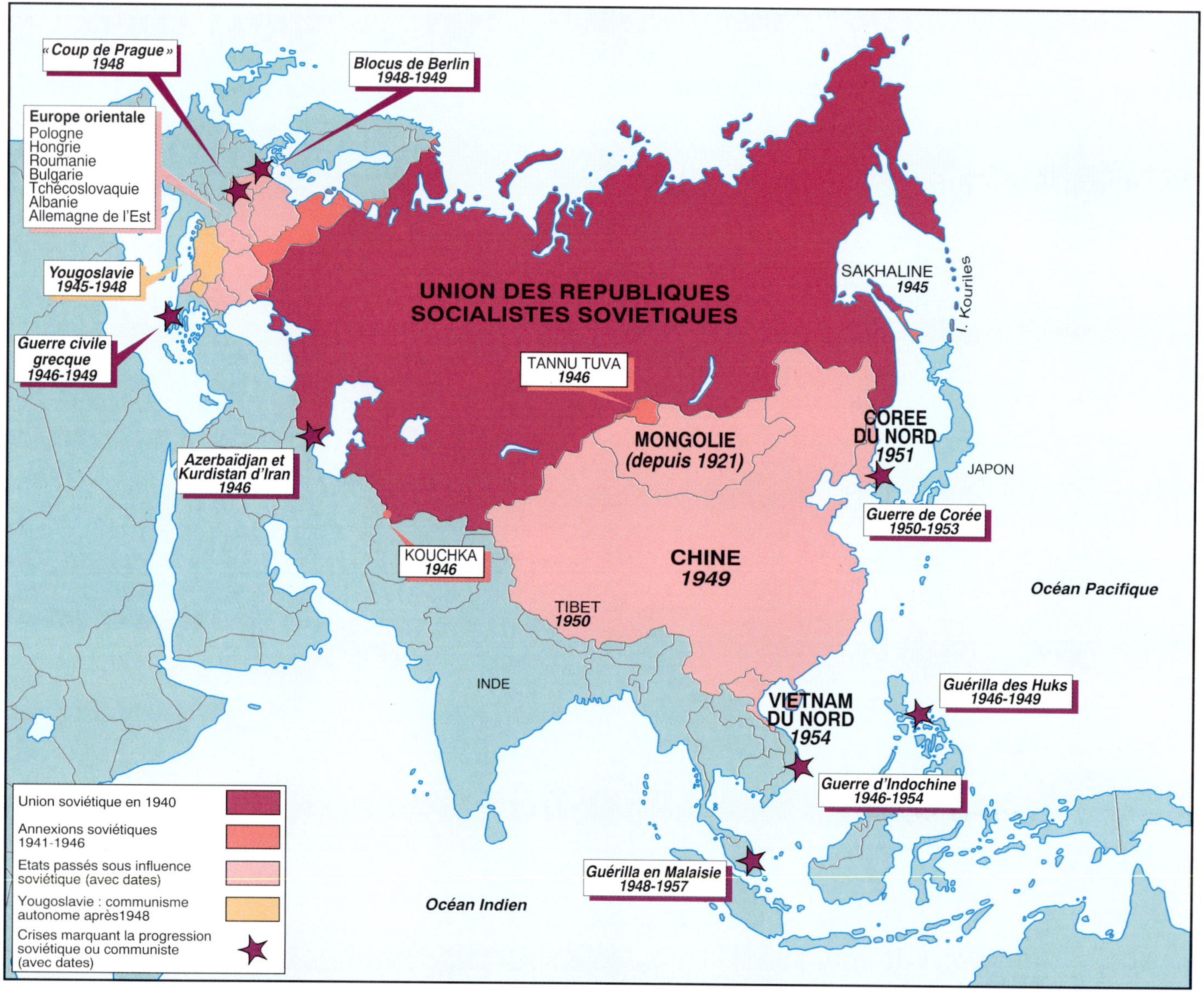

26.
L'expansionnisme soviétique et communiste (1946-1954)

De l'Union soviétique à la Russie

1917-1921 : le communisme de guerre

40 % des paysans ne possèdent pas de terre. Une réforme agraire dépossède les propriétaires, mais la terre devient propriété de l'Etat ; la réforme est un échec complet.

Famines en 1918 et 1921 (5 millions de morts ?).

Guerre civile avivée par l'intervention des Anglais, des Français, des Américains (juin 1918-octobre 1919) et des Japonais (décembre 1917-octobre 1922).

Guerre en Pologne (avril-octobre 1920) se soldant par un échec.

1921-1928 : la Nouvelle Politique économique (NEP)

Suppression des réquisitions, remplacées par un système de taxation.

Réintroduction de l'économie de marché.

Réforme monétaire.

Le niveau de 1913 est atteint en 1928 dans l'industrie. L'électricité quadruple par rapport à 1913, mais l'organisation des systèmes de stockage et de transport des produits agricoles est inadéquate.

Mort de Lénine en 1924.

Trotski est évincé en 1927. Staline accapare le pouvoir.

1928-1953 : l'ère Staline

Suppression de la NEP (1929). Dès 1928, le secteur agricole privé est éliminé et la planification quinquennale instaurée. Les « koulaks » sont déportés vers des camps de concentration. Les victimes se comptent par millions. L'élimination totale de la propriété privée des terres est réalisée en 1936. La production agricole recule, malgré la multiplication des tracteurs et la consommation accrue d'engrais.

La planification agricole est un échec.

Réussite dans le domaine industriel (industries lourdes) moyennant un gaspillage considérable.

La défense absorbe de 12 à 17 % du budget en URSS (6 % aux Etats-Unis durant la guerre froide).

Cependant, la planification a permis à l'URSS de combler une partie de son retard.

Le coût humain de cette période est estimé entre 20 et 30 millions de victimes (?).

Le taux d'analphabétisme de 70 % en 1913 passe à 19 % en 1940 et devient nul en 1960. La même année, l'URSS a proportionnellement plus d'étudiants que l'Europe occidentale.

Durant les années 1930, l'URSS ne connaît pas le chômage (même si l'on constate un très fort sous-emploi).

La mortalité infantile baisse de façon très sensible.

Les plans quinquennaux

1928-1932	1er plan
1933-1937	2e plan
1938-1942	3e plan, interrompu par la guerre
Ces plans ont permis, avec l'aide matérielle des Etats-Unis, de vaincre l'agression allemande.	
1946-1950	4e plan : reconstruction
1951-1955	5e plan
1956-1960	6e plan, non achevé

1953-1955 : interrègne

1955-1964 : l'ère Khrouchtchev

Dénonciation du stalinisme (XXe Congrès, 1956).

Modification du système de planification (1957). Plus grande priorité donnée à l'agriculture et aux biens de consommation. Plus grande souplesse de la gestion industrielle. Introduction du critère de profit. Une certaine décentralisation régionale. Elargissement du secteur privé. Avancée spatiale (Spoutnik, 1957).

Bilan : fin de la terreur, début de l'ouverture, augmentation relative du niveau de vie.

Khrouchtchev est obligé de démissionner.

1964-1982 : l'ère Brejnev

Retour à une certaine orthodoxie et ralentissement progressif de la croissance.

Réformes de Kossyguine (1968-1970) : mesures en faveur de l'agriculture, accroissement relatif de l'efficacité des entreprises.

A partir de 1970, blocage du système économique.

1982-1985 : interrègne

1985-1991 : Mikhaïl Gorbatchev

Glasnost et *Perestroïka* à partir de 1987.

Entreprise pour redonner du dynamisme au système soviétique, la démocratisation sans restructuration économique et avec une détérioration des conditions de vie ne pouvait mener qu'aux contestations nationales et qu'à l'échec.

Au lendemain du traité de Brest-Litovsk (1918), l'Union soviétique conserve l'ensemble des territoires conquis par les tsars au cours de l'histoire, à l'exception de sa frontière ouest (Bessarabie, Pologne, pays Baltes, Finlande). Le Caucase est réinvesti dès 1920-1921.

La politique des nationalités, essentiellement définie par Staline, accorde des indépendances nominales étroitement surveillées et divise pour régner, dans le style impérial le plus classique. La révolte des « Basmachis » de l'émirat de Boukhara est réduite (1920-1922) et l'Empire soviétique, où Staline a établi son autorité de façon incontestée, est régi d'une main de fer.

La victoire sur le nazisme permet à l'URSS une nouvelle progression vers l'ouest où non seulement elle récupère les territoires dominés par les tsars à la veille de 1914 (à l'exception de la Finlande), mais parvient à avancer encore sa frontière en déplaçant vers l'ouest celle de la Pologne au détriment de l'Allemagne (Silésie). L'Union soviétique prend même possession d'une petite partie de la Prusse-Orientale.

De surcroît, l'avance des troupes soviétiques permet la constitution d'un glacis considérable en Europe du Centre : Pologne, Allemagne de l'Est (RDA), Tchécoslovaquie, Hongrie,

Roumanie, Bulgarie. Seule, l'Autriche, occupée durant une décennie, pourra retrouver son indépendance (1955) en échange de sa neutralisation.

L'URSS a joué, tant sur le plan politique que dans le domaine de l'imaginaire, un rôle très important au cours du XXe siècle. Sa disparition est surtout due aux pesanteurs et à l'inefficacité bureaucratique du système. Celui-ci, malgré les succès des premiers plans quinquennaux (alors que la plupart des pays capitalistes connaissaient la terrible récession des années 1930), ne parvenait pas à constituer une alternative à l'économie de marché. La victoire contre le nazisme et, par la suite, les réalisations spatiales (Spoutnik, 1957) permirent de rehausser le prestige d'un système par ailleurs dénoncé dès les années 1920 comme répressif. Les conséquences de la guerre civile, du communisme de guerre, de la collectivisation agraire surtout, puis de la répression politique stalinienne furent catastrophiques – Kolyma, Bam I et II, Ozerlag, Spetlag, Karaganda sont quelques-uns des cent vingt ou cent cinquante camps de Sibérie et d'Europe où périrent plusieurs dizaines de millions d'opposants réels ou supposés. La période khrouchtchévienne (1955-1964) mit fin à la terreur. Le régime pouvait se prévaloir de réussites, notamment sur le plan de l'éducation, et garantissait une sécurité médiocre à ses citoyens dociles. Privées d'autonomie politique, les républiques non russes n'étaient pas des colonies au sens classique. On vivait mieux (ou moins mal) à Tachkent et à Tbilissi qu'à Moscou ou à Leningrad. Les goulots d'étranglement étaient partiellement corrigés par la corruption, mais ne faisaient, sur le plan économique, qu'engendrer une passivité résignée, sauf dans la mince couche des privilégiés de la bureaucratie.

La Russie et sa périphérie

MALGRÉ sa puissance nucléaire, la Russie subit un recul catastrophique qui évoque, toutes proportions gardées, le désarroi de Weimar au début des années 1920.

La périphérie russe, que Moscou avait essayé de maintenir dans le cadre de la Communauté des Etats indépendants (CEI), s'effrite.

Le plus grave des reculs russes serait la séparation croissante – encouragée par les Etats-Unis – de l'Ukraine (52 millions d'habitants), foyer slave par excellence. Le détachement de l'Ukraine et son éventuelle adhésion à l'OTAN auraient pour conséquence de marginaliser la Russie et de la condamner, dans l'avenir, à n'être qu'une puissance régionale.

L'Azerbaïdjan où, contrairement aux autres Etats de la CEI, il n'y a pas de troupes russes, est également encouragé à s'éloigner de la Russie – conforté en cela par les compagnies pétrolières américaines dont Amoco est la plus présente. La proximité géographique de la Turquie, le pétrole de la Caspienne et le rôle de verrou du Caucase du Nord, largement musulman (Daghestan, Tchétchénie...), font de l'Azerbaïdjan un Etat stratégiquement important.

La Géorgie souhaite également prendre ses distances par rapport à Moscou (axe Tachkent-Bakou-Tbilissi-Kiev).

De son côté, la Russie use d'ethno-stratégies en apportant de l'aide aux Abkhazes (Géorgie) et aux Arméniens du Nagorno-Karabagh (Azerbaïdjan).

Enfin, le désenclavement de l'Asie centrale est en cours, grâce notamment aux pétroliers américains. Politiquement, l'Etat clé est l'Ouzbékistan, tandis que le Turkménistan et le Kazakhstan sont riches en hydrocarbures qu'il s'agit d'acheminer vers le sud. Malgré les succès des Talibans soutenus par le Pakistan (et la CIA), l'Afghanistan ne paraît pas devoir constituer une sortie sûre. L'Iran, de toute évidence, représente, à cet égard, le choix le plus cohérent. La partie qui se joue dans la périphérie russe est aujourd'hui essentielle.

27. La Fédération de Russie en 1999

Océan Glacial Arctique
Enclave de Kaliningrad
Mer Baltique
FINLANDE
Mourmansk
Saint-Pétersbourg
Arkhangelsk
Minsk
BIELORUSSIE
Moscou
RUSSIE
Kiev
UKRAINE
Odessa
Nijni Novgorod
Kazan
TATARSTAN
Samara
Perm
Ekaterinbourg
Oufa
Saratov
Volga
Rostov
Volgograd
BACHKIRIE
Tcheliabinsk
Mer Noire
Novorossisk
DAGHESTAN
TCHETCHENIE
OSSETIE
TURQUIE
Mer Caspienne
KAZAKHSTAN
Mer d'Aral
Lac Balkhach
OUZBEKISTAN
Amou Daria
Achkhabad
Tachkent
KIRGHIZSTAN
Almaty
TADJIKISTAN
IRAN
AFGHANISTAN
FEDERATION DE RUSSIE
SIBERIE ORIENTALE
SIBERIE OCCIDENTALE
Ob
Ienisseï
Lena
Irtych
Omsk
Novossibirsk
Krasnoïarsk
TANNU TOUVA
Irkoutsk
Lac Baïkal
AGUIN-BOURIATE
MONGOLIE
CHINE
Amour
EXTREME-ORIENT RUSSE
Khabarovsk
Vladivostok
COREE DU NORD
COREE DU SUD
JAPON
KAMTCHATKA
Mer d'Okhotsk
SAKHALINE
ILES KOURILES
1 Lituanie
2 Lettonie
3 Estonie
4 Géorgie
5 Arménie
6 Azerbaïdjan
7 Moldavie
Fédération de Russie depuis 1991
Anciennes républiques soviétiques devenues indépendantes
Républiques autonomes où les non-Russes sont majoritaires ou en forte proportion
Accès aux mers libres (de glace)

La fin de l'Empire ottoman

LE DÉCLIN de l'Empire ottoman, qui s'amorce militairement dès le traité de Karlowitz (1699), se précipite au XIXe siècle lorsque l'empire est pris en tenaille entre la Russie tsariste, qui réclame le protectorat des chrétiens orthodoxes dans l'Empire ottoman (guerre russo-turque, 1853), et l'Autriche, qui a des visées sur les marches balkaniques. L'Angleterre et la France soutiennent l'Empire ottoman par crainte des ambitions russes (guerre de Crimée, 1854-1856). L'empire, bien que malade, survit ainsi jusqu'en 1918, sa disparition étant plus redoutée que son existence. En 1860-1861, la France mène en Syrie une expédition pour la protection des communautés chrétiennes.

D'importants soulèvements des nationalités européennes soumises aux Turcs (Serbes, Monténégrins, Bulgares) éclatent dans les Balkans en 1875-1876. La Russie en profite et ses troupes avancent jusqu'à Andrinople (1877-1878). L'Angleterre, hostile aux avancées russes – formation d'une Grande Bulgarie sous influence russe –, soutient l'Empire ottoman. Le congrès de Berlin (1878), tenu sur les instances de la Grande-Bretagne et de l'Autriche, modifie celui de San Stefano (1878), trop favorable à la Russie. L'Empire ottoman perd cependant une partie de ses possessions : Bessarabie, Kars, Roumanie, Serbie, Monténégro. La Bulgarie, principauté tributaire de l'empire, échappe bientôt à son contrôle. La Bosnie-Herzégovine passe sous administration autrichienne (annexion en 1908), Chypre sous administration britannique.

L'empire, assujetti à des capitulations et à des privilèges extraterritoriaux, est fortement endetté. Les puissances européennes contrôlent le système bancaire, les chemins de fer et les mines. Les fréquentes pressions de l'Europe concernant le traitement des minorités chrétiennes de l'empire (massacre des Arméniens, 1895-1896) irritent la Sublime Porte.

En 1908, la révolution des Jeunes-Turcs, qui veut procéder à une modernisation fondée sur l'égalité entre les divers groupes ethniques et religieux de l'empire, hésite entre ottomanisme et panturquisme et opte finalement pour ce dernier. Les événements se précipitent : tandis que les Albanais, jusque-là fidèles, veulent l'indépendance, l'Italie s'empare de la Libye, et les guerres balkaniques ramènent l'empire, aux élites humiliées, aux marches de l'Asie Mineure.

En 1914, l'Empire ottoman se range aux côtés de l'Allemagne en espérant, contre la Russie, réaliser ses aspirations panturques. Les troupes turques subissent un lourd revers dans le Caucase (hiver 1914) et, craignant l'avance russe, les Jeunes-Turcs organisent la déportation de toute la population arménienne d'Anatolie et sa liquidation en masse. Environ 1 million d'Arméniens périssent – on considère généralement ces massacres comme le premier génocide du XXe siècle, malgré les dénégations de l'Etat turc. Les Alliés échouent dans leur tentative de débarquer aux Dardanelles (Gallipoli, avril 1915). La guerre provoque également la révolte arabe de 1916, durement matée en Syrie. Les troupes britanniques s'emparent de Jérusalem à la fin de 1917. Elles se dirigent aussi vers Bagdad. En 1918, épuisé, l'empire capitule. Les dirigeants jeunes-turcs fuient vers l'Allemagne ou la Russie bolchevique.

Les conditions du traité de Sèvres (1920), qui dépeçait l'Asie Mineure entre les puissances européennes, sont rejetées par Mustafa Kemal et par l'armée. Les Grecs, soutenus par la

28. La fin de l'Empire ottoman, du traité de Berlin (1878) au traité de Lausanne (1923)

Grande-Bretagne, tentent une intervention militaire destinée à annexer la région à l'est de Smyrne (1921). Les troupes de Mustafa Kemal, aidées par la Russie bolchevique, l'emportent (1922). A l'est, les Arméniens sont repoussés par les Turcs et leur territoire est soviétisé. En Cilicie, les troupes françaises doivent se replier. Mustafa Kemal fonde la Turquie moderne sur le modèle de l'Etat-nation (traité de Lausanne, 1923). Un échange de population intervient entre la Grèce et la Turquie.

L'empire, environ 1 850 000 km² et 21 millions d'habitants, fait place à la Turquie, 750 000 km² et 10 millions d'habitants environ.

29. Le Proche-Orient en 1914

30. L'émergence du Proche-Orient contemporain (1926)

Les Turcs en Anatolie et les turcophones d'Asie centrale

L'EFFONDREMENT de l'URSS a entièrement modifié l'environnement géostratégique de la Turquie. Isolée entre les deux guerres, celle-ci est neutre durant la Seconde Guerre mondiale (une victoire allemande à Stalingrad eût mis fin à cette prudente neutralité). La Turquie conforte sa sécurité en adhérant à l'OTAN (1949), réagissant ainsi aux prétentions de Staline sur Kars (qui fut sous domination tsariste de 1878 à 1921). En 1963, la Turquie, bloquée dans son environnement, fait acte de candidature pour entrer dans le Marché commun européen. L'indépendance des Etats qui composaient la Fédération soviétique ramène l'intérêt de la Turquie vers le Caucase et l'Asie centrale turcophone. (Le panturquisme avait été le mythe mobilisateur des Jeunes-Turcs ; Enver, l'un des membres du triumvirat dirigeant, trouva la mort en 1922 en participant à la révolte des musulmans de l'émirat de Boukhara.)

Si les échanges linguistiques pour les Turcs de Turquie se limitent à l'Azerbaïdjan et au Turkménistan – l'ouzbek, le kirghiz et le kazakh étant fort lointains –, les relations commerciales et la coopération sont actives. Surtout, les oléoducs de l'Asie centrale et de la Caspienne trouvent un débouché dans les ports turcs.

La Turquie abrite 12 millions de Kurdes, soit 20 % de la population totale, qui, depuis 1924, subissent une politique de turquification (insurrections en 1925, 1930, 1936 et depuis 1984).

La guerre du Golfe marque aussi le retour de la Turquie dans la politique moyen-orientale concrétisée depuis par l'alliance, *de facto*, avec Israël dirigée contre la Syrie.

Etat semi-industriel, parcouru de courants sociaux fortement contradictoires, la Turquie est un pivot régional important, alliée des Etats-Unis et de l'Europe.

31. La Turquie et les Etats turcophones d'Asie centrale

La formation et l'expansion des Etats-Unis

L'HISTOIRE diplomatique des Etats-Unis ne commence pas avec leur intervention tardive aux côtés des Alliés en 1917, lors de la Première Guerre mondiale. En 1783, les treize colonies de la Nouvelle-Angleterre obtiennent, par la paix de Paris, la reconnaissance internationale de leur indépendance. Mais au nord, l'Angleterre contrôle le Canada, où se sont réfugiés bien des « loyalistes » ; au sud, l'Espagne règne sur la plus grande partie du continent. Le territoire de la jeune république est limité de tous côtés. Pis, en 1812, au cours d'un conflit avec l'Angleterre, Washington est prise, le Capitole et la Maison-Blanche sont brûlés.

Cependant, dès 1823, le président Monroe déclare en substance dans son message au Congrès que, désormais, les affaires politiques de l'hémisphère occidental ne doivent plus relever de l'Europe. Entre-temps, l'expansion des Etats se poursuit : Kentucky (1792), Tennessee (1796), Ohio (1803), Louisiane (1812) que Napoléon avait vendue quelques années plus tôt, Indiana (1816), Illinois (1818), Missouri (1821), et bientôt Arkansas (1836) et Floride (1845) jadis achetée aux Espagnols. Le Mississippi est franchi. Les Indiens sont progressivement repoussés ou éliminés. L'expansion se fait au détriment du Mexique : Texas (1845), puis Californie. Dès 1848, ce dernier Etat ainsi que l'Arizona, le Nouveau-Mexique, le Nevada, l'Utah et une partie du Colorado sont annexés.

On connaît moins les manifestations de l'expansionnisme américain hors de l'hémisphère occidental. En 1854, le commodore Perry somme le Japon de s'ouvrir aux échanges. La marine américaine intervient en Chine en 1859 et en Corée en 1871. Les Américains participent à la politique impériale des Européens, exigeant de la Chine des traités inégaux qui débouchent sur la politique des concessions. Bientôt, le thème de la *Manifest Destiny* devient récurrent. L'Amérique est créée pour réaliser un idéal sans précédent à tous égards.

La frontière recule de façon continue. Les îles du Pacifique Nord font partie de la zone d'influence américaine : Midway et Wake (1867), Samoa (1878), Hawaii (1898). C'est aussi l'achat de l'Alaska (vendu par la Russie) en 1867. Peut-être la rupture que constitue aux yeux de certains historiens la date de 1898, lorsque les Etats-Unis entrent en guerre avec l'Espagne pour s'emparer du contrôle des Caraïbes tout en occupant les Philippines, est-elle moins nette qu'il n'y paraît.

Tout au long de leur histoire, les Etats-Unis proclament leur volonté de ne pas se mêler des querelles politiques européennes, jugées perverses. N'ayant point de rivaux continentaux, les Américains pouvaient se permettre de ne pas se soucier des équilibres interétatiques et de l'univers des relations internationales. Le moralisme hérité des pères fondateurs, conforté par un juridisme rigoureux, transforme les guerres en croisades entreprises avec bonne conscience. L'anti-impérialisme à l'égard des Européens, qui se manifestera aussi par un anticolonialisme, s'accompagne pourtant chez les Américains d'un expansionnisme continu.

La guerre contre l'Espagne commence (1898) alors qu'une révolte des Cubains est durement brisée par les Espagnols. Les insurgés sont soutenus par une campagne de presse, et

32. Formation et croissance des Etats-Unis (1840-1900)

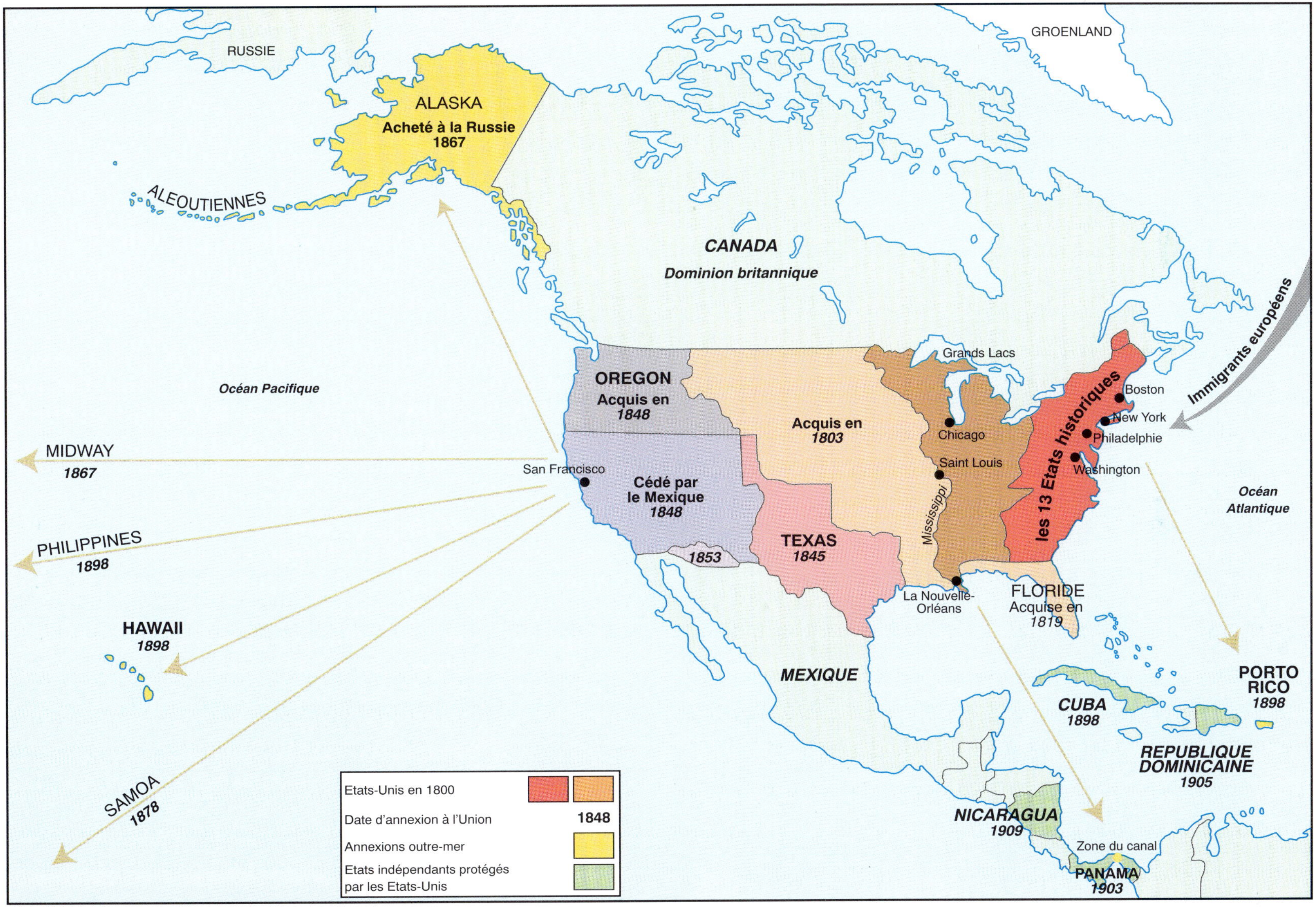
RUSSIE
GROENLAND
ALASKA
Acheté à la Russie
1867
ALEOUTIENNES
CANADA
Dominion britannique
Océan Pacifique
OREGON
Acquis en
1848
Acquis en
1803
Grands Lacs
Chicago
Saint Louis
Mississippi
les 13 Etats historiques
Boston
New York
Philadelphie
Washington
Immigrants européens
Océan
Atlantique
MIDWAY
1867
San Francisco
Cédé par
le Mexique
1848
PHILIPPINES
1898
1853
TEXAS
1845
La Nouvelle-
Orléans
FLORIDE
Acquise en
1819
HAWAII
1898
MEXIQUE
CUBA
1898
PORTO
RICO
1898
REPUBLIQUE
DOMINICAINE
1905
SAMOA
1878
NICARAGUA
1909
Zone du canal
PANAMA
1903
Etats-Unis en 1800
Date d'annexion à l'Union
1848
Annexions outre-mer
Etats indépendants protégés
par les Etats-Unis

l'explosion aux causes mal établies d'un cuirassé dans la rade de La Havane fournit le prétexte à l'intervention américaine (en 1964, un incident similaire est à l'origine de l'escalade aérienne contre le Nord-Vietnam).

La victoire apporte aux Etats-Unis du président républicain Theodore Roosevelt la souveraineté sur Porto Rico, l'île de Guam, les Philippines, et dépossède l'Espagne de ses dernières colonies. Cuba, qui fut le prétexte de la guerre, devient indépendant, mais l'amendement Platt donne aux Etats-Unis un droit permanent d'intervention pour sauvegarder leurs intérêts. La base navale de Guantanamo leur est cédée.

La conquête des Philippines en 1899-1902 (colonie américaine jusqu'en 1945) se révèle difficile, et la contre-insurrection américaine est exercée avec rigueur. Tandis que les Etats-Unis continuent à tourner le dos à l'Europe en ce début de XXe siècle, ils ont une présence active en Asie-Pacifique, notamment en Chine (politique de la « porte ouverte »). Leur adversaire, plus particulièrement à partir de 1905, est le Japon.

C'est toujours sous la présidence flamboyante de Theodore Roosevelt que les Etats-Unis envoient deux mille marines au Nicaragua. Dans les Caraïbes – la « Méditerranée américaine », ainsi que les désignait l'amiral Mahan, partisan et théoricien de la suprématie maritime –, les Etats-Unis interviennent militairement près de vingt fois au cours du XXe siècle, pour y défendre leurs intérêts commerciaux et politiques : Saint-Domingue (1905, 1916, 1965), Haïti (1912, 1915, 1934), Nicaragua (1909, 1912, 1933), Cuba (1906, 1917, 1921), sans évoquer d'autres interventions directes ou indirectes plus récentes.

Dès 1900, les Etats-Unis devancent l'Allemagne et la Grande-Bretagne en assurant 32 % de la production industrielle mondiale, soit 12 % de plus qu'aujourd'hui. Néanmoins, le rôle politique de cette nation marchande – en dehors de l'hémisphère Ouest – reste marginal. Le percement et le contrôle du canal de Panamá (1903) confortent son unité économique.

Les Etats-Unis finissent par s'engager dans la « grande guerre » en 1917, en partie grâce à la propagande britannique. Ils le font à leur manière particulière, celle de la mission salvatrice, de la croisade où le bon droit est de leur côté et où la guerre doit déboucher sur la victoire totale. Pour l'Europe, c'est le début du déclin.

Après la Première Guerre mondiale, les Etats-Unis cessent de participer de façon active à la politique mondiale et se préoccupent de leurs intérêts économiques dans le cadre d'un relatif isolationnisme.

Non rompus aux relations interétatiques, avec un personnel diplomatique ou politique surtout composé d'hommes d'affaires et de juristes, les Etats-Unis n'ont pas de stratégie consciente et organisée pour exercer un rôle mondial à leur mesure. En ce sens, il est vrai que, tard venus dans la Seconde Guerre mondiale (à la fin de 1941), ils se sont retrouvés au lendemain de celle-ci, sans l'avoir véritablement recherché, première puissance du monde. Cette position est fondée sur leur capacité industrielle, économique et financière, sur leur potentiel humain et sur la sanctuarisation de leur territoire.

La guerre froide (1947-1991) doit sa paix relative – au moins entre les deux superpuissances – à l'existence du feu nucléaire.

Dès 1947, la doctrine américaine, telle qu'elle est inspirée par G.F. Kennan *(The Source of Soviet Conduct)*, cherche l'endiguement de l'Union soviétique et du communisme.

A partir de cette date, les Etats-Unis entrent, bon gré mal gré, dans l'univers interétatique et doivent se contenter, comme après la guerre de Corée (1950-1953), de demi-victoires, de compromis politiques et de « ni paix ni guerre ». L'époque des victoires totales ne reprendra qu'à la fin de la guerre froide avec la guerre du Golfe. Les crises sont gérées avec succès (Berlin en 1949 et 1961, Cuba en 1962). Tandis que, tant bien que mal, s'est instaurée, grâce au nucléaire, une coexistence pacifique.

Entre-temps, les Etats-Unis remportent des victoires éclatantes : le redressement de l'Europe occidentale grâce au plan Marshall ; l'endiguement des visées russes au Moyen-Orient ; la perpétuation du contrôle – à l'exception de Cuba et, brièvement, du Nicaragua – sur l'hémisphère Ouest. Les résultats en Asie sont moins brillants : en 1949, la Chine devient communiste. Si la guerre de Corée se termine par un compromis honorable, il n'en est pas de même de la guerre du Vietnam, qui est un échec politique et psychologique.

Pendant quelques années, entre 1975 et 1980, la politique étrangère américaine, sauf dans le conflit israélo-arabe (accords de Camp David en 1978), paraît moins dynamique que celle de son adversaire soviétique. Tour à tour, après la chute de Saigon (1975), les Etats-Unis qui, depuis quelques années, sont à portée des missiles soviétiques et admettent depuis Salt I (1972) l'idée d'une parité en matière nucléaire, subissent des reculs en Angola (1976), en Ethiopie (1977), en Iran (1978), au Nicaragua (1979) et en Afghanistan avec l'intervention soviétique de Noël 1979.

Mais derrière les succès diplomatiques des Soviétiques, l'économie piétine, et la contre-offensive idéologique entreprise par l'équipe Carter-Brzezinski, avec pour thème les droits de l'homme, commence à porter ses fruits. Le tiers-mondisme et l'anti-américanisme perdent de leur virulence avec la révélation des exactions commises par les Khmers rouges, l'échec de la révolution culturelle chinoise, la grande voix de Soljenitsyne, bientôt relayée par d'autres opposants tel Sakharov.

La politique d'aide aux *contras* du Nicaragua, entamée sous Carter, se généralise avec Reagan, et les *moudjahidin* d'Afghanistan, surtout les plus islamistes d'entre eux, sont de plus en plus solidement épaulés.

C'est durant la guerre d'Afghanistan, après la disparition de Brejnev et d'Andropov, qu'apparaît Mikhaïl Gorbatchev : entre 1985 et 1991, il prend acte du retard et de la stagnation économiques soviétiques et tente, en vain, de restructurer l'URSS et le Parti, qui en était l'expression.

La contestation polonaise, confortée par le pape Jean-Paul II, et la montée des protestations en RDA aboutissent à la chute du mur de Berlin (1989). En URSS, l'expression des nationalismes dans les pays Baltes (Estonie, Lettonie, Lituanie) et au Caucase (Arménie, Géorgie, Azerbaïdjan) contribue grandement à l'effondrement de l'Union soviétique (1991). De façon inattendue, le monde bipolaire cesse abruptement d'exister.

La guerre du Golfe (1991), impensable du temps de Brejnev ou d'Andropov, permet aux Etats-Unis, dans le plus pur style de la culture américaine fondée sur la stratégie directe et confortée par la supériorité matérielle absolue, de retrouver un prestige perdu au Vietnam et d'affirmer leur prééminence.

L'effondrement de l'Union soviétique, après celui du système communiste européen, provoque un nouvel ordre mondial, où les Etats-Unis exercent l'hégémonie pour une durée indéterminée. Ils souhaitent maintenir aussi longtemps que possible un environnement international conforme à leurs intérêts. Ils n'ont pas, actuellement, de rivaux capables de leur disputer la suprématie.

Les Noirs aux Etats-Unis : de l'esclavage aux droits civils

Les Noirs étaient jusqu'à une date récente la minorité la plus importante numériquement, mais celle dont l'intégration économique et sociale est la moins assurée.

A la veille de la déclaration d'indépendance (1776), on compte plus de 0,5 million de Noirs en Nouvelle-Angleterre, soit près de 20 % de la population totale. De nombreuses révoltes d'esclaves ont lieu entre 1800 et 1864.

La première migration intra-américaine a lieu dès la fin du XIXe siècle vers le nord. Mais, en 1910, sur quelque 10 millions de Noirs, 9 millions vivent encore dans le Sud. De 1910 à 1920, un grand mouvement migratoire amène 300 000 Noirs dans le Nord et le Middle West. A New York, à Philadelphie et à Chicago se créent des communautés noires importantes. Après la crise de 1929, ce mouvement s'accélère.

La discrimination raciale reste très marquée jusqu'au lendemain de la guerre.

C'est en 1954 que la Cour suprême interdit la ségrégation dans les écoles. Entre 1954 et 1964, une lutte est menée pour les droits civiques, qui seront accordés sous la présidence de Johnson.

1865 Abolition de l'esclavage, fin de la guerre de Sécession
1870 Droit de vote accordé aux Noirs
1875 Interdiction de discriminer dans les lieux publics *(Civil Rights Act)*
1883 La Cour suprême déclare anticonstitutionnel le *Civil Rights Act*
1903 W.E. Dubois publie *The Soul of Black Folks*
1909 Création de la NAACP (mouvement pour l'émancipation des Noirs)
1914 Marcus Garvey fonde l'UNIA (Universal Negro Improvement Association)
1915 Début de la grande migration vers le nord
1919 Emeutes raciales au cours de l'été
1927 Déportation de Marcus Garvey
1930 Fondation des Black Muslims
1941 Création par Roosevelt d'une commission pour la fin de la discrimination dans l'emploi
1943 Emeutes à Detroit, Philadelphie, Newark, Los Angeles
1946 Le Congrès désapprouve la commission pour la fin de la discrimination dans l'emploi
1947 Fin de la ségrégation dans l'armée
1954 Déségrégation scolaire décrétée par la Cour suprême
1955 Boycott des transports à Montgomery (l'année suivante, la déségrégation est effective)
1963 Déségrégation à Little Rock (Arkansas)
1964 Marche sur Washington ; intensification de la lutte pour les droits civiques
1965 Assassinat de Malcom X ; émeutes de Watts (Los Angeles)
1966 Création des Black Panthers
1967 Emeutes à Cincinatti, Newark, Detroit ; congrès du Black Power à Newark
1968 Assassinat de Martin Luther King

33. Les Etats-Unis en 1900

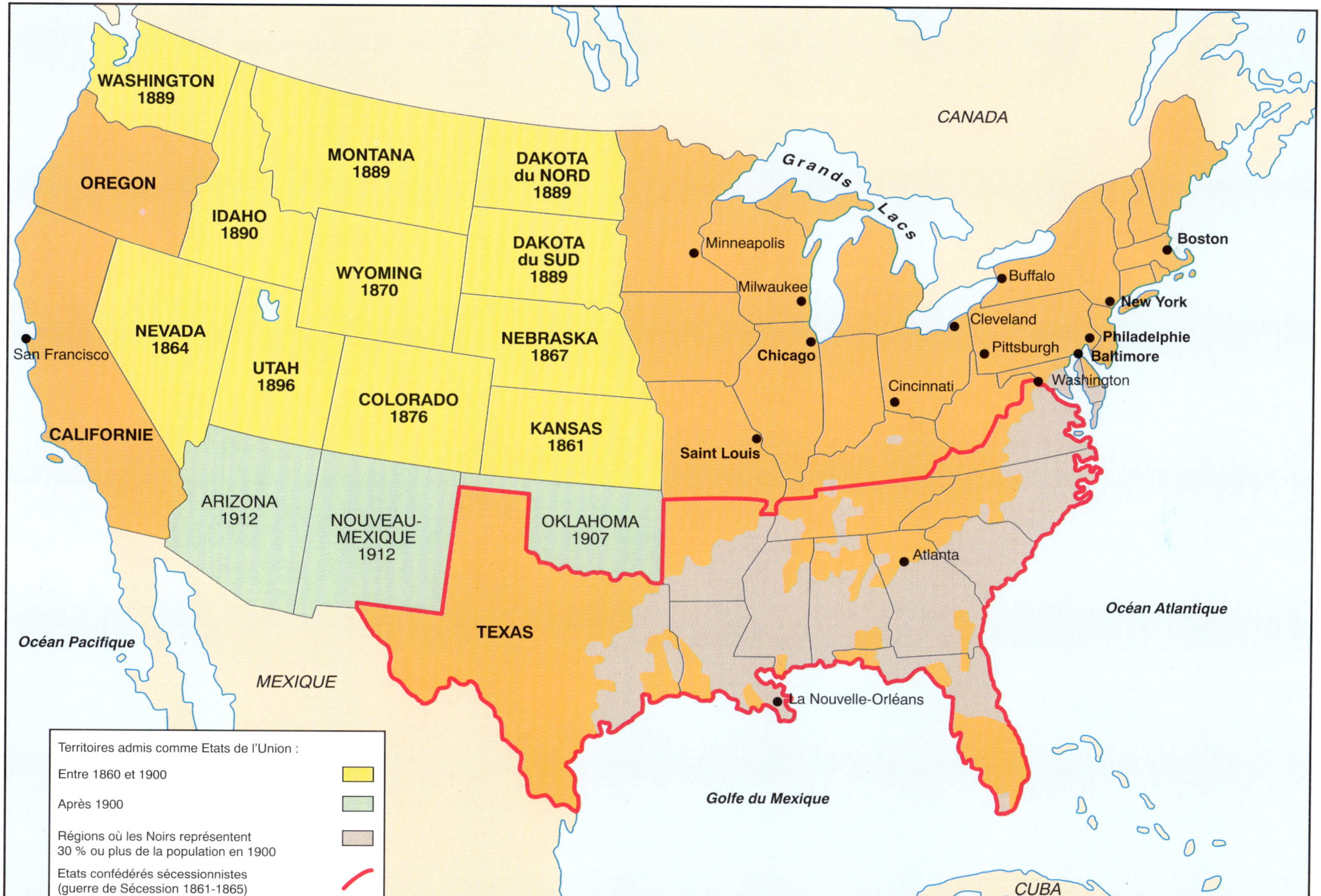
CANADA
Grands Lacs
WASHINGTON 1889
OREGON
IDAHO 1890
MONTANA 1889
DAKOTA du NORD 1889
DAKOTA du SUD 1889
WYOMING 1870
NEVADA 1864
UTAH 1896
COLORADO 1876
NEBRASKA 1867
KANSAS 1861
CALIFORNIE
ARIZONA 1912
NOUVEAU-MEXIQUE 1912
OKLAHOMA 1907
TEXAS
San Francisco
Minneapolis
Milwaukee
Chicago
Saint Louis
Cincinnati
Cleveland
Pittsburgh
Buffalo
Boston
New York
Philadelphie
Baltimore
Washington
Atlanta
La Nouvelle-Orléans
Océan Pacifique
Océan Atlantique
MEXIQUE
Golfe du Mexique
CUBA
Territoires admis comme Etats de l'Union :
Entre 1860 et 1900
Après 1900
Régions où les Noirs représentent 30 % ou plus de la population en 1900
Etats confédérés sécessionnistes (guerre de Sécession 1861-1865)

De la partition de l'Inde à l'Union indienne

Dès l'indépendance (1947), l'Inde marche vers la partition. Celle-ci résulte essentiellement d'une cohabitation de musulmans et d'hindous. La première pénétration musulmane date du Xe siècle (sultanat de Delhi). Peu après la fondation de la dynastie moghole (1526), l'Inde est presque intégralement sous domination musulmane. Les conversions ont dû être nombreuses : de quelques vagues de conquérants se limitant, chaque fois, à quelques dizaines de milliers d'hommes, les musulmans passent à près de 30 % de la population totale des Indes en 1947.

Le mouvement d'émancipation coloniale, relativement faible entre la première réunion du Congrès national indien (1907) – bien que l'Indian National Congress fût créé en 1885 – et la fin de la Première Guerre mondiale, se radicalise après les manifestations d'Amritsar (1919), qui provoquent plusieurs centaines de morts. L'avocat Gandhi, de retour d'Afrique du Sud, prend la tête du mouvement nationaliste. Notons cependant la création, dès 1906, de la Ligue musulmane.

Gandhi lance une campagne de non-collaboration et de boycottage des produits britanniques sous le signe de la non-violence (des heurts sanglants ont néanmoins lieu au cours des années 1920).

Alors que la perspective de la fin de la domination coloniale se fait jour, la Ligue musulmane, dirigée par Ali Jinnah, demande la création d'un Etat séparé. Les événements se précipitent en 1943 avec le mouvement « Quit India » (Quittez l'Inde). Les Britanniques s'engagent à quitter le sous-continent à l'issue de la guerre.

La partition est consommée avec la création de l'Etat du Pakistan, « pays des purs », morcelé en deux entités : la première à l'ouest, dans le bassin de l'Indus, la seconde à l'est, au Bengale-Oriental. Cette division est le résultat de la forte majorité musulmane dans ces régions. Elle entraîne néanmoins des déplacements de populations : 8 millions de musulmans migrent vers le Pakistan et 8 millions d'hindous vers l'Inde, dans des conditions dramatiques (plusieurs centaines de milliers d'individus sont massacrés).

L'année suivante, en 1948, Gandhi est assassiné par un intégriste hindou. Sous la direction de Nehru, l'Inde opte, en politique étrangère, pour les « cinq principes de la coexistence pacifique ». L'Union indienne veut pratiquer le « non-alignement » (Bandung, 1955), alors qu'en 1954 le Pakistan rejoint le pacte (pro-américain) de l'Organisation du traité de l'Asie du Sud-Est (OTASE).

Dès la partition, les deux Etats entretiennent des relations hostiles, attisées par le problème du Cachemire. Trois guerres très meurtrières les opposent en 1947-1948, 1965 et 1971. Toutes trois sont gagnées par l'Inde. La dernière est une déroute pour le Pakistan occidental, qui perd le contrôle du Pakistan oriental, celui-ci devenant indépendant (Bangladesh) grâce à l'intervention des troupes indiennes.

L'Inde au système démocratique – bien que le pays soit grevé de problèmes d'intégration des castes méprisées et malgré des forces centrifuges – parvient à maintenir son unité. Grâce à la « révolution verte », la production vivrière a augmenté plus vite que la population (360 millions d'habitants en 1951, 800 millions en 1988, plus de 1 milliard à la fin du siècle). Puissance

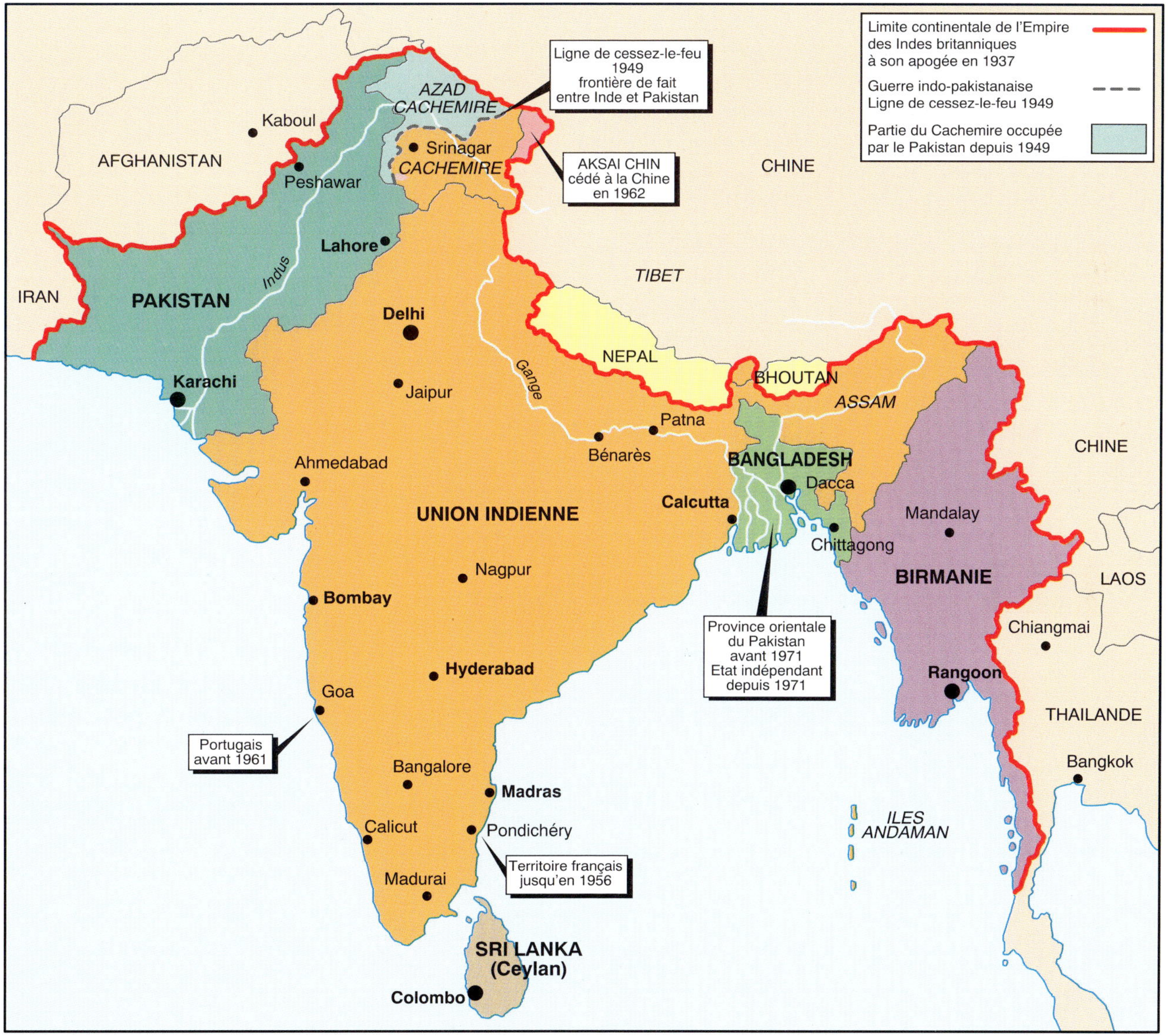

34. **L'éclatement de l'Empire des Indes britanniques (1947)**

régionale fondée sur une industrie diversifiée, l'Inde a libéralisé une partie non négligeable de son économie (commerce extérieur, réforme du système bancaire), qui souffrait de goulots d'étranglement dus à une planification paralysante.

L'Inde abrite une importante minorité de musulmans (plus de 120 millions). La montée des militants hindouistes est sensible, et le Bharatiya Janata Party au pouvoir ne cache pas son ultra-nationalisme en rappelant, après avoir effectué une série d'essais nucléaires en juin 1998, que l'Inde a été dominée par les musulmans durant des siècles. C'est un fait que la fin de l'Empire britannique a redonné le pouvoir aux hindous grâce au système démocratique (une personne, une voix).

Le Pakistan, qui traverse depuis des décennies des difficultés internes considérables, est loin d'avoir résolu ses tensions sociales, ethniques et politiques. Ses essais nucléaires (juin 1998) relèvent le défi lancé par les Indiens et rehaussent son prestige d'Etat qui se veut actif jusqu'en Asie centrale et champion de l'Islam. Le problème du Cachemire continue d'être central et, selon toute vraisemblance, va cristalliser l'hostilité des deux pays, désormais tenus à plus de prudence.

Le Sri Lanka, bouddhiste, est empêtré depuis bientôt deux décennies dans un dur conflit sécessionniste avec les « Tigres » tamouls auxquels, jadis, l'autonomie avait été refusée. Les Tigres se révèlent, à l'échelle mondiale, comme l'un des mouvements les mieux organisés et les plus pugnaces de la période actuelle.

35. Les Etats du sous-continent indien

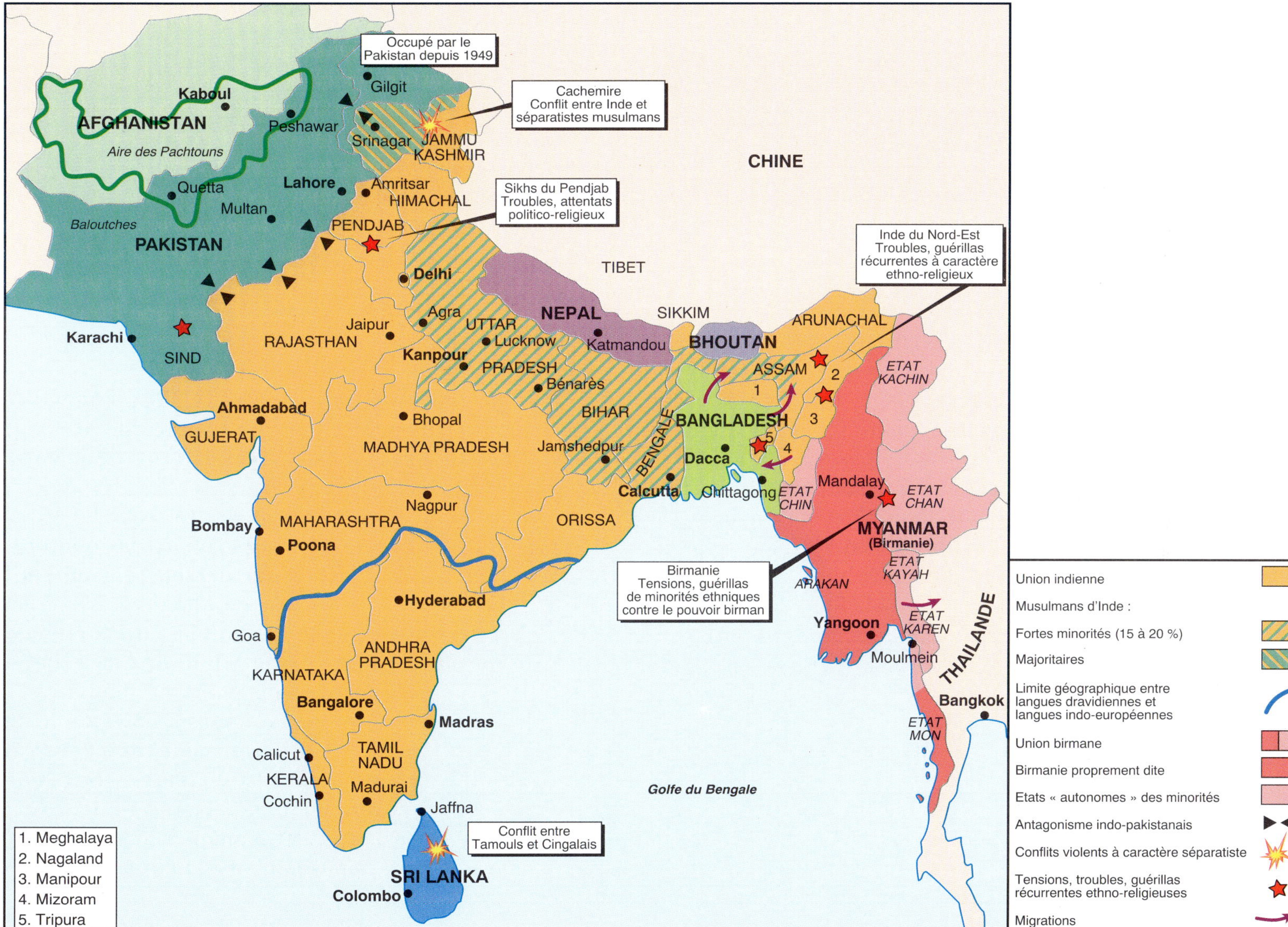
Occupé par le Pakistan depuis 1949
Cachemire Conflit entre Inde et séparatistes musulmans
Sikhs du Pendjab Troubles, attentats politico-religieux
Inde du Nord-Est Troubles, guérillas récurrentes à caractère ethno-religieux
Birmanie Tensions, guérillas de minorités ethniques contre le pouvoir birman
Conflit entre Tamouls et Cingalais
AFGHANISTAN
Kaboul
Aire des Pachtouns
Peshawar
Gilgit
Srinagar
JAMMU KASHMIR
Quetta
Lahore
Amritsar
HIMACHAL
Multan
Baloutches
PAKISTAN
PENDJAB
Delhi
CHINE
TIBET
NEPAL
Katmandou
SIKKIM
BHOUTAN
ARUNACHAL
ASSAM
Karachi
SIND
RAJASTHAN
Jaipur
Agra
UTTAR PRADESH
Lucknow
Kanpour
Bénarès
BIHAR
BENGALE
BANGLADESH
Dacca
Chittagong
Calcutta
ETAT KACHIN
ETAT CHIN
ETAT CHAN
Mandalay
MYANMAR (Birmanie)
ETAT KAYAH
ARAKAN
ETAT KAREN
Yangoon
Moulmein
THAILANDE
Bangkok
ETAT MON
Ahmadabad
GUJERAT
Bhopal
MADHYA PRADESH
Jamshedpur
Nagpur
ORISSA
Bombay
MAHARASHTRA
Poona
Hyderabad
Goa
ANDHRA PRADESH
KARNATAKA
Bangalore
Madras
Calicut
TAMIL NADU
KERALA
Madurai
Cochin
Jaffna
SRI LANKA
Colombo
Golfe du Bengale
1. Meghalaya
2. Nagaland
3. Manipour
4. Mizoram
5. Tripura
Union indienne
Musulmans d'Inde :
Fortes minorités (15 à 20 %)
Majoritaires
Limite géographique entre langues dravidiennes et langues indo-européennes
Union birmane
Birmanie proprement dite
Etats « autonomes » des minorités
Antagonisme indo-pakistanais
Conflits violents à caractère séparatiste
Tensions, troubles, guérillas récurrentes ethno-religieuses
Migrations

La Perse et son évolution au cours du siècle

Avec le Maroc (jusqu'en 1909) et l'Empire ottoman, la Perse était le seul pays musulman important à conserver son indépendance formelle malgré les empiétements russo-britanniques.

Depuis la fin du XVIIIe siècle, la Perse est en décadence. Dans le Caucase, la Russie s'empare de diverses provinces (non persanes) de l'empire. Dès 1828, la Russie, bientôt suivie par d'autres puissances européennes, obtient des capitulations et des droits extraterritoriaux.

En réaction contre les immixtions étrangères et encouragées par la défaite russe de 1905, une série d'émeutes obligent le chah à adopter une Constitution libérale. En 1907, la révolution constitutionnelle – où le clergé chiite joue un rôle très important – tourne court, au moment même où la Russie et la Grande-Bretagne s'accordent pour partager la Perse en zones d'influence.

L'influence russe reste forte jusqu'à la Première Guerre mondiale, pour être remplacée, entre les deux guerres, par celle de la Grande-Bretagne, à l'époque où le pétrole prend de l'importance.

En 1926, Reza Chah, un ancien officier de cavalerie, crée la dynastie Pahlavi et entame, à l'instar de Mustafa Kemal, un train de réformes et une centralisation du pouvoir. Pendant la guerre, ses sympathies pour l'Axe amènent la Grande-Bretagne à l'obliger à abdiquer. Au lendemain de la Seconde Guerre mondiale, l'URSS tente, en vain, de créer une république d'Azerbaïdjan et un Kurdistan iranien (Mahabad).

Les Anglo-Saxons rétablissent la souveraineté de la dynastie Pahlavi. Le nationalisme économique de Mossadegh, qui entend – vingt ans trop tôt – faire profiter l'Iran d'abord de son pétrole, provoque sa chute, préparée par la CIA (1951).

En 1963, le chah entame une révolution par le haut, la « Révolution blanche », limitant la propriété agraire, ce qui provoque une réaction des mollahs, dont l'ayatollah Khomeyni. La centralisation du pouvoir devient de plus en plus sensible. La hausse des prix du pétrole (1973), alors que l'Iran passe déjà pour la puissance majeure du Moyen-Orient et pour le meilleur allié de l'Occident, accentue les distorsions.

Dans ce pays progressivement privé d'opposition, l'écart se creuse très rapidement entre une bourgeoisie occidentalisée dans ses mœurs et corrompue, et des masses récemment urbanisées et misérables.

Le rejet – où les mollahs jouent un rôle central – d'un régime jugé répressif et peu respectueux des traditions religieuses reflète à la fois l'anti-occidentalisme et le refus de la corruption. La figure charismatique de Khomeyni et son intransigeance accélèrent la chute du chah et instaurent une dictature religieuse et un populisme teinté d'un nationalisme persan, dont le chiisme est la composante quasi constitutive.

Entre 1980 et 1988, l'expansionnisme révolutionnaire de l'Iran est bloqué par l'Irak (qui entame les hostilités), soutenu par l'ensemble des pays occidentaux (sauf Israël). Dix-huit ans après le début de la révolution, le régime, qui n'a pas réussi à promouvoir une croissance dynamique, tend à un prudent assouplissement de ses positions. Les Etats-Unis, qui visent à désenclaver l'Asie centrale, ne sont pas insensibles à cette évolution, qui va dans le sens de leurs intérêts.

36. La Perse et son environnement en 1900

Le rayonnement historique de l'Iran

L'IRAN est multi-millénaire. Ici, les marches des empires sont à peu près pérennes à travers l'histoire : Romains et Parthes ; Byzantins et Sassanides ; Ottomans et Séfévides. Cette opposition reste vivace entre la Turquie et l'Iran.

Deux événements majeurs marquent des ruptures dans l'histoire de l'Iran : l'islamisation (VIIe siècle) au lendemain de la conquête arabe et l'adoption du chiisme (XVIe siècle) par Ismaïl Ier, fondateur de la dynastie des Séfévides. Entre-temps, la langue persane joue un rôle considérable, au moins dès le XIe siècle, du point de vue administratif (Nizam al-Mulk, conseiller des Seldjoukides) et littéraire (langue de cour et de culture). De surcroît, les Persans, avec la dynastie des Samanides, jouent le même rôle que les Chinois : celui de civilisateurs des nomades du Nord (turcophones).

Jusqu'au XIXe siècle, le persan est la grande langue culturelle du monde qui va de Samarkand, de Boukhara et de Kaboul jusqu'à Lahore, Delhi et Agra.

Une haute perception d'elles-mêmes anime les élites iraniennes, même si le développement récent des nationalismes porte à minimiser ou à nier, chez les voisins de l'Iran, ces influences culturelles constitutives d'autrefois.

L'Iran actuel comprend une très forte majorité chiite. Sur le plan ethnique, les Persans représentent plus de 45 %, les Azéris environ 25 %, les Kurdes (en majorité sunnites) de 10 à 15 % d'une population qui compte également des Baloutches et d'autres ethnies.

Au sein de l'Islam, comme par rapport aux pays voisins, l'Iran est aujourd'hui relativement isolé.

37. Les populations iraniennes et le rayonnement historique du monde persan

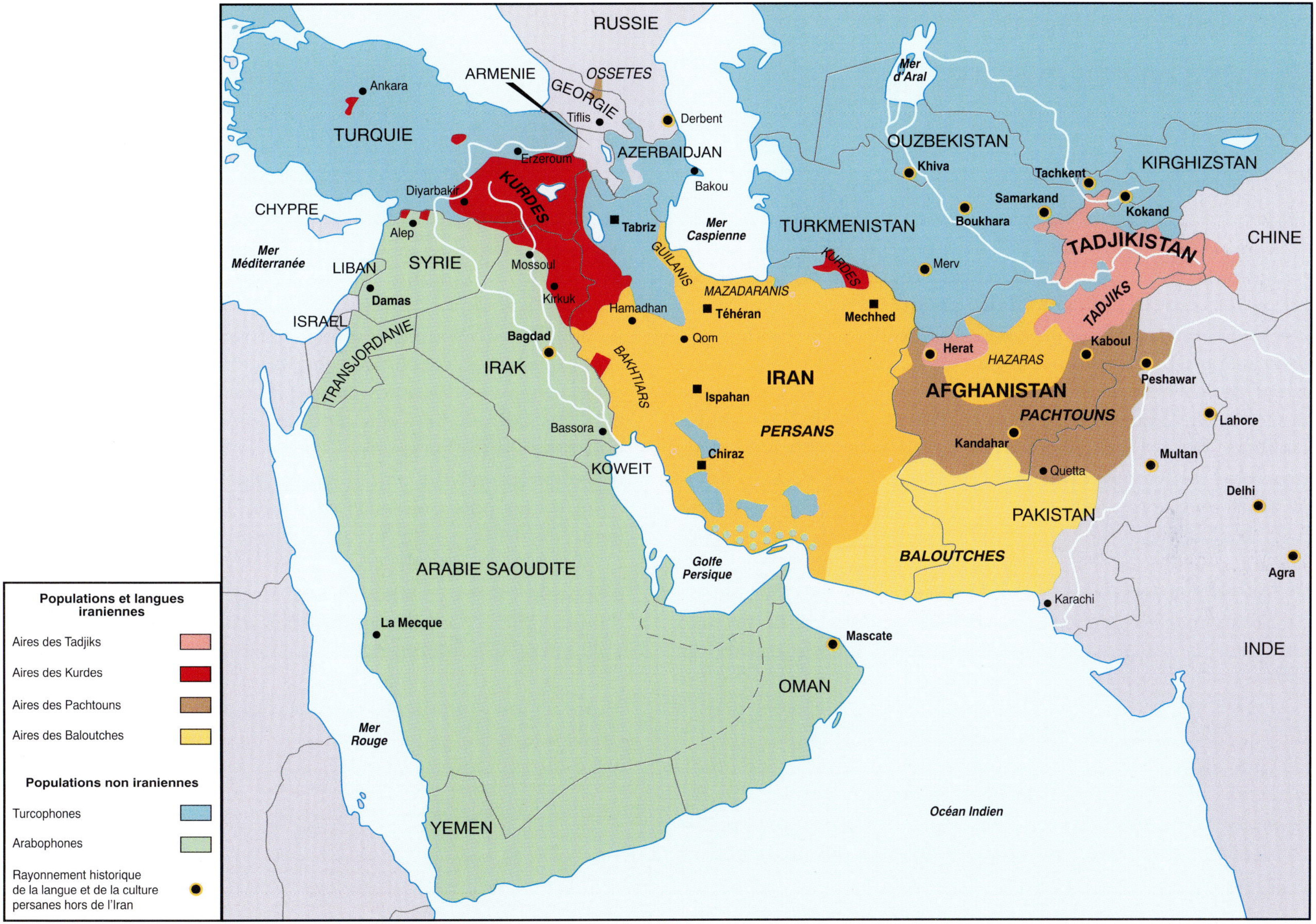
RUSSIE
ARMENIE
OSSETES
GEORGIE
Ankara
Tiflis
Derbent
TURQUIE
AZERBAIDJAN
Erzeroum
Bakou
KURDES
Diyarbakir
CHYPRE
Alep
Tabriz
Mer Caspienne
GUILANIS
Mer Méditerranée
LIBAN
SYRIE
Mossoul
Kirkuk
Damas
MAZADARANIS
Hamadhan
Téhéran
ISRAEL
TRANSJORDANIE
Bagdad
Qom
IRAK
BAKHTIARS
IRAN
Ispahan
PERSANS
Bassora
Chiraz
KOWEIT
Golfe Persique
ARABIE SAOUDITE
La Mecque
Mascate
OMAN
Mer Rouge
YEMEN
Océan Indien
Mer d'Aral
OUZBEKISTAN
Khiva
Tachkent
KIRGHIZSTAN
Samarkand
Kokand
Boukhara
TURKMENISTAN
TADJIKISTAN
CHINE
Merv
KURDES
Mechhed
TADJIKS
Kaboul
Herat
HAZARAS
Peshawar
AFGHANISTAN
PACHTOUNS
Lahore
Kandahar
Multan
Quetta
Delhi
PAKISTAN
BALOUTCHES
Agra
Karachi
INDE
Populations et langues iraniennes
Aires des Tadjiks
Aires des Kurdes
Aires des Pachtouns
Aires des Baloutches
Populations non iraniennes
Turcophones
Arabophones
Rayonnement historique de la langue et de la culture persanes hors de l'Iran

Le Moyen-Orient et ses hydrocarbures

Avant la Première Guerre mondiale, le pétrole ne joue qu'un rôle marginal (3 % de l'énergie employée par les pays développés). Entre les deux guerres, la situation se modifie : la découverte et l'exploitation des très riches gisements du Moyen-Orient permettent de baisser considérablement les prix. L'importance stratégique du pétrole ne cesse d'augmenter à partir de la Seconde Guerre mondiale : l'offensive hitlérienne de 1942 au Caucase visait Bakou. Dès le début de la guerre froide, les Etats-Unis s'assurent de la stabilité de l'Arabie Saoudite, puis du Koweït. Pour avoir nationalisé le pétrole iranien, Mossadegh est renversé (1951) par un coup d'Etat organisé avec la complicité de la CIA. Jusqu'en 1958, l'Irak reste dans l'orbite occidentale.

Au milieu des années 1950, le pétrole, pour les Européens, est moins cher que le charbon. En 1973, au moment du premier choc pétrolier, le processus de substitution d'énergie, qui aboutit à dépendre du pétrole, fait que l'Europe occidentale l'utilise pour 58 % de son énergie. Vingt ans plus tard, ce chiffre, grâce à des réajustements énergétiques, est ramené à 38 %.

Si le Moyen-Orient – et particulièrement l'Arabie Saoudite – continue d'être la région la plus importante sur le plan des réserves (65 % des réserves connues) et de la production, l'effondrement de l'Union soviétique modifie la donne pétrolière.

Les gisements off shore en mer Caspienne, évalués à 3 % des réserves mondiales par le Center for Strategic and International Studies de Washington, font de l'Azerbaïdjan un Etat aux perspectives fructueuses.

Les hydrocarbures de l'Asie centrale (Turkménistan, Kazakhstan) sont également l'un des enjeux de la recomposition de cette aire, hier encore soviétique. L'état des réserves reste incertain. Les sources d'énergie de l'Asie centrale intéressent à la fois la Russie – qui n'entend pas renoncer à un avantage traditionnel –, les Etats-Unis, la Chine, le Japon et le Pakistan – sans compter les pays qui pourraient bénéficier de leur acheminement, dont l'Iran et la Turquie pour le pétrole de la Caspienne.

Au XXe siècle, le pétrole a tué le charbon comme source d'énergie majeure. Aujourd'hui, le gaz prend de plus en plus d'importance et tend à se substituer progressivement au pétrole.

Le tracé des oléoducs et des gazoducs fait encore l'objet de marchandages. Mais une chose est certaine : le désenclavement d'une région, qui, depuis deux ou trois siècles, était devenue un cul-de-sac, est en cours. L'Asie centrale est désormais l'extension naturelle du Moyen-Orient.

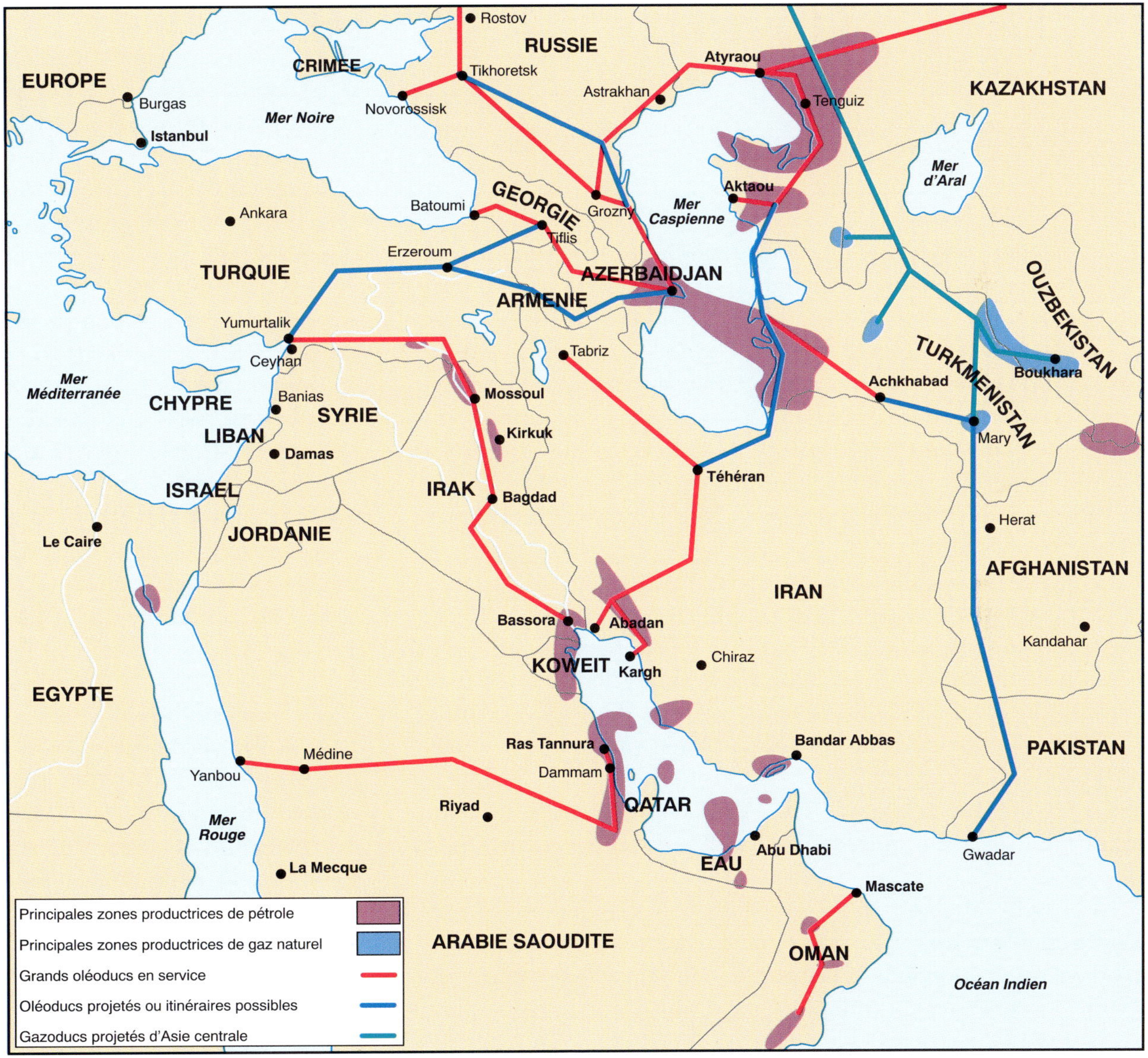

38. **L'exploitation du pétrole au Moyen-Orient : un enjeu international**

La Chine des Mandchous

LA CHINE DES QING, une dynastie mandchoue, se divise en deux périodes : la première, brillante, dure de 1644 à 1796 environ ; la seconde couvre le XIXe siècle et s'achève en 1911.

Jusqu'à la fin du XVIIIe siècle au moins, l'empire manifeste une grande vitalité. Au début, les Qing ont quelque mal à établir leur autorité, mais, rapidement sinisés, ils comptent des souverains remarquables, tels Kangxi (1662-1722), qui réorganise l'administration, et Qianlong (1736-1796). Durant cette période, la Chine est prospère et puissante. Elle conquiert le Tibet, la Mongolie, le Xinjiang et parvient à stopper provisoirement l'avancée russe (traité de Nertchinsk, 1689). De 1683, date à laquelle Kangxi a rétabli l'ordre sur l'ensemble de la Chine méridionale, jusqu'à la fin du XVIIIe siècle, la paix est assurée et la Chine connaît sa dernière floraison culturelle de qualité. La fin du XVIIIe siècle est marquée par une série de révoltes, dont la plus importante est celle du Lotus blanc, une société secrète antimandchoue (1795).

Au début du XIXe siècle, l'Occident, auquel l'industrialisation a fait faire un bond qualitatif, est déjà aux portes d'une Chine dépassée.

L'Empire chinois – dont sont encore tributaires le Siam, la Corée, le Vietnam, la Birmanie et le Népal – est incapable de trouver une réponse à la crise dans laquelle l'ont plongé, de façon perverse, les Occidentaux par l'introduction de l'opium (vers 1840). Le premier des « traités inégaux » – qui sont des capitulations – fait suite à la première guerre de l'opium (1839-1842) menée par la Grande-Bretagne ; signé en 1842, à Nankin, il permet la cession de Hong Kong à la Grande-Bretagne et l'ouverture de cinq ports aux Occidentaux, où ceux-ci établissent bientôt des concessions dans lesquelles ils sont souverains.

Les conditions économiques sont de plus en plus médiocres. La croissance démographique, qui a longtemps oscillé au cours des siècles entre 50 et 100 millions d'habitants, passe entre 1650 et 1850 de 100 à plus de 350 millions d'habitants. La pression sur les terres s'accroît en proportion – la Mandchourie, pour des raisons politiques, est fermée à la colonisation chinoise. Le second « traité inégal », signé à Pékin en 1860, oblige la Chine à ouvrir onze ports aux Occidentaux (Grande-Bretagne, France, Allemagne, Etats-Unis), tandis que, par continuité territoriale, l'Empire tsariste s'arroge 2,5 millions de km² de l'Empire chinois (peuplés d'ailleurs de non-Chinois). La seconde guerre de l'opium (1857-1860), conduite par les troupes franco-britanniques, mène à la ratification du traité de Pékin.

La Grande-Bretagne et les Etats-Unis écrasent la révolte des Taiping (1850-1866).

En 1883-1885, la Chine est battue par la France. En 1894-1895, humiliation autrement cuisante, elle l'est par le Japon : Taïwan est perdue. La révolte anti-occidentale des Boxers est matée (1900). Les Mandchous, pas plus que les lettrés et contrairement au Japon de Meiji, n'ont véritablement saisi l'ampleur des réformes nécessitées par l'immixtion de l'Occident. En 1911, Sun Yat-sen fait proclamer la république.

39. L'Empire chinois à la fin du XVIIIe siècle

SIBERIE RUSSE
Lac Baïkal
Mer d'Aral
ALTAI
Lac Balkhach
SAKHALINE
Amour
MANDCHOURIE
MONGOLIE KHALKHA
1697
DJOUNGARIE
1750
TERRES KAZAKHES
Boukhara
XINJIANG
(Bassin du Tarim)
1758
Kachgar
Khotan
COREE
JAPON
Pékin
Huang He
Lanzhou
QINGHAI
1724
Xi'an
Kaifeng
Mer Jaune
Indus
TIBET
1720
Chengdu
Yangzi
Hangzhou
Lhassa
Iles Ryukyu
NEPAL
ASSAM
Gange
INDE
TAIWAN
1683
Océan Pacifique
Canton
Mékong
BIRMANIE
LAOS
VIETNAM
SIAM
PHILIPPINES
Mer de Chine du Sud
Iles Andaman
CAMBODGE
Iles Sulu
Océan Indien
MALAISIE
BORNEO
L'empire sous le contrôle direct de la dynastie mandchoue à la fin du XVIIIe siècle
Chine proprement dite (des 18 provinces)
Limite de la suzeraineté proclamée des empereurs mandchous vers 1750

La Chine en quête de modernité

LA CHINE, qui s'est refusée à un auto-examen après les victoires des Européens entre 1840 et 1885, est obligée, après l'humiliante défaite infligée par les Japonais en 1895, de se mettre en question. Le processus de modernisation, entamé en 1911 par le renversement de la dynastie mandchoue et qui se poursuit de nos jours, peut être divisé en quelques périodes majeures.

Au cours de la première période (1911-1925) règne l'anarchie et seul le développement de l'éducation est notable. En 1919, le « mouvement du 4-Mai » est une manifestation d'intellectuels et de semi-intellectuels protestant, au nom du nationalisme, contre un gouvernement qui a cédé des territoires au Japon.

En 1925, Jiang Jieshi (Tchang Kaï-chek) affermit son pouvoir militaire et politique, mais ne parvient pas à résoudre la crise de la société. En 1927, il écrase en ville les communistes qui, après plusieurs campagnes d'annihilation, parviennent à se replier au terme d'une très dure retraite où leurs effectifs sont décimés (Longue Marche, 1934-1935).

Les Japonais envahissent le pays en 1937. Les troupes de Mao Zedong sortent renforcées de la guerre et remportent une victoire imprévue sur le Guomindang de Jiang Jieshi.

C'est à partir de 1934 que Mao se hisse à la direction du parti communiste – bien que la réalité des opérations militaires ait été le fait de Chu Teh, Mao est le théoricien de la guerre révolutionnaire. Il rédige, entre 1936 et 1938, ses trois ouvrages militaires les plus importants. L'originalité de Mao réside dans le fait qu'il utilise le parti d'avant-garde (originellement destiné à entraîner le prolétariat) pour mobiliser la paysannerie ; qu'il établit une articulation serrée entre le politique et le militaire, à tous les niveaux (villages, provinces, échelon national) ; et qu'il place le conflit dans la durée. L'agression et la dureté de l'occupation japonaise permettent au parti communiste de se présenter comme le champion du nationalisme chinois. En 1948, sans aucune aide de l'URSS, les communistes chinois parviennent à renverser la situation, jusque-là favorable au Guomindang, et à s'emparer du pouvoir l'année suivante. La victoire des communistes est favorisée par la dégradation de la situation économique. L'inflation est considérable : de 1937 à 1945, les prix augmentent chaque année de 150 %. La crise de la société chinoise – dont la démographie, entre-temps, n'a pas été maîtrisée – se poursuit, malgré l'accent mis sur l'idéologie et sur le volontarisme.

L'objectif du Grand Bond en avant (1958) est de rattraper en quinze ans la Grande-Bretagne du point de vue industriel. Il s'agit de regrouper en 23 000 communes populaires quelque 750 000 coopératives agricoles afin d'en faire de petites unités de production manufacturière. L'échec est patent, et les conditions climatiques de 1960 causent la mort de 15 à 20 millions (?) de personnes.

La Révolution culturelle, que Mao utilise pour affermir son pouvoir, cherche, sur le modèle de l'armée et en mobilisant les jeunes, à revitaliser l'esprit révolutionnaire. Elle conduit à des aberrations et prend fin en 1969.

La mort de Mao (1976) et l'élimination, la même année, de la « Bande des Quatre » vont permettre le tournant de 1978-1984, qui amorce des changements modérés. A partir de 1992, Deng Xiaoping annonce ouvertement que la Chine adopte le communisme de marché, glissement sémantique qui ouvre la voie à l'économie de marché socialiste (1993). Les exportations chinoises représentent 12 % de celles des pays du Sud ; dans le domaine des

40. La Chine au début du XXe siècle : son amenuisement territorial depuis 1850

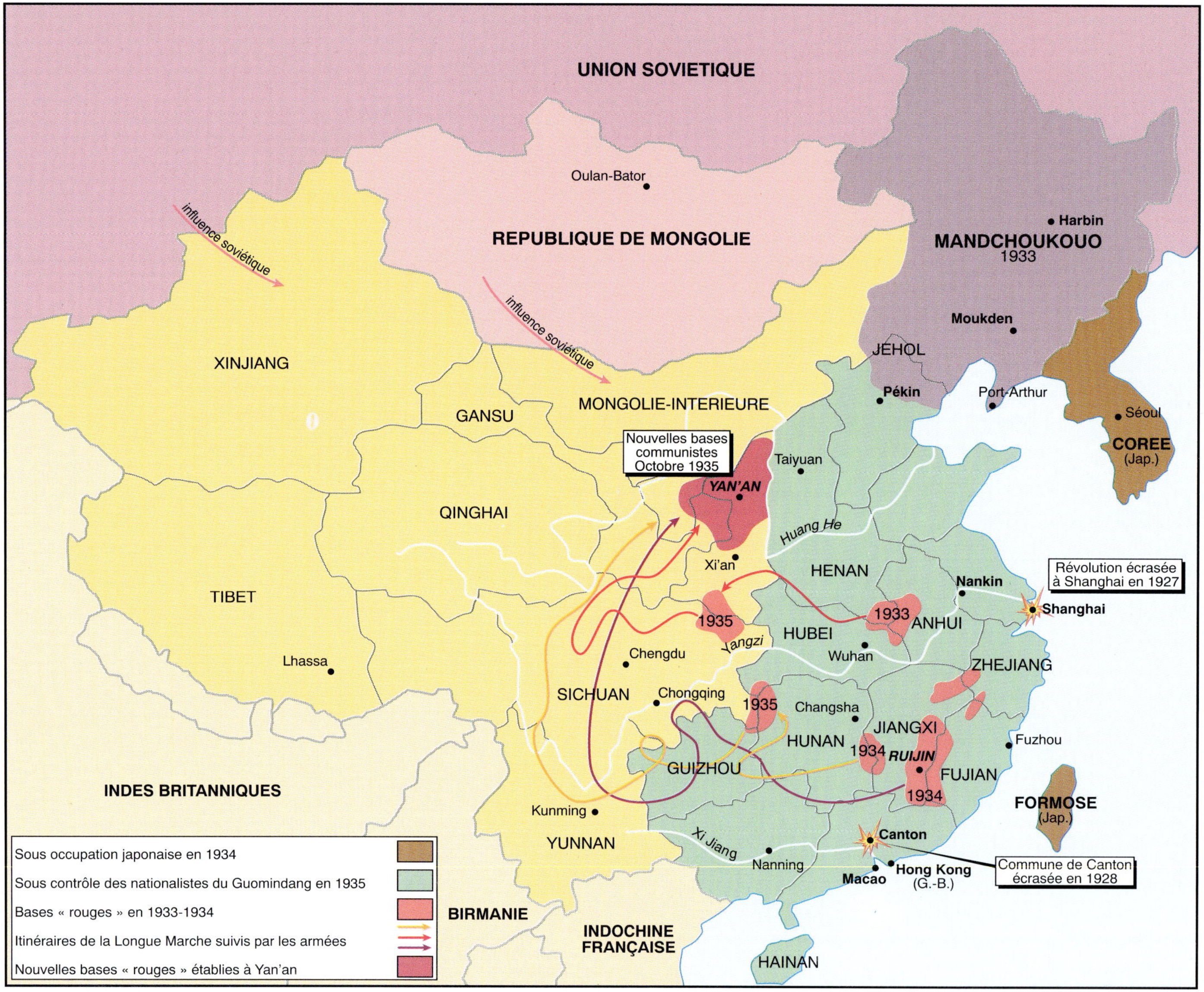

41. La Longue Marche, 1934-1935

42.
Les contrastes de peuplement en Chine

exportations d'articles manufacturés, la Chine devance désormais tous les pays du tiers-monde. On admet généralement que la croissance annuelle du PNB chinois, depuis bientôt vingt ans, avoisine 9 %. Les améliorations sont sensibles dans l'agriculture, grâce à la fin des communes populaires et à la libéralisation des prix ; dans l'industrie, grâce aux mesures menant à une meilleure productivité ; dans le domaine des échanges, grâce à l'augmentation des exportations. Par ailleurs, les investissements étrangers sont considérables.

Cependant, les goulots d'étranglement ne manquent pas, les déséquilibres régionaux et sociaux sont très importants. Il faudra encore plusieurs décennies avant que la Chine n'atteigne le niveau de production du Japon. Hong Kong, depuis 1997, fait partie intégrante de la Chine populaire. La direction chinoise a réussi l'amorce de la *perestroïka* en laissant à plus tard la *glasnost* (Tian'anmen, 1989).

Sur le plan extérieur, la révolution chinoise est essentiellement marquée par la rupture avec l'URSS (1959), la reconnaissance par les Etats-Unis (1971) et un repli sur les problèmes de sa périphérie, après une période d'activisme révolutionnaire au cours des années 1960-1977. A sa périphérie, la Chine connaît de brefs affrontements, d'abord avec l'Inde (1959, 1962), puis avec l'URSS (1969) et le Vietnam (1979).

L'Empire chinois s'est créé très tôt, à partir de la Chine des dix-huit provinces, cœur du territoire. Aujourd'hui, les frontières englobent de très larges marches, à l'ouest et au nord. Le contrôle du Tibet s'est révélé particulièrement difficile, compte tenu de la nature montagneuse du pays et des oppositions religieuses (1959, 1987). Les minorités musulmane, mongole, tibétaine et autres, ne constituent qu'environ 8 % de la population.

Les marches, surtout à l'ouest (Xinjiang) et au nord (Mongolie-Intérieure), tendent progressivement à se peupler de Chinois – malgré des résistances.

Le Japon face au « péril blanc »

LES BRITANNIQUES occupent les Indes, les Néerlandais l'Indonésie. La guerre de l'opium (1839-1842) a mis à genoux l'Empire céleste, qui fut si longtemps le centre de gravité de l'Asie orientale. La Russie tsariste, par continuité territoriale, s'empare de 2,5 millions de km^2 de l'Empire mandchou.

Le « péril blanc » devient pressant lorsque, en 1853, le commodore Perry, au nom des Etats-Unis, somme le Japon d'ouvrir ses portes (le Japon des shoguns s'était fermé depuis près de deux siècles). Partout, la ruée impériale des Occidentaux paraît irrésistible. Devant l'inéluctable perspective d'être dominé, le Japon, fort de sa tradition d'unité face à l'étranger, née de son insularité, et grâce à sa cohésion ethnique, religieuse et linguistique, trouve en lui-même les ressources pour répondre au défi.

La révolution de l'ère Meiji (1867-1912), menée par le haut, entame le processus de modernisation qui va permettre au Japon de se doter des armes de l'adversaire.

43. Le Japon face à l'expansion occidentale (1853-1867)

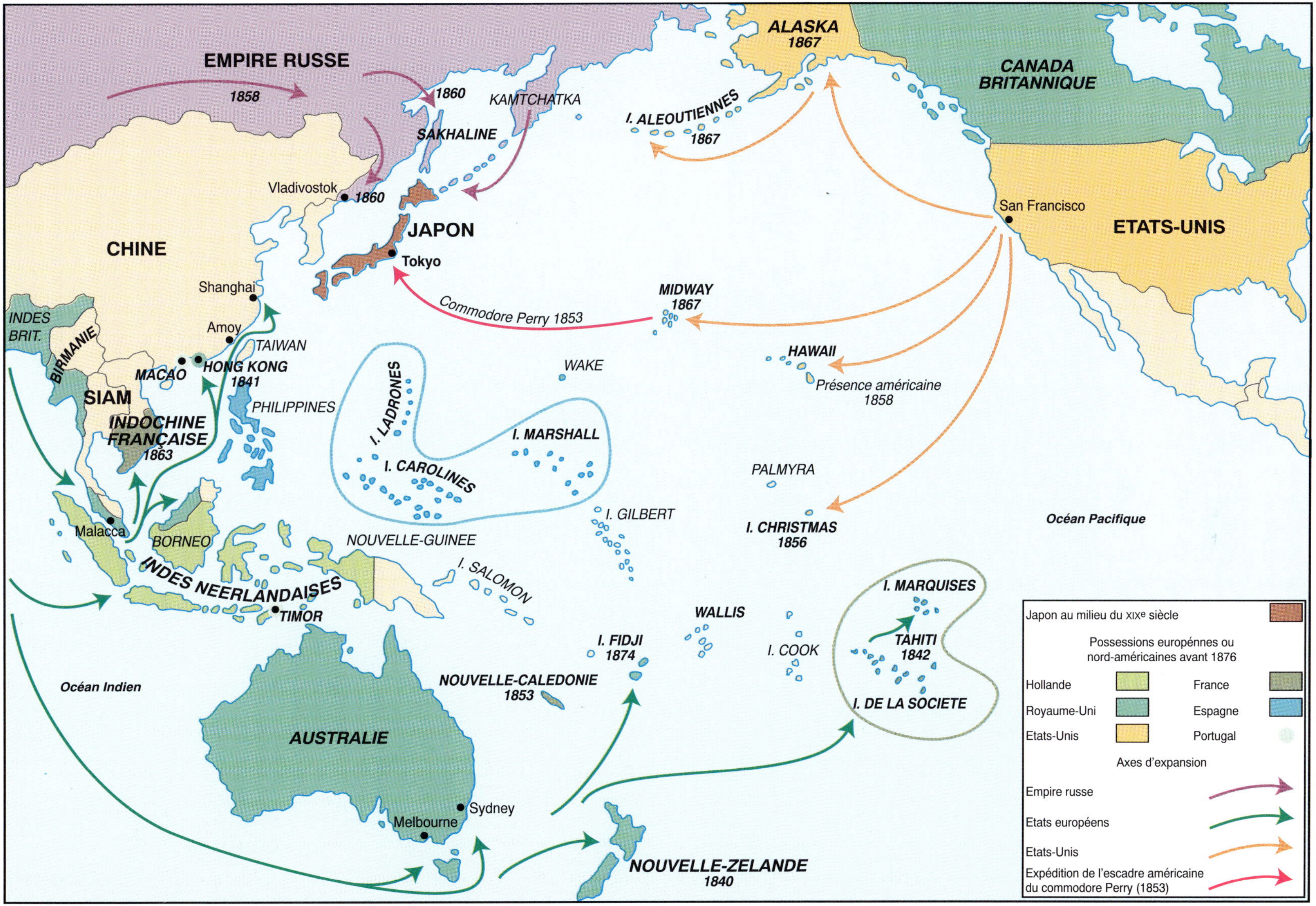
EMPIRE RUSSE
1858
1860
KAMTCHATKA
SAKHALINE
Vladivostok
1860
ALASKA
1867
CANADA
BRITANNIQUE
I. ALEOUTIENNES
1867
CHINE
JAPON
Tokyo
San Francisco
ETATS-UNIS
Shanghai
Amoy
INDES
BRIT.
BIRMANIE
TAIWAN
MACAO
HONG KONG
1841
Commodore Perry 1853
MIDWAY
1867
HAWAII
Présence américaine
1858
WAKE
SIAM
INDOCHINE
FRANÇAISE
1863
PHILIPPINES
I. LADRONES
I. MARSHALL
I. CAROLINES
PALMYRA
I. GILBERT
I. CHRISTMAS
1856
Océan Pacifique
Malacca
BORNEO
NOUVELLE-GUINEE
I. SALOMON
INDES NEERLANDAISES
TIMOR
I. MARQUISES
WALLIS
I. FIDJI
1874
I. COOK
TAHITI
1842
NOUVELLE-CALEDONIE
1853
I. DE LA SOCIETE
Océan Indien
AUSTRALIE
Sydney
Melbourne
NOUVELLE-ZELANDE
1840
Japon au milieu du XIXe siècle
Possessions européennes ou nord-américaines avant 1876
Hollande
France
Royaume-Uni
Espagne
Etats-Unis
Portugal
Axes d'expansion
Empire russe
Etats européens
Etats-Unis
Expédition de l'escadre américaine du commodore Perry (1853)

La première expansion de l'Empire nippon

Le Japon, contraint de s'ouvrir aux Occidentaux à partir de 1853, sort de deux siècles d'isolement et de paix. En 1858, il doit signer des « traités inégaux » avec les grandes puissances occidentales. Des troubles éclatent. En 1867, la dynastie des Tokugawa doit laisser place à l'ère Meiji – le pouvoir de l'empereur, désormais installé à Edo (Tokyo), est restauré. Cette révolution, menée par des samouraïs de second rang, vise à moderniser le pays afin de lui éviter le sort des autres nations asiatiques. Les réformes sont énergiquement mises en place : institutions nouvelles, modernisation de l'armée, industrialisation, éducation généralisée. L'amélioration des conditions économiques s'accompagne d'une rapide croissance démographique : la population passe de 35 à 55 millions d'individus entre 1873 et 1918.

En 1895, une guerre victorieuse contre la Chine permet l'annexion de Taïwan, mais le Japon est contraint par les puissances occidentales à restituer ses autres conquêtes. En 1902, cependant, le Japon rompt son isolement en signant avec la Grande-Bretagne une alliance dirigée contre la Russie. La guerre de 1904-1905 provoque la défaite de la Russie sur terre (Mandchourie) et sur mer (Tsushima). C'est la première victoire d'une nation asiatique sur une puissance « blanche » à l'ère moderne. Dès lors, le Japon mène une politique coloniale. La Corée est bientôt annexée (1910). S'étant rangé, durant la Première Guerre mondiale, aux côtés des Alliés, le Japon hérite des îles du Pacifique qui faisaient partie du domaine colonial allemand. Le Japon, désormais considéré comme une puissance, bénéficie d'un siège permanent à la Société des Nations.

44. La croissance du Japon (1870-1915)

L'indépendance des Etats latino-américains

L'OCCUPATION de l'Espagne et du Portugal par les armées napoléoniennes (1808) provoque, indirectement, des insurrections en Amérique latine qui aboutissent aux indépendances. Elles éclatent dès 1809-1812 et gagnent La Paz, Quito, Mexico, Caracas et Buenos Aires. Elles sont surtout le fait d'éléments urbanisés plus ou moins influencés par les idées des Lumières, comme en Argentine et au Venezuela. Mais les mouvements indépendantistes sont loin d'être homogènes, et les indépendances, suscitées par des créoles, débouchent sur un inévitable émiettement malgré les vœux d'un Bolívar : Argentine en 1811, Chili en 1818, Venezuela et Colombie en 1819 (Bolívar), Mexique en 1824. Le Brésil connaît un destin différent : la Couronne portugaise se réfugiant à Rio (1808), le nouvel Etat hérite sans violence de la légitimité de la dynastie portugaise avant de devenir république (1889). Les nouveaux Etats hispanophones connaissent trente années de troubles où des *caudillos* se disputent le pouvoir. Entre-temps, le Mexique perd une partie importante de son territoire au profit des Etats-Unis (1845-1848).

Dans de très nombreux pays, les populations sont hétérogènes : aux Indiens des sociétés précolombiennes se sont superposés des Blancs, ce qui a dégagé la notion (surtout culturelle) de métis. De grandes quantités d'esclaves originaires d'Afrique

45. **L'indépendance des Etats latino-américains**

sont amenés au Brésil (abolition de l'esclavage en 1888) et dans les Caraïbes. Au Chili et surtout en Argentine, les guerres indiennes déciment ou éliminent les populations autochtones. Le cône Sud (Chili, Argentine, Uruguay) est occupé par des Blancs. En revanche, de larges populations indiennes subsistent au Guatemala, au sud du Mexique (Chiapas), au Pérou, en Equateur, en Bolivie et au Paraguay.

Dans la seconde moitié du XIXe siècle, l'Amérique latine est intégrée dans le marché mondial et exporte ses richesses naturelles, transportées par la marine britannique ou américaine : étain (Bolivie, Chili), bovins (Argentine), café (Brésil, Venezuela, Colombie), cacao (Equateur), guano (Pérou).

Influencés par le positivisme et par l'économie libérale, certains gouvernements cherchent à moderniser leur société.

Entre-temps, des conflits modifient la carte de l'Amérique latine (au XXe siècle, elle reste quasiment stable) : en 1864-1870, le Paraguay est durement battu par une coalition Brésil-Argentine-Uruguay. Le Chili s'empare du littoral de la Bolivie et repousse le Pérou vers le nord (1879-1883). Le Mexique, après avoir cédé le Texas, est dépouillé de la Californie, du Nouveau-Mexique, de l'Arizona et d'une partie du Colorado. L'Amérique latine aborde le XXe siècle avec un héritage despotique, des structures agraires archaïques et, dans les pays à composante noire ou mulâtre, métisse et indienne, des distorsions sociales et raciales considérables qui s'expriment par des explosions violentes. En milieu urbain, les élites sont divisées entre conservateurs et libéraux, tandis que l'armée et l'Eglise jouent, à peu près sans exception, un rôle de frein au changement social.

En 1898, la guerre américano-espagnole transforme Cuba et Porto Rico en protectorats de fait. Appuyé par une intervention américaine, le Panamá fait sécession de la Colombie, dans la perspective de la construction du canal (1903).

L'Amérique latine dans le siècle

UN HÉRITAGE colonial commun, une même langue et une même religion donnent à l'Amérique hispanique une impression d'homogénéité, qui masque des différences profondes de niveau de développement et de composition ethnique, parfois au sein d'un même pays.

Au début du siècle, la majorité de la population est rurale. Aujourd'hui, l'Amérique latine est urbanisée à 60 %, et sans doute s'agit-il d'un continent où les urbanisations ont été des plus « sauvages » (Mexico, São Paulo, Rio, Caracas, Lima). De nombreuses révoltes et de fréquents coups d'Etat ont agité le continent au cours du siècle, expression, selon le cas, de la misère rurale ou du malaise de la petite-bourgeoisie urbaine, civile ou militaire. Cependant, au terme de près d'un siècle, très peu de révolutions ont modifié les structures sociales.

La majeure partie des investissements, tant en infrastructures (chemins de fer, transports urbains, mines) que dans d'autres secteurs (plantations, conserveries, etc.) est d'origine étrangère jusqu'à l'entre-deux-guerres. Et le commerce inter-latino-américain demeure, jusqu'à la Seconde Guerre mondiale, négligeable.

Les vagues d'immigration restent assez modestes par rapport aux Etats-Unis : ceux-ci reçoivent un total d'environ 25 millions d'immigrants jusqu'en 1920, tandis que le Brésil en accueille 4 millions. Chez les hispanophones, le grand pays d'immigration est l'Argentine.

Au tournant du siècle, l'esprit du temps est imprégné de « darwinisme social ». Jusqu'en 1914, le créolisme est valorisé, tandis que les cultures indiennes sont méprisées. C'est après la révolution mexicaine (1910-1920) que l'indigénisme est stimulé, jusque dans les pays andins (Arguedas).

Au Brésil, Gilberto Freyre (1900-1987) insiste sur la valeur positive du métissage (« miscégénation »).

Une politique d'industrialisation est menée, malgré la crise, dans un certain nombre de pays au cours des années 1930 : Brésil, Argentine, Chili, Mexique, Colombie. La Seconde Guerre mondiale stimule cet effort industriel. L'instabilité économique des années de dépression provoque nombre de coups d'Etat militaires, dont certains modernistes. Entre-temps, la guerre du Chaco opposant la Bolivie et le Paraguay épuise ces deux pays. Aucun Etat n'opère de changements structuraux, à l'exception du Mexique de Lázaro Cárdenas (1934-1940). Quant au péronisme, version argentine du populisme, il se révèle, même dans la période 1945-1955, un échec.

Pendant près d'un siècle, des lendemains de l'indépendance à ceux de la Première Guerre mondiale, l'Amérique latine a connu de nombreux antagonismes territoriaux, dont les grands perdants sont la Bolivie, le Paraguay et l'Equateur, tandis que les Etats ayant largement tiré bénéfice des modifications territoriales sont le Chili et le Brésil.

Les antagonismes majeurs ont opposé l'Argentine au Chili et le Brésil à l'Argentine. Les solidarités ont joué dans le sens Brésil-Chili et Pérou-Argentine.

Dès la fin du XIXe siècle, les Caraïbes sont perçues par certains stratèges américains (Mahan) comme une zone de sécurité essentielle. Le contrôle de cette « Méditerranée américaine » est effectif au tournant du siècle (1898). Le canal de Panamá accroît l'importance de l'Amérique centrale (1903), et les Etats-Unis interviennent plus d'une dizaine de fois au cours de la période 1898-1936 pour y défendre leurs intérêts ou pour mettre en place des régimes qui leur soient favorables.

Les années 1960 ont été marquées par la révolution cubaine (1959) dont la radicalisation (1961) a entraîné une crise sérieuse (1962) et l'apparition de nombreuses guérillas. Celles-ci, fondées sur la théorie du *foco* (passage à l'action armée sans préparation politique des populations), se sont soldées par des échecs (Guevara en Bolivie, 1967). Seuls, sur le modèle lénino-maoïste classique, les sandinistes l'ont emporté (1979), avant de reperdre le pouvoir par le truchement des élections. La fin de la guerre froide marque la disparition des guérillas en Amérique centrale.

Seule la Colombie connaît une situation dominée par l'existence de guérillas très anciennes qui contrôlent de vastes régions d'un pays où l'intégration nationale n'a jamais été entreprise. Le glissement de la guérilla vers le narco-trafic est très sensible depuis la fin des années 1980. Au Pérou, le Sentier lumineux survit, de même que le mouvement Tupuc Amaru, mais sans perspectives.

En 1982, un conflit à propos des Malouines oppose la dictature des militaires argentins à la Grande-Bretagne de Margaret Thatcher. Cette dernière l'emporte, tandis que le régime argentin s'effondre.

La fin de la guerre froide (sauf à l'égard de Cuba, toujours boycotté par les Etats-Unis) marque la fin des économies étatiques (Argentine, Mexique) et l'adoption de l'économie libérale dont le Chili a été le modèle.

Le Brésil, exportateur de produits bruts il y a vingt ans, est devenu un pays exportateur de produits manufacturés (55 % des exportations totales en 1997). En termes globaux, il occupe la place de dixième puissance industrielle mondiale (malgré un taux d'inflation important et de considérables inégalités régionales). Quant au Mexique, qui, depuis 1994, fait partie de l'ALENA, il est devenu le sixième exportateur de produits manufacturés parmi les pays du « Sud » de la planète.

Des regroupements régionaux de nature économique, dont le Mercosur est le plus important, ont pris corps au cours de la dernière décennie.

46. L'Amérique latine en 1999

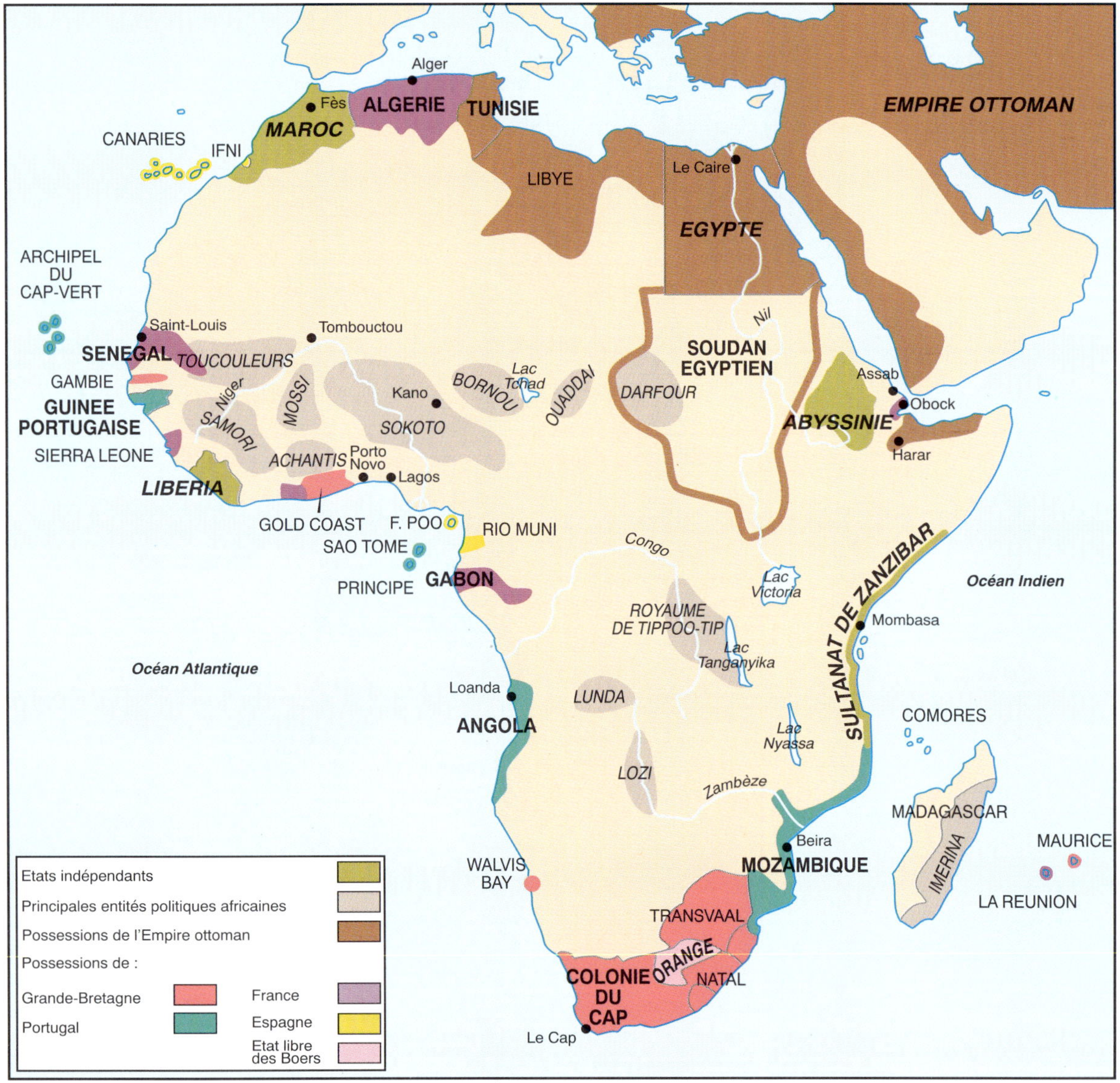

47. **L'Afrique en 1880 : les débuts de la colonisation**

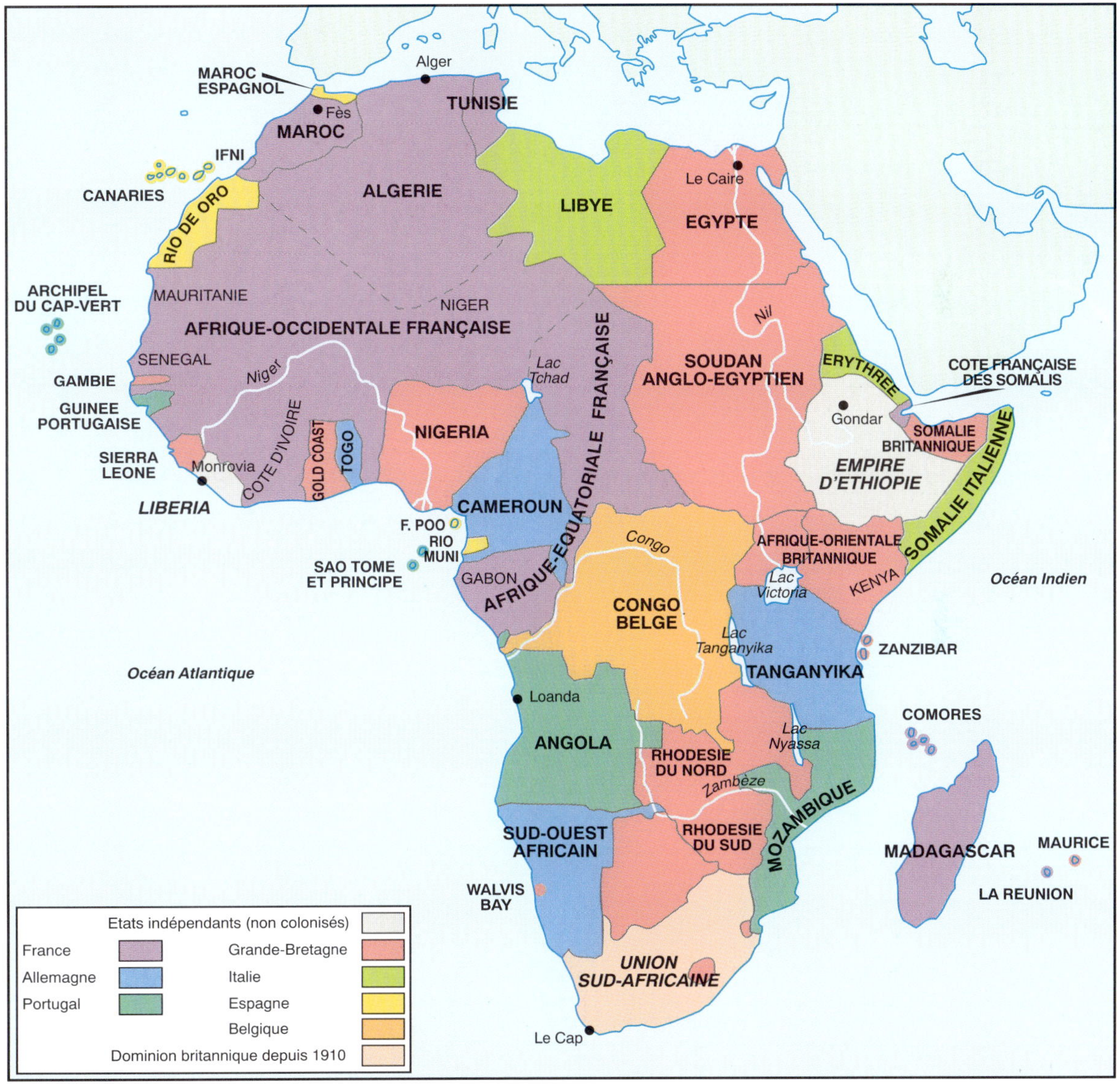

48. L'Afrique en 1914 : l'apogée de la colonisation

Les mutations de l'Europe

49. L'Europe en 1914

50. L'Europe en 1923, au lendemain de la Grande Guerre

Les années 1930 : démocraties et dictatures

La crise de 1929 est la plus grave que le système capitaliste ait connue. Elle contribue à l'émergence du national-socialisme, puis au déclenchement de la Seconde Guerre mondiale.

Le krach a lieu à Wall Street le 24 octobre 1929 (« Jeudi noir ») : en cinq jours, 16 millions d'actions changent de main et leur cours s'effondre (entre septembre et novembre 1929, le cours des actions baisse d'un tiers).

La crise financière se transforme rapidement en crise économique et sociale, et touche tous les pays développés, fortement affectés par le chômage.

Le commerce international s'effondre, conséquence du refus des investissements internationaux, de la chute des prix et de l'accentuation du protectionnisme. Les Etats-Unis contribuent au développement de cette dernière mesure. Par rétorsion, les principaux pays industrialisés accroissent leurs droits de douane sur les produits américains (1931).

La dépression dure jusqu'à la Seconde Guerre mondiale, notamment aux Etats-Unis. Pour y faire face (18,2 % de chômeurs en moyenne au cours des années 1934-1939), le président démocrate Franklin D. Roosevelt instaure la politique économique du New Deal en prenant des mesures économiques et sociales mises en place par le gouvernement fédéral.

La profonde dépression des années 1930 a marqué l'histoire contemporaine des Etats-Unis. Elle fut interprétée à l'époque comme la confirmation du déclin du capitalisme.

Population active touchée par le chômage

	1929	1932	1934
Allemagne	13,3 %	43 %	20 %
Etats-Unis	3,7 %	20 %	25 %
France	10,1 %	15,4 %	13,8 %
Grande-Bretagne	11 %	22,3 %	16,7 %
Source : Paul Bairoch			

Evolution du PNB par habitant

(en milliers de dollars)

	1913	1929	1938
Allemagne	790	870	1 260
Etats-Unis	1 350	1 776	1 570
France	670	890	855
Grande-Bretagne	1 035	1 160	1 280
Source : Paul Bairoch			

51. Démocraties et montée des régimes autoritaires dans l'Europe des années 1930

Démocraties libérales
Dictatures fascistes
Régimes autoritaires
Régime communiste
Date du passage à un régime autoritaire 1928
Groupes ou mouvements fascistes actifs dans les démocraties libérales
1923-1930 Dictature de Primo Rivera 1939 Dictature de Franco
Océan Atlantique
Mer du Nord
Mer Baltique
Mer Blanche
Mer Noire
Mer Caspienne
Mer Méditerranée
IRLANDE
ROYAUME-UNI
Londres
NORVEGE
SUEDE
FINLANDE
DANEMARK
PAYS-BAS
BELGIQUE
LUX.
FRANCE
Paris
Strasbourg
Bordeaux
Lyon
Genève
Marseille
SUISSE
ALLEMAGNE Dictature nazie 1933
Berlin
Nuremberg
Munich
Rhin
Elbe
Oder
Vistule
Dantzig
Allem.
Memel
ESTONIE 1934
LETTONIE 1934
LITUANIE 1936
POLOGNE 1926
Varsovie
Prague
TCHECOSLOVAQUIE
Vienne
AUTRICHE 1933
Budapest
HONGRIE 1920
ROUMANIE 1930
Bucarest
Danube
Belgrade
YOUGOSLAVIE 1929
Fiume
BULGARIE 1936
ALBANIE 1927
GRECE 1936
CRETE
Istanbul
Ankara
REPUBLIQUE TURQUE Régime autoritaire laïc 1923
CHYPRE
SYRIE
IRAK
IRAN
Tigre
Euphrate
ITALIE 1922
Milan
Rome
Naples
CORSE
SARDAIGNE
SICILE
PORTUGAL
ESPAGNE
Madrid
Burgos
Tage
Barcelone
MAROC
ALGERIE
TUNISIE
Leningrad
RUSSIE
Moscou
UNION SOVIETIQUE Nov. 1917
Volga
Oural
BIELORUSSIE
Don
Kiev
Dniepr
UKRAINE
Odessa
CRIMEE
GEORGIE
Tiflis
AZERBAIDJAN
ARMENIE

Au cours des années 1930, le nombre des régimes autoritaires augmente en Europe : Portugal, Lituanie, Lettonie, Grèce, Pologne, Hongrie, Autriche – et, bien sûr, Espagne où le général Franco, au terme d'une guerre civile (1936-1939), l'emporte grâce au soutien de l'Allemagne nazie et de l'Italie fasciste. Le gouvernement légal, républicain, est déchiré par des luttes de factions, les communistes s'efforçant de liquider les anarchistes et autres forces n'appartenant pas à leur mouvance.

La naissance du fascisme est évidemment antérieure à la crise de 1929 (montée au pouvoir de Benito Mussolini, après la Marche sur Rome, 1922). Mais cette crise est le terreau sur lequel ont poussé la plupart des régimes fascistes ou fascisants d'Europe.

Le fascisme italien est une conséquence de la Première Guerre mondiale. L'Italie, bien que dans le camp des vainqueurs, n'obtint qu'une part très réduite de ses revendications ; la situation sociale y est particulièrement tendue en 1922, lorsque le roi Victor-Emmanuel III s'incline devant la démonstration de force des Chemises noires. A partir de 1925, le fascisme est véritablement établi : suppression des libertés syndicales et interdiction des grèves ; charte du travail (1927) ou corporatisme soumis au contrôle de l'Etat ; abolition du suffrage universel (1928) qui ne permet le vote qu'aux hommes payant une taxe (le corps électoral est ainsi ramené de 10 à 3 millions de personnes).

Le soutien populaire au régime ne doit cependant pas être sous-estimé, car celui-ci dote l'Italie d'une législation sociale (création d'un système de sécurité sociale, institution des congés payés, régimes de retraite pour les ouvriers) et instaure une politique de grands travaux (dont l'assèchement des marais pontins et l'amélioration de l'infrastructure routière). Il reçoit l'appui de l'Eglise catholique après les accords du Latran (1929).

Dès 1936, la guerre civile espagnole apparaît comme une préfiguration des oppositions politiques qui divisent l'Europe : extrême droite, républicains, extrême gauche (communistes et anarchistes).

En Allemagne, le parti national-socialiste est actif depuis le début des années 1920 : il capitalise sur un nationalisme humilié par les vexations et par les exigences des vainqueurs de la guerre et sur les conséquences sociales de l'hyperinflation.

En 1923, un putsch mené par le parti national-socialiste à Munich échoue. Adolf Hitler, qui en est le chef, est arrêté. Il rédige *Mein Kampf* en prison. La crise de 1929 renforce son parti de façon spectaculaire. Hitler est porté au pouvoir en janvier 1933, lorsque le maréchal Hindenburg, président du pays, le nomme chancelier.

Dès le mois de mars, le Parlement délègue à Hitler les pleins pouvoirs pour quatre ans. Toute fonction administrative, y compris dans l'éducation, est interdite aux « non-aryens ». Les camps de concentration (essentiellement pour les communistes et autres opposants) sont mis en place.

En juin 1934, Hitler fait liquider les SA *(Sturm Abteilung)* et leur chef Röhm, l'aile populiste de son mouvement. A la mort d'Hindenburg (août 1934), il se déclare chef de l'Etat et chef suprême des forces armées. L'armée lui prête serment d'obéissance inconditionnelle. En 1935, les lois de Nuremberg privent les Juifs de la citoyenneté et interdisent les mariages mixtes. En 1936, la Gestapo devient la police secrète d'Etat.

Sur le plan économique, le régime s'attaque au chômage (en janvier 1933, 46 % des ouvriers et des employés syndiqués sont au chômage) par un programme de travaux publics, des subsides pour la construction de logements, etc.

Son autre objectif est le réarmement. Un plan de quatre ans, institué à cet égard en 1936, est confié à Goering.

Le PNB augmente de plus de 10 % en 1937-1938. Dès 1937, la production d'acier dépasse celle de la Grande-Bretagne et de la France réunies. L'Allemagne prépare la guerre : réoccupation de la Rhénanie (1936), participation indirecte à la guerre d'Espagne (1937). Hitler présente officieusement ses plans de guerre à l'état-major.

En 1938, il occupe l'Autriche et proclame l'Anschluss. En 1939, il envahit la Tchécoslovaquie. Entre-temps, la paix est momentanément sauvegardée à Munich par Chamberlain (Grande-Bretagne) et Daladier (France). Les démocrates espèrent que le régime national-socialiste, comme il l'a toujours affirmé, se tournera contre le bolchevisme.

Mais Adolf Hitler choisit une autre stratégie : la signature du pacte germano-soviétique (1939) se concrétise par l'écrasement et le partage de la Pologne. Durant le *Blitzkrieg,* l'armée allemande démontre la supériorité du binôme char-avion.

L'Europe sous la botte allemande

LE IIIe REICH entend créer une nouvelle Europe sous son égide. Ses alliés sont l'Italie fasciste, la Hongrie dont l'objectif est l'accroissement territorial, la Bulgarie dont les desseins sont similaires, la Roumanie qui, bien que privée de la Transylvanie, hérite de la Bessarabie et d'une fraction de l'Ukraine, et l'Etat fasciste de Croatie d'Ante Pavelic, qui se voit adjoindre la Bosnie.

Les autres Etats occupés par les forces allemandes passent sous administration directe : Norvège, Danemark, Pays-Bas, Grèce, Ukraine, *Ostland* (pays Baltes et Biélorussie).

La France, divisée en deux zones (jusqu'en 1942), reste dirigée par un gouvernement de collaboration (Etat français de Vichy).

Consécutive à la guerre, une entreprise de destruction systématique de certains peuples (Juifs, Tziganes), de certaines catégories (aliénés, homosexuels) ou de familles politiques (communistes, francs-maçons) est menée à grande échelle à travers un système concentrationnaire.

52. L'Europe en 1942

Limite du IIIe Reich en 1942
Allemagne en 1937
Annexions du Reich 1938-1942
Pays occupés sous administration directe du Reich (civile ou militaire)
Italie fasciste et ses annexions
Etats sous tutelle du Reich ou de l'Italie
Alliés et satellites du Reich
Adversaires du Reich et de ses alliés
Etats neutres
NORVEGE
Oslo
SUEDE
Stockholm
FINLANDE
Helsinki
Lac Onega
Lac Ladoga
Leningrad
Lac Peïpous
Riga
OSTLAND
Vilno
Volga
Moscou
UNION SOVIETIQUE
Oural
Front russe en 1942
Don
Stalingrad
Kharkov
Kiev
Dniepr
UKRAINE
Rostov
Mer Caspienne
IRLANDE
ROYAUME-UNI
Londres
Mer du Nord
DANEMARK
Mer Baltique
Hambourg
Dantzig
Königsberg
PAYS-BAS
Berlin
Oder
Vistule
Varsovie
Rhin
GRAND REICH ALLEMAND
BELGIQUE
LUXEMBOURG
Weimar
Breslau
Elbe
Prague
BOHEME
MORAVIE
POLOGNE
Lemberg (Lvov)
Océan Atlantique
FRANCE OCCUPEE
Paris
MOSELLE
Strasbourg
ALSACE
Munich
SLOVAQUIE
Vienne
AUTRICHE
Dniestr
TRANSNISTRIE
Odessa
CRIMEE
Bordeaux
Vichy
Lyon
SUISSE
Budapest
TRANSYLVANIE
HONGRIE
ETAT FRANÇAIS
Milan
Trieste
Zagreb
Marseille
CROATIE
Belgrade
SERBIE
ROUMANIE
Bucarest
Danube
Mer Noire
Tiflis
Bakou
PORTUGAL
Tage
Madrid
ESPAGNE
Barcelone
CORSE
ITALIE
Rome
MONTENEGRO
BULGARIE
Sofia
Istanbul
Ankara
TURQUIE
IRAN
ALBANIE
Gibraltar
SARDAIGNE
GRECE
Tigre
Athènes
Euphrate
SICILE
Mer Méditerranée
MAROC
ALGERIE
TUNISIE
CRETE
CHYPRE
SYRIE
IRAK

L'Europe de la guerre froide

La Seconde Guerre mondiale – au cours de laquelle, par une alliance conjoncturelle, l'URSS et les démocraties anglo-saxonnes ont lutté contre le nazisme – se termine par un partage *de facto* de l'Europe et une recomposition des frontières à l'Est.

Très vite, l'antagonisme devient manifeste, à propos tant de l'Allemagne, de Berlin, que du plan Marshall. En 1947, la doctrine Truman se fixe pour objectif l'endiguement du communisme. Hors d'Europe, en Corée et en Indochine, le conflit Est-Ouest débouche sur des affrontements armés. La propagande, très active de part et d'autre, est d'un manichéisme extrême, plus particulièrement en France et en Italie, où les partis communistes sont puissants.

L'URSS annonce la création du Kominform. En 1948, la Tchécoslovaquie subit un coup de force des communistes et la Yougoslavie de Tito rompt avec Moscou. A l'Est, une vague de procès frappe des dirigeants accusés de traîtrise. Le blocus de Berlin (juin 1948-mai 1949) est une épreuve de force dont les Américains triomphent grâce à un pont aérien.

L'année 1949 voit la formation du Comecon ou CAEM (Conseil d'assistance économique mutuelle, union économique des pays de l'Est) et celle de l'OTAN (Organisation du traité de l'Atlantique Nord), tandis que les Soviétiques font l'essai de la bombe A et que la Chine devient communiste. La guerre de Corée éclate (1950-1953) et les tensions continuent de monter (bombe H américaine en 1951, bombe H soviétique en 1953).

Staline disparaît (1953). Berlin est le théâtre d'émeutes ouvrières (1953). Il faut attendre 1956 pour qu'apparaisse un début de changement en URSS avec le XXe Congrès du parti où Nikita Khrouchtchev dénonce les « crimes de Staline » dans un rapport secret. Déstalinisation et coexistence pacifique sont amorcées.

53. L'Europe de la guerre froide (années 1950)

Le « rideau de fer » en 1955
URSS en 1938
Ses annexions en 1945
Etats satellites, membres du pacte de Varsovie (1955)
Etat à régime socialiste autonome
Etats occidentaux membres de l'OTAN en 1955
Etats pro-occidentaux
Etats neutres
Démocratie à l'occidentale liée à l'URSS par traité d'alliance
OTAN en 1955
Autres membres hors d'Europe
Etats-Unis
Canada
Islande
Mourmansk
Arkhangelsk
SHETLAND
NORVEGE
SUEDE
FINLANDE
Oslo
Helsinki
Stockholm
Leningrad
Tallinn
ESTONIE
Riga
LETTONIE
LITUANIE
Vilna
Kaliningrad
Mer du Nord
Mer Baltique
IRLANDE
ROYAUME-UNI
DANEMARK
Londres
PAYS-BAS
Hambourg
Amsterdam
Berlin
BELGIQUE
Bruxelles
Bonn
LUX.
Rhin
Elbe
Oder
Vistule
Varsovie
RDA
POLOGNE
Prague
Cracovie
Lvov
Francfort
RFA
Paris
Strasbourg
TCHECOSLOVAQUIE
Munich
Vienne
Budapest
Océan Atlantique
FRANCE
SUISSE
AUTRICHE
HONGRIE
ROUMANIE
Bordeaux
Lyon
Milan
Trieste
Zagreb
Gênes
Marseille
Belgrade
Bucarest
Danube
YOUGOSLAVIE
BULGARIE
Bilbao
PORTUGAL
Lisbonne
Tage
Madrid
ESPAGNE
Barcelone
CORSE
ITALIE
Rome
Naples
ALBANIE
Salonique
GRECE
Istanbul
BALEARES
SARDAIGNE
Gibraltar
Palerme
SICILE
Athènes
Mer Méditerranée
MAROC
ALGERIE
TUNISIE
MALTE
CRETE
CHYPRE
SYRIE
IRAK
IRAN
Tigre
Euphrate
TURQUIE
Ankara
Mer Noire
Sébastopol
CRIMEE
Odessa
Novorossisk
GEORGIE
Tiflis
AZERBAIDJAN
ARMENIE
Bakou
Mer Caspienne
Rostov
Dniestr
Dniepr
UKRAINE
Kiev
Kharkov
Don
BIELORUSSIE
Minsk
UNION SOVIETIQUE
Moscou
Volga
Oural

L'émergence de la Communauté européenne

En mai 1948, à La Haye, un congrès pour une Europe unie réclame la création d'une assemblée à laquelle participeraient des parlementaires de divers pays européens. L'idée, reprise par les gouvernements, aboutit à la création du Conseil de l'Europe (1949), dont le siège est fixé à Strasbourg. Ce Conseil est doté d'une Assemblée consultative et d'un Comité des ministres. Chaque Etat demeure libre de ratifier ou non les décisions prises par le Comité.

Le Conseil de l'Europe, qui groupe, outre les dix pays fondateurs – Belgique, Danemark, France, Grande-Bretagne, Irlande, Italie, Luxembourg, Norvège, Pays-Bas, Suède –, douze autres Etats – Grèce (1949), Turquie (1949), Islande (1950), Allemagne fédérale (1951), Autriche (1956), Chypre (1961), Suisse (1963), Malte (1965), Espagne (1977), Portugal (1976), Liechtenstein (1978), Finlande (1989) –, en tant que tribune, joue un rôle pour la défense des droits de l'homme.

Cependant, le noyau économique de l'Europe est constitué par l'acte fondateur instituant, en avril 1951, la Communauté européenne du charbon et de l'acier (CECA), dont Jean Monnet est le premier président. Le traité est signé à Paris par six pays : Allemagne fédérale, Belgique, France, Italie, Luxembourg et Pays-Bas.

Les gouvernements abandonnent la quasi-totalité de leur pouvoir dans le secteur du charbon et de l'acier, désormais géré par une Haute Autorité composée de neuf membres indépendants nommés par accord unanime des Etats membres.

La Communauté européenne est née du brusque déclin politique de l'Europe et de la nécessité de constituer un marché plus vaste que celui des Etats nationaux de dimension moyenne composant l'Europe occidentale. Fondée sur la réconciliation franco-allemande, elle s'est d'abord appuyée sur le secteur industriel de l'époque, celui du charbon et de l'acier. Avec des avancées et des reculs, la Communauté est aujourd'hui constituée de façon durable.

54. L'émergence de la Communauté européenne

Etats fondateurs (1957)
Elargissement de la Communauté (1973-1986)
Nouvel élargissement (1997)
Candidats admissibles à moyen terme
Candidats admissibles à plus long terme
Etats occidentaux non-membres actuellement
Autres Etats issus de l'ex-URSS
Autres Etats issus de l'ex-Yougoslavie
Autres Etats
Deux Allemagnes réunies en 1990
Océan Atlantique
Mer du Nord
Mer Baltique
Mer Blanche
Mer Noire
Mer Caspienne
Mer Méditerranée
IRLANDE
ROYAUME-UNI
Londres
PAYS-BAS
La Haye
BELGIQUE
Bruxelles
LUX.
FRANCE
Paris
Strasbourg
Lyon
Marseille
PORTUGAL
Lisbonne
ESPAGNE
Madrid
Barcelone
Gibraltar
Tage
BALEARES
CORSE
SARDAIGNE
SICILE
Palerme
MALTE
ITALIE
Milan
Rome
Naples
SUISSE
AUTRICHE
Vienne
ALLEMAGNE
Hambourg
Berlin
Bonn
Francfort
Munich
Rhin
Elbe
Oder
Vistule
DANEMARK
NORVEGE
SUEDE
Stockholm
FINLANDE
Helsinki
Saint-Pétersbourg
ESTONIE
Tallinn
LETTONIE
Riga
LITUANIE
Vilnius
Kaliningrad
POLOGNE
Varsovie
Cracovie
Prague
REP. TCHEQUE
SLOVAQUIE
HONGRIE
Budapest
SLOVENIE
Zagreb
CROATIE
BOSNIE
Sarajevo
YOUGOSLAVIE
Belgrade
ALBANIE
MACEDOINE
GRECE
Athènes
CRETE
ROUMANIE
Bucarest
Danube
BULGARIE
Sofia
MOLDAVIE
Chisinau
Dniestr
UKRAINE
Kiev
Kharkov
Dniepr
Odessa
CRIMEE
BIELORUSSIE
Minsk
FEDERATION DE RUSSIE
Moscou
Nijni Novgorod
Volga
Don
Volgograd
Oural
KAZAKHSTAN
GEORGIE
Tiflis
ARMENIE
AZERBAIDJAN
Bakou
TURQUIE
Istanbul
Ankara
CHYPRE
SYRIE
IRAK
IRAN
Tigre
Euphrate
MAROC
ALGERIE
TUNISIE

L'industrialisation a progressivement rapproché les divers pays ouest-européens. Dans le domaine de l'emploi, de l'éducation et de l'urbanisation, ce processus a d'abord touché les Etats les plus anciennement industrialisés, puis a progressivement gagné ceux dont les mutations sont plus récentes. Si la diversité se perpétue, fondée sur des cultures, les disparités, elles, se sont largement estompées.

En 1952, le traité de Paris pose les bases d'une Communauté européenne de défense (CED), mais il est finalement rejeté par le Parlement français en 1954. Ce rejet entraîne aussi celui d'une communauté politique européenne dont l'embryon était en germe dans le traité.

La relance européenne intervient cependant en mars 1957 (traités de Rome) : une Communauté économique européenne (CEE) et une Communauté européenne de l'énergie atomique (CEEA), plus communément appelée Euratom, sont créées. La Cour européenne des droits de l'homme est fondée en 1958 à Strasbourg.

La CEE, ou Marché commun, a pour objet l'élimination des contingents et des droits de douane, l'établissement d'un tarif douanier commun envers les Etats unis, l'instauration d'une politique commune dans le domaine de l'agriculture et des transports, la coordination des politiques économiques, financières et sociales.

L'Euratom (CEEA) a pour dessein de développer, en commun, les recherches (pacifiques) dans le domaine de l'énergie atomique.

En marge des six pays du Marché commun (membres de la CECA), la Grande-Bretagne constitue une Association européenne de libre-échange *(European Free Trade Association)* avec l'Autriche, le Danemark, la Norvège, le Portugal, la Suède et la Suisse, la Finlande ayant un statut d'observateur.

En août 1961, la Grande-Bretagne, jusque-là réticente, demande à devenir membre de la CEE, mais sa candidature est rejetée. La Grèce (1962) et la Turquie (1963) concluent avec la CEE des accords d'association.

Entre-temps, un projet d'union d'Etats, élaboré comme une suite aux traités de Rome par la commission d'études réunissant les représentants des six gouvernements, est rejeté (1962). Ce projet prévoyait l'adoption d'une politique étrangère et d'une politique de défense communes, la coopération culturelle et la défense des droits de l'homme et des libertés.

En 1968, les tarifs douaniers sont abolis. La libre circulation de la main-d'œuvre entre les Six est totale, et la fusion des services de la CECA, de la CEE et de l'Euratom est accomplie.

En 1973, la Grande-Bretagne, l'Irlande et le Danemark deviennent membres de la CEE, mais la Norvège, par référendum, refuse l'adhésion. L'Europe des Six devient Europe des Neuf, puis des Douze : la Grèce s'y joint en 1981, l'Espagne et le Portugal en 1986.

Depuis 1992, dans ce qui s'appelle désormais la Communauté européenne, la circulation des hommes, des marchandises et des capitaux est libre. Trois nouveaux pays entrent dans l'Union européenne : l'Autriche, la Finlande et la Suède.

Le traité de Maastricht, 1992

- Création d'un Institut monétaire européen (Francfort).
- Politique étrangère et de sécurité commune.
- Coopération renforcée en matière judiciaire, policière et douanière : Europol (La Haye).
- Le Conseil européen reçoit de nouvelles compétences (politique sociale, etc.).
- Le Parlement européen voit ses pouvoirs renforcés.
- La monnaie unique, l'euro, adoptée dans son principe en 1998, entre en vigueur le 1er janvier 1999.

L'OTAN et son élargissement en Europe

ALORS QUE le pacte de Varsovie est rendu caduc par la disparition de l'Union soviétique, l'OTAN est maintenue. En 1997, grâce à une initiative américaine, elle se trouve renforcée par l'adhésion des trois Etats les plus avancés industriellement parmi les anciens pays communistes d'Europe : la Hongrie, la Pologne et la République tchèque.

Les candidatures sont nombreuses parmi les anciens membres du pacte de Varsovie ou de l'ex-URSS : les trois pays Baltes – Estonie, Lettonie, Lituanie –, la Roumanie, la Bulgarie et l'Ukraine. La candidature la plus inquiétante pour la Russie est celle de l'Ukraine.

55. L'OTAN et son élargissement à l'Est-européen (1997)

Etats membres de l'OTAN avant 1989
Nouveaux membres admis
Etats issus de l'ancien bloc soviétique et de la Yougoslavie
Autres Etats d'Europe occidentale non membres
Limite occidentale du pacte de Varsovie avant 1989
Frontière de l'ex-URSS
Présence de forces militaires américaines
Membres de l'OTAN hors du continent européen
ETATS-UNIS
CANADA
ISLANDE
Océan Atlantique
Mer du Nord
Mer Baltique
Mer Noire
Mer Caspienne
Mer Méditerranée
NORVEGE
Oslo
SUEDE
Stockholm
FINLANDE
Helsinki
Saint-Pétersbourg
Tallinn
ESTONIE
Riga
LETTONIE
LITUANIE
Vilnius
Kaliningrad
Minsk
Moscou
Volga
Oural
FEDERATION DE RUSSIE
KAZAKHSTAN
Don
Kiev
Dniepr
UKRAINE
MOLDAVIE
Odessa
Sébastopol
Novorossisk
GEORGIE
Tiflis
AZERBAIDJAN
Bakou
ARMENIE
IRAN
IRLANDE
ROYAUME-UNI
Londres
DANEMARK
PAYS-BAS
BELGIQUE
LUX.
ALLEMAGNE
Hambourg
Berlin
Bonn
Elbe
Oder
Vistule
Varsovie
POLOGNE
Prague
REP. TCHEQUE
SLOVAQUIE
Vienne
AUTRICHE
Budapest
HONGRIE
ROUMANIE
Bucarest
SLOVENIE
Zagreb
CROATIE
BOSNIE
Belgrade
YOUGOSLAVIE
Danube
BULGARIE
Sofia
MACEDOINE
ALBANIE
Istanbul
Ankara
TURQUIE
GRECE
Athènes
CRETE
CHYPRE
SYRIE
IRAK
Tigre
Euphrate
Paris
FRANCE
SUISSE
Milan
ITALIE
Rome
Naples
CORSE
SARDAIGNE
SICILE
MALTE
PORTUGAL
Lisbonne
Tage
Madrid
ESPAGNE
Barcelone
BALEARES
Gibraltar
MAROC
ALGERIE
TUNISIE

Nations et minorités en Europe

LE PROBLÈME des nations assujetties par l'Empire des Habsbourg (prévu dans les « quatorze points » du président Wilson) reçoit un règlement au lendemain de la Première Guerre mondiale.

Une importante partie des minorités est physiquement exterminée (Juifs, Tziganes) ou expulsée (15 millions d'Allemands d'Europe occidentale et centrale) entre 1941 et 1945.

Depuis l'effondrement de l'Union soviétique, les problèmes nationaux se posent à nouveau avec acuité et mènent à la constitution d'Etats indépendants (pays Baltes, Caucase, Ukraine, Biélorussie, Moldavie). Cependant, des problèmes de minorités (Transnistrie) restent en suspens, tel celui des Arméniens largement majoritaires du Haut-Karabakh (Azerbaïdjan) où se heurtent deux principes contradictoires : le droit à l'autodétermination et l'intangibilité des frontières. La Géorgie n'est pas en reste (Ossètes du Sud, Abkhazes, etc.).

Dans l'ex-Yougoslavie, les antagonismes ethniques ou religieux, issus du chevauchement des Empires ottoman et Habsbourg, puis de la Seconde Guerre mondiale, ont réapparu avec la mort du mythe de l'Etat fédéral fondé sur la lutte des classes.

C'est sans heurts que Tchèques et Slovaques décident de se séparer.

Le problème des minorités d'une certaine importance aujourd'hui en Europe se réduit à celui des Hongrois (Slovaquie, Roumanie), des Kosovars (Yougoslavie) et des Turcs (Bulgarie).

A l'exception des Albanais du Kosovo – et de Macédoine –, la situation ne paraît pas conflictuelle.

Mentionnons cependant le problème des Tziganes (Rom) dans plusieurs pays (Roumanie, ex-Yougoslavie, République tchèque...).

56. L'affirmation des nationalités et des minorités en Europe au XXᵉ siècle

Nationalités ayant acquis ou recouvré leur indépendance au XXe siècle
Nationalités ayant accédé à un statut d'autonomie au XXe siècle
Autres minorités nationales affirmant leur identité
Ligne historique de partage entre catholiques/protestants et orthodoxes
ULSTER
Conflit ethno-religieux catholiques-protestants
BELGIQUE
Question linguistique Wallons-Flamands
BOSNIE
Antagonismes ethno-religieux
Républiques autonomes du Caucase
1. Tchétchènes
2. Ingouches
3. Kabardes-Balkars
4. Karatchaïs-Tcherkesses
5. Ossètes
Océan Atlantique
Mer du Nord
Mer Baltique
Mer Noire
Mer Caspienne
Mer Méditerranée
SUEDE
NORVEGE
FINLANDE
Caréliens (RA)
Helsinki
Saint-Pétersbourg
Stockholm
ESTONIE
Riga
LETTONIE
LITUANIE
Vilnius
Kaliningrad
Minsk
BIELORUSSIE
DANEMARK
IRLANDE
Belfast
Ecossais
Edinbourg
ROYAUME-UNI
Gallois
Londres
PAYS-BAS
BELGIQUE
Wallons
LUX.
Bretons
Nantes
Paris
Alsaciens
Strasbourg
FRANCE
Lyon
ALLEMAGNE
Berlin
Francfort
Rhin
Elbe
Oder
Vistule
Varsovie
POLOGNE
Cracovie
Prague
REP. TCHEQUE
Lvov
Kiev
Dniepr
UKRAINE
Dniestr
MOLDAVA
Gagaouzes
Odessa
SLOVAQUIE
Danube
Budapest
Hongrois
HONGRIE
ROUMANIE
Bucarest
AUTRICHE
SUISSE
Allemands du Haut-Adige
Frioulans
Milan
SLOVENIE
Zagreb
CROATIE
BOSNIE
Belgrade
YOUGOSLAVIE
Turcs
BULGARIE
Sofia
Albanais du Kosovo
Turcs
MACEDOINE
ALBANIE
GRECE
Athènes
Crète
Istanbul
Galiciens
Bilbao
Basques
Perpignan
Catalans
Barcelone
Madrid
Tage
PORTUGAL
ESPAGNE
Corses
ITALIE
Rome
Sardaigne
Sicile
MAROC
ALGERIE
TUNISIE
FEDERATION DE RUSSIE
Moscou
Volga
Perm
Oudmourtes (RA)
Maris (RA)
Kazan
Tatars (RA)
Oufa
Bachkirs (RA)
Mordves (RA)
Oural
KAZAKHSTAN
Don
Volgograd
Astrakhan
Kalmouks (RA)
Rostov
Russes et Tatars de Crimée
Soukhoumi
Abkhazes
Daghestan (RA)
GEORGIE
Tiflis
AZERBAIDJAN
Bakou
ARMENIE
Arméniens du N.Karabakh
Ankara
TURQUIE
Tigre
IRAN
SYRIE
Turcs
CHYPRE

57. L'Europe en 1999 : la multiplication des Etats-nations

Guerres et conflits

Génocides et massacres

LE DÉVELOPPEMENT RÉCENT, à l'échelle du monde, des nationalismes et de leurs excès, qui atteignent l'Orient à la fin du XIXe siècle et au tout début du XXe, a vu se généraliser deux phénomènes : la destruction physique intentionnelle d'un groupe ethnique ou son expulsion provoquée par la violence afin d'occuper son territoire.

Le premier phénomène désigné depuis la fin de la Seconde Guerre mondiale du terme de « génocide » a affecté les Arméniens de l'Empire ottoman en 1915 ; les Juifs et les Tziganes durant la Seconde Guerre mondiale et les Tutsi du Rwanda en 1994. D'autres liquidations massives visent des catégories non nécessairement ethniques ou religieuses : en URSS, au Cambodge, en Indonésie…

Le second phénomène est caractéristique des régions ou pays multi-ethniques ou multi-confessionnels, lorsque la mosaïque, maintenue par une administration d'empire, fait place aux nationalismes locaux. Il est vain, dans ces circonstances, de souligner que ces communautés ont longtemps cohabité. Les référents et les conditions ont radicalement changé, et les guerres et conflits sont pour les *Etats* le moment propice pour commettre des crimes de guerre ou des crimes contre l'humanité, ainsi que l'on définit ces actes collectifs d'aujourd'hui.

Le génocide des Arméniens

« La déportation était délibérément conduite avec une brutalité calculée pour prendre, *en route,* le maximum de vies. Tel est le crime du comité « Union et Progrès » [les Jeunes Turcs]. Cette étude que j'ai menée m'a laissé une impression qui ne fut pas effacée par le génocide commis avec un sang-froid plus grand et sur une plus grande échelle par les nazis durant la Seconde Guerre mondiale. »

ARNOLD TOYNBEE[1]
Acquaintances, Oxford, 1967.

1. L'étude à laquelle Toynbee fait allusion est son rapport établi pour le gouvernement britannique, dit « Livre bleu » : *Le Traitement des Arméniens dans l'Empire ottoman,* Londres, HMS, 1916. Voir aussi Johannes Lepsius, *Archives du génocide des Arméniens,* préface d'Alfred Grosser, Fayard, 1986.

La Première Guerre mondiale

AFIN D'ÉVITER une guerre sur deux fronts à la fois (en France à l'Ouest, en Russie à l'Est), le chef d'état-major allemand, le comte von Schlieffen (1833-1913), échafaude en 1905 un plan qui compte sur la lenteur du processus de mobilisation russe et entend frapper d'abord les forces françaises. Compte tenu des forteresses situées à l'est du territoire français, il projette de violer la neutralité de la Belgique avec une puissante aile droite qui, après le verrou de Liège, se rabattrait vers la Somme, l'Oise et Paris, tandis que l'aile gauche, passant par la Meuse, ferait un mouvement de pince avec l'aile droite. Le plan prévoit l'anéantissement des forces françaises en moins de quarante jours, ce qui permettrait de retourner la machine de guerre allemande sur le front Est pour bloquer l'avance russe en Prusse-Orientale.

Le 28 juin 1914, l'assassinat de l'archiduc François-Ferdinand, héritier du trône des Habsbourg, à Sarajevo, est l'incident qui déclenche la Première Guerre mondiale.

L'archiduc incarnait la volonté de mieux équilibrer la monarchie austro-hongroise en accordant une place plus importante aux Slaves du Sud. Sa politique se heurtait aux conservateurs de l'état-major, qui utilisèrent son assassinat pour lancer un ultimatum aux Serbes, non sans s'être assurés du soutien de l'Allemagne (5 juillet).

Rien encore ne paraît inéluctable. Dès le 23 juillet, cependant, Poincaré est reçu à Saint-Pétersbourg, qui assure la France de son soutien. Huit jours plus tard, c'est la guerre.

Cette guerre dont les Alliés feront porter, après la défaite, la responsabilité à l'Allemagne, a surtout pour origine un *système d'alliances* où un conflit provoqué par un Etat entraîne ceux qui lui sont liés.

Si l'Allemagne, qui se contente de montrer les dents en 1905 à propos de la crise du Maroc avec la France, avait véritablement voulu la guerre, 1905 aurait été la date idéale pour appliquer le plan Schlieffen. La Russie venait de subir une lourde défaite contre le Japon et des émeutes agitaient la capitale.

La guerre, selon les conceptions que l'on s'en faisait à l'époque, doit être brève. L'Allemagne veut terrasser la France avant d'écraser les Russes. Ces derniers veulent s'emparer de la Prusse-Orientale tout en frappant à mort l'Autriche-Hongrie. Les Français estiment qu'ils peuvent arriver sur le Rhin.

L'état-major français ne compte engager en première ligne que les unités d'active. Or, la France est, avec l'Irlande, l'un des seuls pays d'Europe dont la démographie a quasi stagné au cours du XIXe siècle, tandis que celle de l'Allemagne a presque triplé. Le IIe Reich, lui, intègre des corps d'armée de réserve dans les formations de première ligne et dispose ainsi d'une armée capable de donner à la manœuvre de débordement par la Belgique une puissance que ne soupçonnent ni le haut commandement français ni les généraux britanniques.

Les Allemands, commandés par le colonel Ludendorff, s'emparent de Liège dix-neuf jours après la mobilisation. La surprise joue en leur faveur. Les Belges se battent plus qu'honorablement et se retirent sur Anvers, non sans avoir saboté toutes les communications.

Tandis que les Allemands poursuivent leur avance en Belgique, les Français appliquent le plan XVII, préparé par le général Joffre. Les Ire et IIe armées françaises se ruent sur l'Alsace-Lorraine, où elles se font décimer. Une seconde offensive, en direction des Ardennes, connaît le même sort. L'aile droite allemande, son déploiement en Belgique réussi, entame une rapide avance, bouscule les Anglais à Mons, avant que l'état-major français ne se rende compte de l'ampleur du danger.

Cependant, le chef d'état-major allemand, Moltke le Jeune, neveu du grand Moltke, modifie le plan Schlieffen, affaiblissant relativement l'aile droite au profit de l'aile gauche – erreur qui lui sera fatale quelques semaines plus tard. Joffre ne perd pas de temps : des troupes sont regroupées afin de renforcer l'aile gauche française. Tandis que les forces allemandes de l'aile droite continuent d'avancer à marche forcée, Moltke, inquiet pour le front de l'Est où les Russes paraissent menaçants, renforce celui-ci en prélevant encore deux corps d'armée et une division sur l'aile droite. Lorsque celle-ci arrive sur la Marne – mouvement dont Joffre a eu connaissance grâce à l'observation aérienne –, sa force de frappe est sensiblement amenuisée.

Nous sommes le 1er septembre 1914. Un mois exactement depuis la déclaration de la guerre. Hâtivement, Joffre masse toutes les troupes disponibles, avec l'aide du gouverneur de Paris, Gallieni. La bataille d'arrêt de la Marne a lieu entre le 6 et le 10 septembre. Plus de 2 millions de soldats s'affrontent, chiffre jamais atteint jusque-là. Les Français prennent l'initiative et la ruée allemande est stoppée et même disloquée – situation que les forces britanniques, qui se trouvent en face du vide créé, ne savent pas exploiter.

Quoi qu'il en soit, le plan Schlieffen – ou ce qu'il en reste dans la pratique – vient d'échouer par la conjonction de la pusillanimité de Moltke qui dispose de troupes admirables et de la farouche détermination des Français.

Cependant, l'avancée initiale des troupes allemandes détermine, pour la durée du conflit, le théâtre de la guerre à l'Ouest. C'est la France qui en paie le prix matériel. Elle en paie aussi le coût humain puisque, des grandes puissances engagées dans le conflit, c'est elle qui subit, proportionnellement, les pertes les plus élevées.

Peu après la contre-offensive, les deux armées tentent de se déborder en remontant vers la côte belge. Les Allemands prennent Anvers en octobre 1914 et, dès le mois de novembre, le conflit devient statique sur un front qui s'étend des Vosges à la Manche. Ces quatre mois n'ont pas coûté moins de 0,5 million de morts aux belligérants.

Désormais, on s'enterre, de part et d'autre, dans des tranchées. Le dogme de l'offensive à outrance, sur lequel on a vécu jusque-là, de tous côtés, se révèle très coûteux. La puissance de feu avantage la défensive.

A l'Est cependant, la situation n'est pas restée statique. Deux armées russes se dirigent vers Königsberg (Prusse-Orientale, aujourd'hui Kaliningrad), l'une de l'est, l'autre du nord. Le tandem Hindenburg-Ludendorff est dépêché d'urgence pour y faire face. Les Allemands remportent une nette victoire à Tannenberg et aux lacs Mazure (Pologne). Mais la poussée russe aura servi à soulager le front Ouest. Par ailleurs, tandis qu'elles

58. La Première Guerre mondiale (1914-1918) : un conflit avant tout européen

Empires centraux et leurs alliés
Triple Entente et ses alliés
Territoires occupés par les puissances centrales (fin 1917)
Neutres ou non-engagés
Lignes de fronts (1915-1917)
Avance initiale des Allemands à l'ouest en 1914
Avance initiale russe (1914-1915)
Axes des offensives des Empires centraux
Guerre sous-marine allemande (1916-1918)
Bataille navale du Jutland 1916
Tannenberg 1916
Verdun 1916
Bataille des Dardanelles Gallipoli 1915-1916
AVANCE ALLEMANDE OCTOBRE 1917
FRONT 1915-1917
Turcs Oct.1918
FEROE
SHETLAND (G.-B.)
SUEDE
NORVEGE
FINLANDE
Mer Blanche
Helsingfors
Mer Baltique
Saint-Pétersbourg
IRLANDE
ROYAUME-UNI
Mer du Nord
DANEMARK
Riga
PROVINCES BALTES
Moscou
EMPIRE RUSSE
Volga
Oural
Minsk
Dantzig
Vilno
Hambourg
Berlin
Londres
PAYS-BAS
BELGIQUE
Cologne
Rhin
Oder
Brest Litovsk
Amiens
EMPIRE ALLEMAND
Varsovie
POLOGNE
Don
Kharkov
Kiev
Dniepr
Océan Atlantique
Paris
Strasbourg
Prague
Lemberg
Nancy
Munich
UKRAINE
Rostov
FRANCE
Dniestr
Vienne
SUISSE
Budapest
Lyon
Bordeaux
EMPIRE AUSTRO-HONGROIS
Odessa
Mer Caspienne
Milan
Trieste
Zagreb
ROUMANIE
TRANSCAUCASIE
Bakou
Danube
Bucarest
Mer Noire
Batoumi
Tiflis
Kars
PORTUGAL
Madrid
Tage
Lisbonne
SERBIE
BULGARIE
ITALIE
CORSE
Barcelone
ESPAGNE
MONTENEGRO
Sofia
Constantinople
Rome
ALBANIE
Salonique
PERSE
Gibraltar
BALEARES
SARDAIGNE
GRECE
EMPIRE OTTOMAN
Tigre
SICILE
Athènes
AFRIQUE DU NORD
Mer Méditerranée
Euphrate
MALTE (G.-B.)
CHYPRE (G.-B.)
CRETE

essuient deux échecs face aux Allemands, les troupes russes refoulent les armées autrichiennes au-delà de la Galicie.

L'année 1915 est dominée par les opérations sur les fronts orientaux et balkaniques. Les armées allemandes, dirigées par Hindenburg et Ludendorff, enfoncent les lignes russes en mettant hors de combat près de 2 millions de soldats. L'extension du théâtre de la guerre est considérable : Italie, Grèce, Empire ottoman. Ce dernier, dirigé par les Jeunes-Turcs, s'est rangé aux côtés des puissances centrales. Une offensive mal préparée durant le rude hiver du Caucase par Enver Pacha tourne au désastre. Alors que les Jeunes-Turcs procèdent à la déportation – et au génocide – de la population arménienne d'Anatolie, les Britanniques, secondés par les Français, tentent un débarquement dans les Dardanelles, opération qui se révèle un échec coûteux (près de 200 000 morts du côté des Alliés, surtout parmi les Australiens et les Néo-Zélandais). En face, Liman von Sanders et Mustafa Kemal ne fléchissent pas. Pour soulager l'allié russe rudement bousculé, Joffre lance de coûteuses offensives en Artois et en Champagne : 350 000 Français y trouvent la mort. La guerre se révèle décidément très coûteuse en hommes et en matériel, sans apporter aucun changement décisif. La stratégie d'anéantissement fait place à la stratégie d'usure.

En 1916, le général Falkenhayn, chef d'état-major de l'armée allemande, décide de faire plier l'armée française en brisant son moral par l'ampleur de ses pertes : Verdun est choisi pour faire saigner l'adversaire avant de réaliser une percée. Après une préparation d'artillerie d'une rare intensité, les forces allemandes s'emparent du fort de Douaumont, mais essuient de lourdes pertes. Le général Philippe Pétain organise la défense et Verdun tient.

Falkenhayn est remplacé par Hindenburg et Ludendorff. Ce dernier décide de minimiser les pertes en vies humaines du côté allemand. Une nouvelle doctrine est élaborée – suivie en 1917 et 1918 –, fondée sur une stratégie défensive-offensive économisant les troupes.

Sur le front de l'Est, les Russes reprennent l'initiative avec Broussilov (juin 1916), et les Autrichiens sont écrasés, ce qui pousse la Roumanie à s'engager dans le conflit aux côtés des Alliés. Quand la bataille se termine à la mi-novembre, les Anglais ont perdu 410 000 hommes, les Français 340 000 et les Allemands plus de 1 million. Bilan : 1 750 000 morts pour 40 km de front en quatre mois et demi. Les Français et les Anglais piétinent sur la Somme comme les Allemands à Verdun.

Sur mer, la guerre fait rage. Les Britanniques y ont l'avantage, mais les sous-marins allemands sont terriblement efficaces. En 1917, le centre de gravité se déplace vers l'Atlantique, où les sous-marins allemands, désormais, ne se contentent plus d'attaquer les navires marchands alliés transportant du ravitaillement des Etats-Unis, mais aussi les navires d'Etats neutres. Le Congrès américain approuve alors l'intervention militaire proposée par le président Wilson.

Le conflit connaît deux tournants décisifs en 1917 : l'entrée en guerre des Etats-Unis et l'effondrement du front russe entre février et novembre. C'est aussi l'année la plus dramatique : les troupes françaises, après l'absurde offensive du général Nivelle au printemps (Chemin des Dames), sont exténuées et saignées à blanc (120 000 morts et blessés en deux jours), mais Nivelle s'obstine à maintenir l'offensive, ce qui provoque des mutineries.

On fait appel à Clemenceau, qui choisit de confier à Pétain la réorganisation de l'armée. Ce qui est fait avec énergie et mesure. Sur 432 condamnés à mort par les conseils de guerre, 42 sont exécutés. A la crise des combattants fait écho celle des civils : l'arrière est las. La Section française de l'Internationale ouvrière (SFIO) rompt l'union sacrée à laquelle elle s'était ralliée en 1914 peu après l'assassinat de Jaurès. En Russie, la crise des militaires et celle des civils se conjuguent pour créer un climat propice à la prise de pouvoir du parti bolchevique.

Hindenburg et Ludendorff qui, depuis l'été 1916, exercent une influence politique croissante, entendent tirer profit de l'effondrement russe : l'armistice leur est infiniment favorable, tout comme, peu après, la paix de Brest-Litovsk (février 1918). L'année 1917 est aussi pour les Alliés celle de la défaite italienne de Caporetto. Seule consolation : sur le front d'Orient, face aux troupes turques, le général britannique Allenby parvient, à Noël, à s'emparer de Jérusalem. Entre-temps, une quarantaine de divisions allemandes sont transférées à l'Ouest pour imposer une guerre de mouvement. Le temps est désormais un facteur vital : la supériorité numérique allemande est très provisoire, car les troupes américaines commencent à débarquer (300 000 soldats en mars 1918, 1 700 000 en octobre).

Quatre offensives allemandes sont lancées entre mars et juillet 1918. Paris est à nouveau menacé. Mais le général Foch, qui commande en chef toutes les armées alliées depuis la fin du mois de mars 1918, déclenche, en juillet, une vaste contre-offensive. En août, la totalité du terrain conquis par les Allemands est reprise. A l'automne, les ressources en hommes de l'Allemagne ont atteint leurs limites. La victoire est désormais hors de sa portée. Déjà en Autriche-Hongrie, en Bulgarie, dans l'Empire ottoman, les combats ont cessé. Les Alliés, de surcroît, disposent de deux fois plus de canons, de trois fois plus d'avions et de 3 500 chars, alors que l'Allemagne n'en a presque pas.

La guerre est perdue, et l'état-major allemand en tire les conséquences avant d'avoir à subir la défaite.

Le 11 novembre 1918 (armistice), les hostilités prennent fin sur le front occidental.

Sur 70 millions d'hommes mobilisés, de 9 à 10 millions sont morts : 2 millions pour l'Allemagne, 1,3 million pour la France, 900 000 pour la Grande-Bretagne, 1,2 million pour l'Autriche-Hongrie...

Après la guerre de Sécession américaine, la Grande Guerre est la première guerre totale de l'histoire contemporaine. Elle porte à son paroxysme les conséquences de la Révolution française fondée sur la conception de l'Etat-nation, de la souveraineté populaire et de la levée en masse.

La démocratie charrie aussi, en marge des droits de l'homme, la guerre de masse. Elle oblige également à convaincre, à persuader et à manipuler pour emporter l'adhésion ou pour démoraliser. La propagande moderne, qui naît avec la Grande Guerre, a été maniée avec le plus de dextérité et le plus de succès par les Britanniques (qui pesèrent lourdement sur l'engagement américain de 1917).

Enfin, la Grande Guerre est porteuse d'un changement majeur dans l'équilibre de la planète. L'Europe s'est appauvrie et endettée (créance américaine de 12 milliards de dollars sur les Alliés). Les Etats-Unis ont bénéficié d'un enrichissement considérable : leur stock d'or représente 50 % des réserves mondiales à la fin des hostilités.

Les vainqueurs cherchent à faire endosser aux vaincus la responsabilité du déclenchement de la guerre et définissent des conditions de paix très dures.

Le traité de Versailles, par ses exigences excessives, porte, non les ferments de la paix – comme le pensaient ceux qui créèrent la Société des Nations –, mais le germe de la Seconde Guerre mondiale. Même sans l'aberration du nazisme, le nationalisme allemand ne pouvait que chercher à réviser un statut qu'aucun des vainqueurs n'aurait consenti à entériner pour lui-même.

La Seconde Guerre mondiale

EN EUROPE, la Seconde Guerre mondiale est déclenchée par le régime national-socialiste dont l'idéologie est fondée sur l'expansion germanique (race supérieure), l'expulsion des Juifs désignés comme l'incarnation du mal, puis leur extermination, l'élimination des Tziganes, le refoulement des Slaves et la lutte à mort contre le bolchevisme. D'autres catégories : francs-maçons, homosexuels, aliénés sont également visées. Les premiers camps de concentration sont d'abord composés de communistes allemands. L'économie du IIIe Reich est une économie de guerre.

Grâce au binôme char-avion, la guerre, surtout statique en 1914-1918, regagne sa mobilité offensive. Français et Anglais, malgré les avis de J.F.C. Fuller, de B. Liddell-Hart, des généraux Estienne et de Gaulle, sont en retard. Après les succès du *Blitzkrieg* en Pologne (septembre 1939), la guerre reprend au printemps 1940 : les Allemands occupent le Danemark et la Norvège (avril) puis, en six semaines, infligent une défaite foudroyante à la Belgique, à la Hollande et à la France (juin). La guerre aérienne contre la Grande-Bretagne rencontre moins de succès.

Après avoir épaulé l'Italie fasciste dans les Balkans et en Afrique, Hitler lance l'opération Barberousse (juin 1941) contre l'URSS avec laquelle il avait conclu un accord tactique en 1939. Le *Blitzkrieg* fait de très rapides progrès jusqu'en novembre, et les forces allemandes se trouvent aux faubourgs de Leningrad et de Moscou. Le mois suivant, le 7 décembre, les Japonais, qui sont entrés en guerre contre la Chine – avec succès – dès 1937, signent leur arrêt de mort en attaquant la base américaine de Pearl Harbor. Hitler déclare à son tour la guerre aux Etats-Unis. La crainte traditionnelle des états-majors allemands depuis Moltke et Schlieffen, celle d'avoir à combattre simultanément sur deux fronts, retrouve, à l'échelle mondiale, son illustration. Une fois de plus, comme en été 1914, il faut décisivement battre l'un des adversaires avant de se tourner contre l'autre.

Malgré la riposte soviétique au cours du très dur hiver 1941-1942, les troupes allemandes avancent jusqu'au début de l'hiver 1942-1943 vers le seuil du Caucase et la boucle de la Volga. Mais la défaite de Stalingrad marque un tournant décisif (2 février 1943).

Entre-temps, le remarquable tacticien Rommel joue, avec des moyens insuffisants, une partie qu'il ne peut gagner : dès novembre 1942, tant en Afrique du Nord, où les Alliés débarquent, que sur le front russe, la guerre est perdue. Ni sur le plan des ressources matérielles, ni sur le plan démographique, l'Allemagne hitlérienne n'a les moyens de gagner une guerre prolongée contre autant d'adversaires – Etats-Unis en tête sur le plan matériel et URSS sur le plan humain. La retraite cependant, compte tenu de l'exceptionnelle qualité des troupes et des officiers allemands, se fait en bon ordre, le terrain étant défendu pied à pied à l'Est durant vingt-six mois.

Sur le front Ouest, les Alliés débarquent en Sicile (juillet 1943). Mussolini perd le pouvoir. De durs combats sont menés jusqu'à la prise de Rome le 4 juin 1944. Le 6 juin, les Alliés débarquent en Normandie, le 15 août en Provence. Une dernière contre-offensive allemande est lancée dans les Ardennes

59. La Seconde Guerre mondiale : l'Allemagne conquérante (1939-1942)

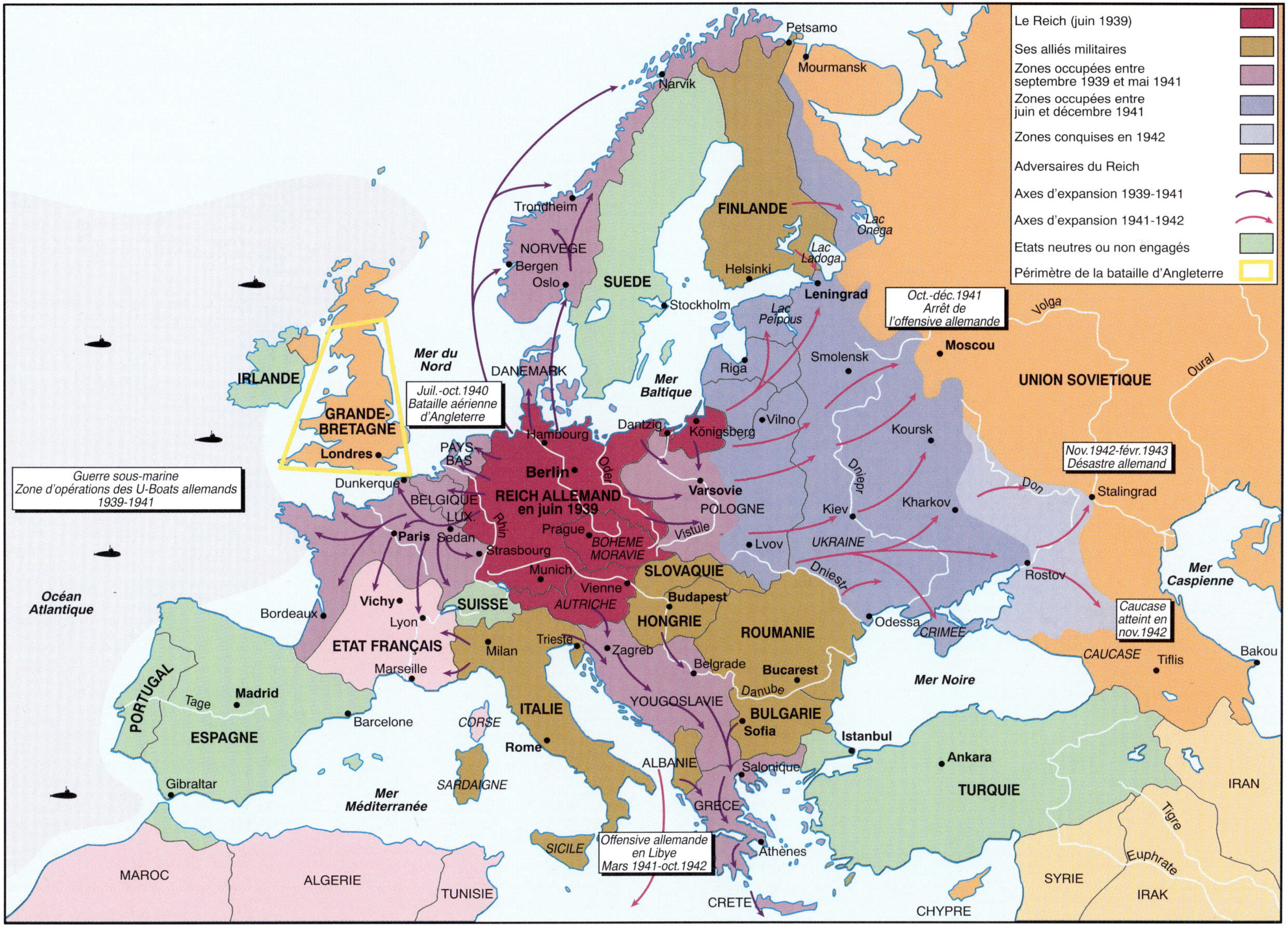

Le Reich (juin 1939)
Ses alliés militaires
Zones occupées entre septembre 1939 et mai 1941
Zones occupées entre juin et décembre 1941
Zones conquises en 1942
Adversaires du Reich
Axes d'expansion 1939-1941
Axes d'expansion 1941-1942
Etats neutres ou non engagés
Périmètre de la bataille d'Angleterre
Guerre sous-marine
Zone d'opérations des U-Boats allemands
1939-1941
Juil.-oct.1940
Bataille aérienne
d'Angleterre
Oct.-déc.1941
Arrêt de
l'offensive allemande
Nov.1942-févr.1943
Désastre allemand
Caucase
atteint en
nov.1942
Offensive allemande
en Libye
Mars 1941-oct.1942
Océan Atlantique
Mer du Nord
Mer Baltique
Mer Méditerranée
Mer Noire
Mer Caspienne
IRLANDE
GRANDE-BRETAGNE
Londres
NORVEGE
SUEDE
FINLANDE
DANEMARK
PAYS BAS
BELGIQUE
LUX.
REICH ALLEMAND
en juin 1939
BOHEME MORAVIE
AUTRICHE
POLOGNE
SLOVAQUIE
HONGRIE
ROUMANIE
YOUGOSLAVIE
BULGARIE
ALBANIE
GRECE
ITALIE
SUISSE
ETAT FRANÇAIS
ESPAGNE
PORTUGAL
UNION SOVIETIQUE
UKRAINE
CRIMEE
CAUCASE
TURQUIE
IRAN
SYRIE
IRAK
CHYPRE
CRETE
SICILE
SARDAIGNE
CORSE
MAROC
ALGERIE
TUNISIE
Petsamo
Mourmansk
Narvik
Trondheim
Bergen
Oslo
Stockholm
Helsinki
Leningrad
Lac Onega
Lac Ladoga
Lac Peipous
Riga
Vilno
Smolensk
Moscou
Koursk
Kharkov
Kiev
Stalingrad
Rostov
Odessa
Tiflis
Bakou
Volga
Oural
Don
Dniepr
Dniestr
Vistule
Oder
Rhin
Tage
Danube
Tigre
Euphrate
Hambourg
Dantzig
Königsberg
Berlin
Varsovie
Lvov
Prague
Munich
Vienne
Budapest
Strasbourg
Sedan
Paris
Dunkerque
Vichy
Lyon
Bordeaux
Marseille
Milan
Trieste
Zagreb
Belgrade
Bucarest
Sofia
Salonique
Athènes
Istanbul
Ankara
Rome
Madrid
Barcelone
Gibraltar

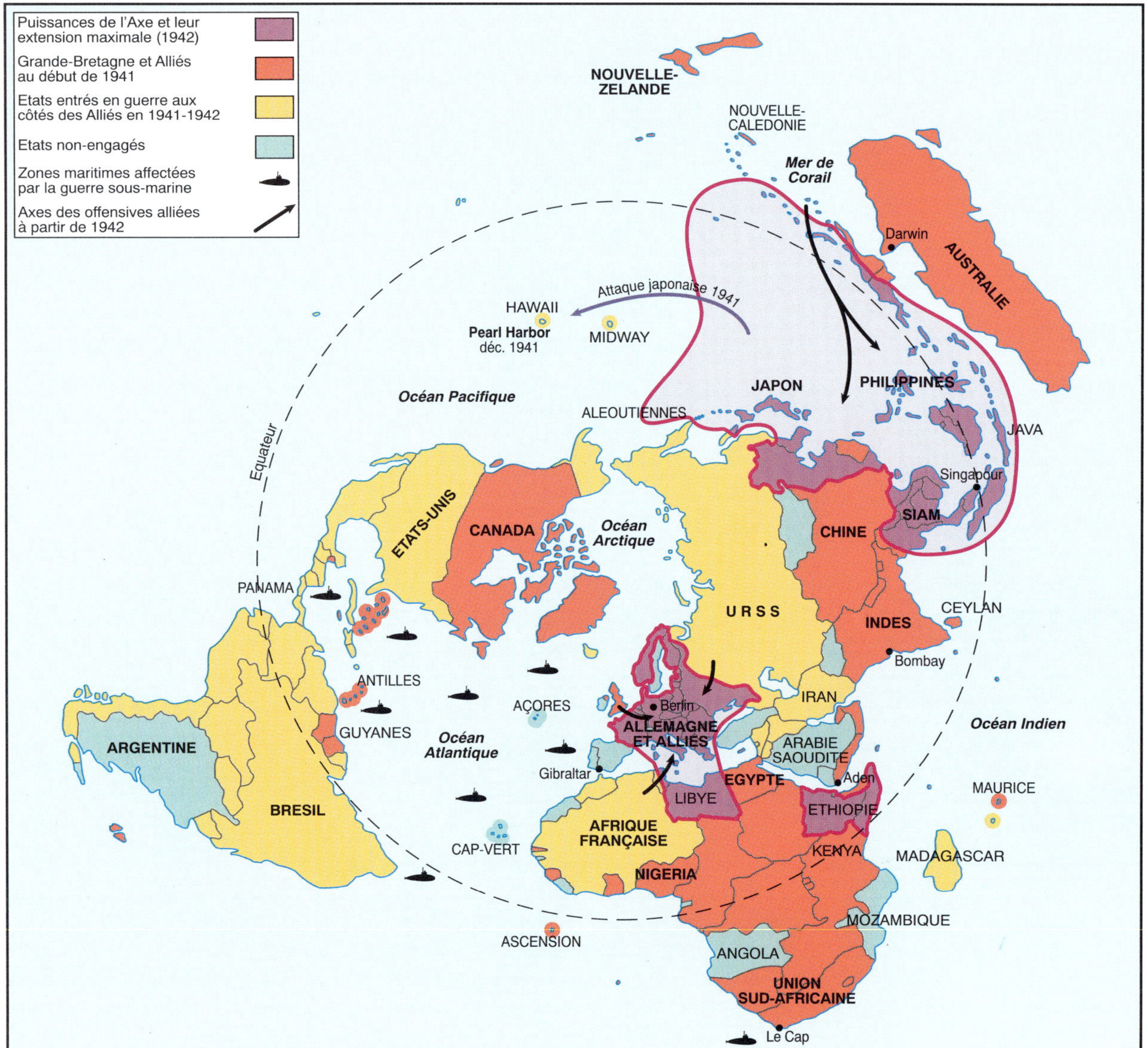

60. Rapport des forces dans le monde de 1942 : l'apogée de l'expansion des puissances de l'Axe

(décembre 1944-janvier 1945). Quatre jours après la jonction des troupes russes et américaines, Hitler se suicide (30 avril). Berlin est investi par les Soviétiques le 2 mai. La reddition sans conditions de l'Allemagne nazie est signée à Berlin le 8 mai 1945.

L'extermination des Juifs

Morts en ghettos	800 000		
Victimes des fusillades à ciel ouvert	1 300 000		
Exterminés dans les camps	3 000 000	dont camps de la mort :	
		■ Auschwitz	1 000 000
		■ Treblinka	750 000
		■ Belzec	550 000
		■ Sobibor	200 000
		■ Kulmhof	150 000
		■ Lubin	50 000
		■ autres	150 000
Total	5 100 000		

D'après Raoul Hilberg, La Destruction des Juifs d'Europe, *Paris, Fayard, 1988.*

Le nombre des Tziganes liquidés en camps d'extermination est évalué entre 200 000 et 400 000.

La guerre du Pacifique

Le 7 décembre 1941, le Japon entre dans la guerre – pour la perdre, comme l'avait prédit le lucide amiral Yamamoto, qui estimait que son pays avait les moyens de mener une ou deux années de conquêtes avant que le rapport de force ne s'inverse sur le théâtre des opérations.

Tandis qu'elles continuent leur avance en Chine côtière, les forces japonaises investissent l'Indochine et la Birmanie, s'emparent, par les terres, de Singapour (15 février 1942), battent successivement toutes les nations occidentales colonisatrices : l'impact de cette poussée est considérable ; ses effets seront ressentis dès les lendemains de la guerre.

La victoire aéronavale américaine de Midway marque le tournant de la guerre du Pacifique (3-7 juin 1942). En août, les Américains débarquent à Guadalcanal (îles Salomon) et l'emportent au terme de très durs combats, où les Japonais s'accrochent farouchement au terrain (février 1943). A partir de cette date, le recul du Japon, malgré la pugnacité de ses troupes, est constant. Par économie, le général MacArthur procède, dans le cadre de la manœuvre « tenaille », à des sauts d'île en île (Tarawa, Marshall, Nouvelle-Guinée, Guam), en évitant celles qui sont lourdement défendues, pour remonter jusqu'aux Philippines (victoire aéronavale de Leyte, 22-25 octobre 1944). Corregidor est repris le 1er mars 1945, Iwo Jima conquise en février-mars 1945 et la bataille d'Okinawa écrase la flotte japonaise en avril 1945.

En Birmanie, les Britanniques reprennent Rangoon. A bout de ressources, les Japonais utilisent des avions-suicides (kamikazes). En avril, les Américains s'emparent de Bataan (Philippines). Les grands bombardements sur le Japon sont intensifiés, notamment sur Tokyo.

Le président Truman décide de recourir à la bombe atomique, qu'il fait larguer sur Hiroshima et Nagasaki (6 et 9 août 1945), à la fois pour économiser les vies de ses soldats, pour faire la démonstration de la nouvelle puissance militaire américaine et parce que, à l'époque, le mépris racial (d'ailleurs partagé) est la norme.

La capitulation du Japon est signée le 2 septembre 1945. L'empereur Hirohito est maintenu au pouvoir. La guerre déclenchée par le Japon a cependant donné le coup de grâce à une domination européenne de moins en moins bien supportée en Asie. En Chine, le champ est libre pour l'affrontement entre communistes et nationalistes.

Sur plus de 90 millions de militaires mobilisés, le nombre de morts se situe autour de 17 millions, dont 11,5 millions pour les Alliés – l'URSS payant le prix le plus élevé (7,5 millions) – et 2,5 millions de Chinois; environ 6 millions pour l'Axe, dont 3,5 millions d'Allemands et 1,5 million de Japonais.

Les victimes civiles sont plus nombreuses : sans doute entre 35 et 45 millions, dont 5,1 millions de Juifs. Les victimes slaves (Polonais, Russes et Ukrainiens) ont été plus nombreuses encore. Les victimes chinoises, de 1937 à 1945, sont estimées à 20 millions (?).

Les déplacements des populations, en 1945 surtout, ont été très importants : 15 millions d'Allemands étaient refoulés vers l'Allemagne fédérale et 1,5 million de Polonais vers les nouvelles frontières de leur pays.

Les pays coloniaux fournissent de très larges contingents de troupes, notamment les Indes (2,4 millions).

Les seuls pays européens ne participant pas à la guerre sont la Suède, la Suisse, le Portugal et l'Espagne.

Les changements territoriaux sont très sensibles pour certains Etats : l'Allemagne perd à peu près le quart de sa superficie ; la Pologne près de 20 % (au profit de l'URSS), mais s'étend plus à l'ouest ; l'URSS s'accroît de 380 000 km^2, la Roumanie et la Tchécoslovaquie perdent des territoires.

La conséquence fondamentale de la guerre est double : hégémonie américaine et montée en puissance de l'URSS.

Une partie des institutions internationales qui vont modeler l'organisation économique de l'après-guerre sont prévues par une série d'accords entre Alliés dès juillet 1944 à Bretton Woods (Etats-Unis). Il est décidé de créer : une Banque internationale pour la reconstruction et le développement (BIRD), ou Banque mondiale, et un Fonds monétaire international (FMI).

En 1946 se tient la Conférence des Nations unies pour le commerce et le développement (CNUCED), destinée à améliorer les relations commerciales du monde développé avec les pays en voie de développement.

En 1947 est institué l'Accord général sur les tarifs douaniers et le commerce (GATT) visant à réduire les barrières douanières entre pays développés.

Dès 1947, le plan Marshall dégage 13,2 milliards de dollars – dont 12 milliards de dons – pour aider à la reconstruction de l'Europe occidentale.

En 1948, l'Organisation européenne de coopération économique (OECE) est créée. Elle devient, en 1961, l'Organisation de coopération et de développement économiques (OCDE).

La guerre froide commence en 1947, lorsque l'Union soviétique remet en cause le *statu quo* en Turquie et en Iran (1946).

61. Le Japon à son apogée pendant la Seconde Guerre mondiale (août 1942)

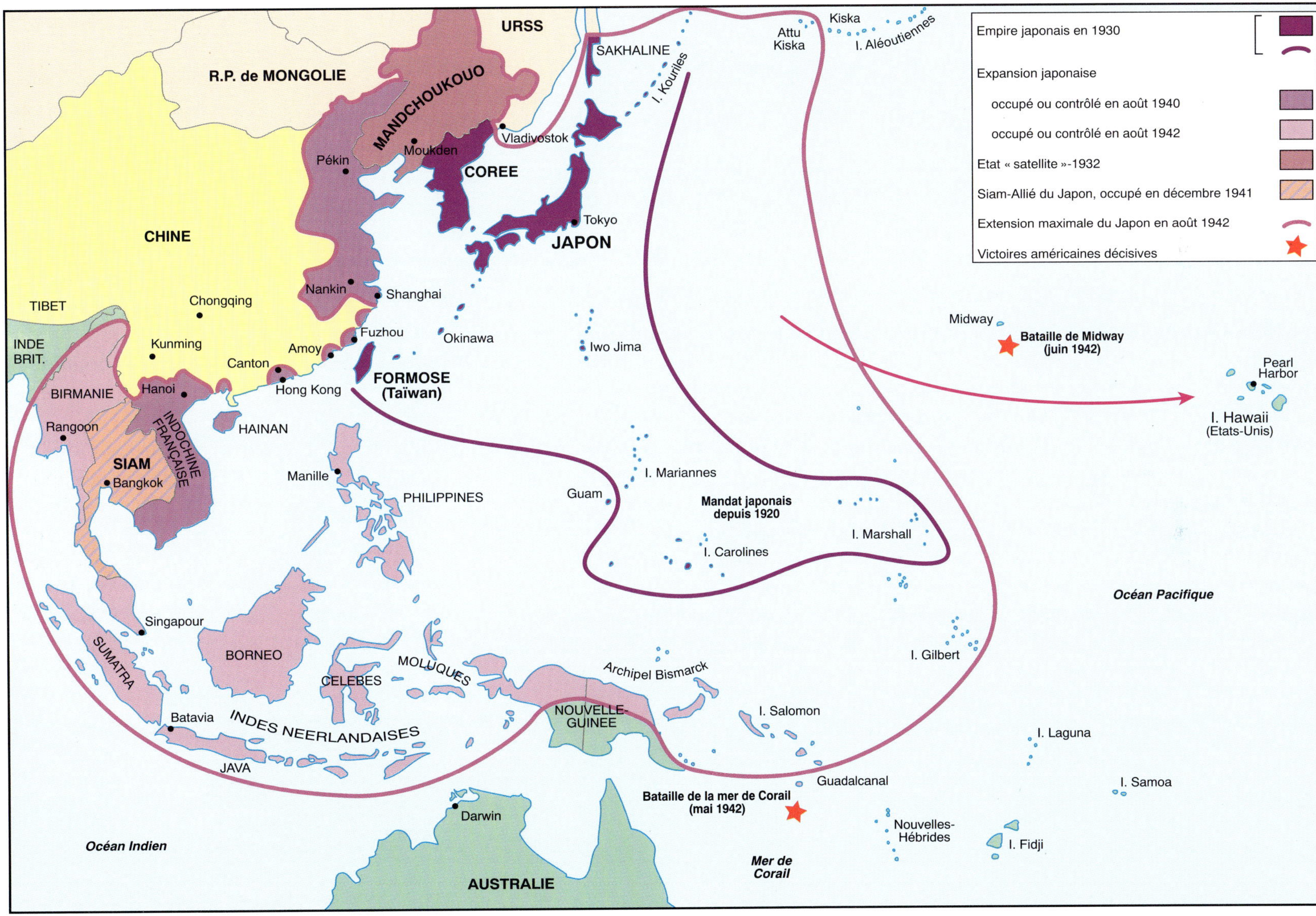
Empire japonais en 1930
Expansion japonaise
occupé ou contrôlé en août 1940
occupé ou contrôlé en août 1942
Etat « satellite »-1932
Siam-Allié du Japon, occupé en décembre 1941
Extension maximale du Japon en août 1942
Victoires américaines décisives
URSS
R.P. de MONGOLIE
MANDCHOUKOUO
SAKHALINE
I. Kouriles
Kiska
Attu
Kiska
I. Aléoutiennes
Vladivostok
Moukden
Pékin
COREE
Tokyo
JAPON
CHINE
TIBET
Chongqing
Nankin
Shanghai
Fuzhou
Okinawa
Iwo Jima
Kunming
Amoy
Canton
INDE BRIT.
FORMOSE (Taïwan)
Hong Kong
Hanoi
BIRMANIE
Rangoon
INDOCHINE FRANÇAISE
HAINAN
SIAM
Bangkok
Manille
PHILIPPINES
Guam
I. Mariannes
Mandat japonais depuis 1920
I. Marshall
I. Carolines
Midway
Bataille de Midway (juin 1942)
Pearl Harbor
I. Hawaii (Etats-Unis)
Océan Pacifique
Singapour
SUMATRA
BORNEO
CELEBES
MOLUQUES
Archipel Bismarck
I. Gilbert
NOUVELLE-GUINEE
I. Salomon
Batavia
INDES NEERLANDAISES
JAVA
I. Laguna
Guadalcanal
I. Samoa
Bataille de la mer de Corail (mai 1942)
Darwin
Nouvelles-Hébrides
I. Fidji
Océan Indien
Mer de Corail
AUSTRALIE

Les conflits majeurs

DANS LA PREMIÈRE MOITIÉ du siècle, on dénombre cinq conflits majeurs : la guerre des Boers de 1899-1902 (50 000 victimes, dont la moitié civiles) ; la guerre russo-japonaise de 1904-1905 (130 000 victimes militaires) ; les deux guerres balkaniques de 1912-1913 auxquelles participent l'Empire ottoman, la Bulgarie, la Grèce, la Serbie-Monténégro et la Roumanie (162 500 victimes militaires) ; la guerre du Chaco de 1928-1935, entre la Bolivie et le Paraguay (130 000 victimes militaires) ; la guerre civile espagnole de 1936-1939 (431 000 victimes militaires et 225 000 victimes civiles)[1].

Il faut y ajouter, bien que l'on manque de statistiques à ce sujet, la guerre civile mexicaine de 1910-1920 ; la guerre civile de 1918-1920, consécutive à la révolution russe, à laquelle, outre des années blanches, participent des forces d'intervention britanniques, françaises, polonaises, japonaises et américaines ; les guerres civiles chinoises de 1916-1936, d'abord entre « seigneurs de la guerre », puis entre le Guomindang dominé par Jiang Jieshi, enfin, à partir de 1927, entre le Guomindang et les communistes – l'agression japonaise de 1937 met fin à la guerre civile, qui reprend en 1946.

Depuis 1945, dans un contexte dominé d'abord par les conflits Est-Ouest et par la décolonisation, puis, *avant* la fin de la guerre froide, par des conflits infra-étatiques aux causes sociales, ethniques ou religieuses, on dénombre un peu moins de cent cinquante conflits d'envergure très variable. Une estimation mesurée porte le chiffre des victimes (surtout civiles depuis la Seconde Guerre mondiale et les guerres coloniales) à environ 17 millions.

Les deux guerres d'Indochine (1946-1975) impliquent d'abord la puissance coloniale entre 1946 et 1954 (défaite française à Diên Biên Phu), puis les Etats-Unis, qui interviennent en masse de 1965 à 1973 pour conforter un allié sud-vietnamien en difficulté (bombardements du Vietnam du Nord à partir de 1964 et intervention au Cambodge en 1970) ; enfin, le Sud s'effondre devant l'offensive du Nord en 1975 (chute de Saigon).

Les guerres indo-pakistanaises (1947-1948, 1965 et 1971) sont fondées sur une inimitié constitutive depuis la partition, avivée par le problème du Cachemire. L'Inde triomphe, la dernière fois, en contribuant militairement à la sécession du Pakistan oriental (Bangladesh).

La guerre de Corée (1950-1953) met aux prises, au plus fort de la guerre froide, la Corée du Nord communiste, l'agresseur, et la Corée du Sud, soutenue par les Etats-Unis. La participation des « volontaires » chinois porte la tension à son paroxysme (le général MacArthur préconise l'usage du nucléaire). La guerre se termine sur un compromis territorial conforme au *statu quo ante.* De larges contingents d'alliés aux Etats-Unis participent à cette guerre (ONU).

La guerre d'Algérie (1954-1962) intervient dans un contexte favorable à la décolonisation (Bandung, 1955) et contribue à l'apparition du « tiers-mondisme », dont Frantz Fanon est le

1. Source : *Adelphi Paper,* n° 48, Londres, ISSS.

62. Les conflits majeurs dans le monde depuis 1945

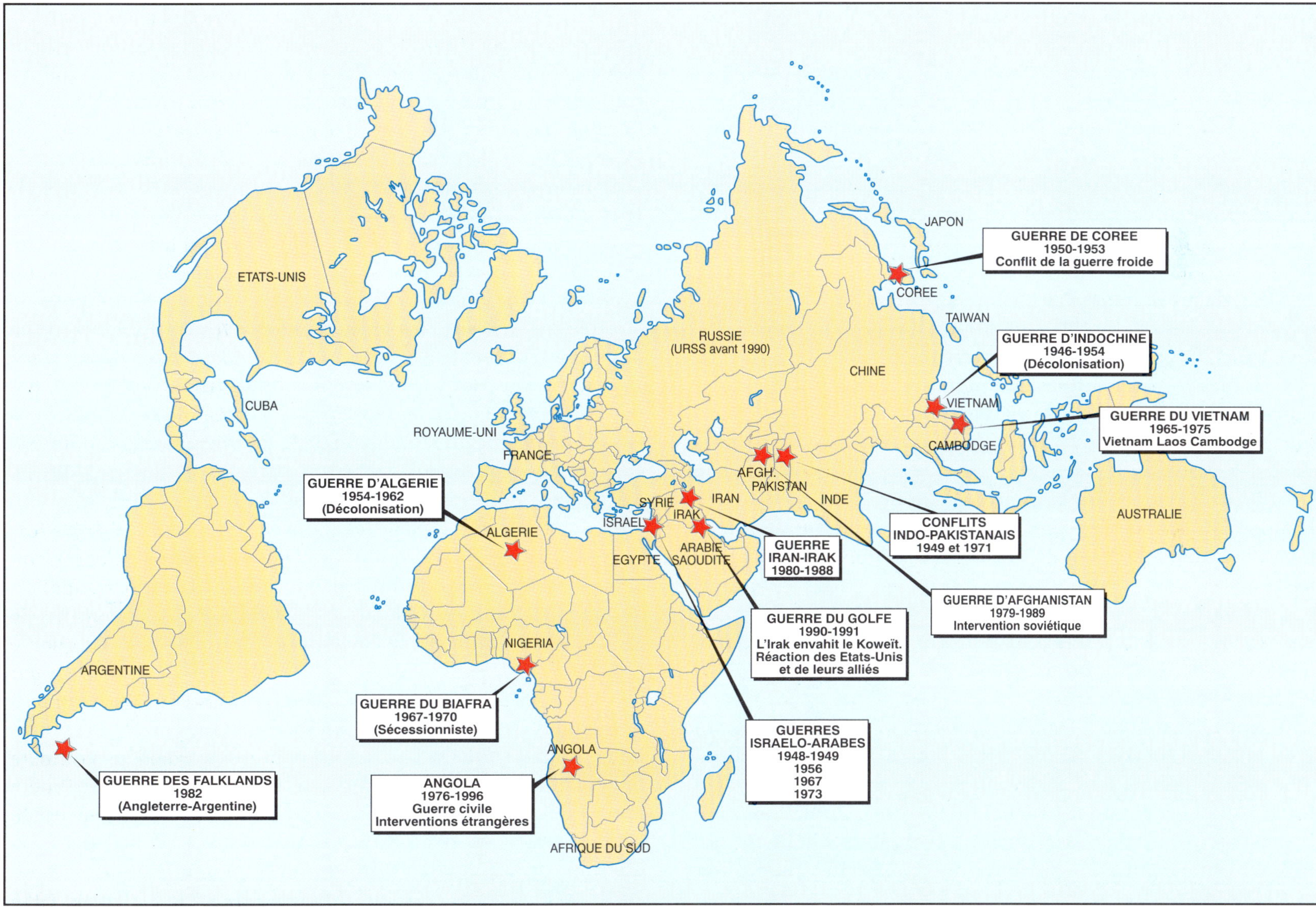
JAPON
GUERRE DE COREE
1950-1953
Conflit de la guerre froide
COREE
TAIWAN
ETATS-UNIS
RUSSIE
(URSS avant 1990)
CHINE
GUERRE D'INDOCHINE
1946-1954
(Décolonisation)
VIETNAM
GUERRE DU VIETNAM
1965-1975
Vietnam Laos Cambodge
CAMBODGE
CUBA
ROYAUME-UNI
FRANCE
AFGH.
PAKISTAN
INDE
IRAN
SYRIE
IRAK
ISRAEL
AUSTRALIE
GUERRE D'ALGERIE
1954-1962
(Décolonisation)
ALGERIE
CONFLITS
INDO-PAKISTANAIS
1949 et 1971
GUERRE
IRAN-IRAK
1980-1988
ARABIE
SAOUDITE
EGYPTE
GUERRE D'AFGHANISTAN
1979-1989
Intervention soviétique
GUERRE DU GOLFE
1990-1991
L'Irak envahit le Koweït.
Réaction des Etats-Unis
et de leurs alliés
NIGERIA
ARGENTINE
GUERRE DU BIAFRA
1967-1970
(Sécessionniste)
GUERRES
ISRAELO-ARABES
1948-1949
1956
1967
1973
ANGOLA
GUERRE DES FALKLANDS
1982
(Angleterre-Argentine)
ANGOLA
1976-1996
Guerre civile
Interventions étrangères
AFRIQUE DU SUD

chantre. En marge de l'antagonisme principal entre l'armée française et le Front de libération nationale (FLN) se livrent aussi des heurts sévères entre nationalistes algériens (MNA) et des éléments militaires (OAS) en rupture avec la politique menée par la République (1961-1962). Le nombre de victimes algériennes se situe entre 250 000 et 300 000.

La guerre du Biafra (1967-1970) est un conflit à caractère sécessionniste affectant le Nigeria, auquel participent indirectement les puissances européennes (Grande-Bretagne, France, etc.).

Les guerres israélo-arabes comptent beaucoup moins de victimes que les autres conflits mentionnés. Celle de 1948-1949 est, pour Israël, la plus importante, parce qu'elle fut incertaine. En 1956, les forces israéliennes se joignent à l'expédition anglo-française au lendemain de la nationalisation du canal de Suez. En 1967, lors de la guerre des Six Jours, Israël écrase les armées arabes (Egypte, Syrie, Jordanie) et occupe la Cisjordanie, le Golan et le Sinaï. Enfin, la guerre d'octobre 1973, provoquée par les Etats arabes (Egypte, Syrie) et destinée à modifier la donne, est, une fois l'effet de surprise surmonté, encore gagnée par Israël.

En Indonésie, après une tentative de coup d'Etat (1965), le pouvoir fait procéder, contre les individus suspectés d'être communistes, à de très importants massacres (de 300 000 à 500 000 personnes selon les sources).

Entre 1980 et 1988, l'Irak, l'agresseur, et l'Iran de Khomeyni se livrent une guerre – de 500 000 à 600 000 (?) morts – dont l'objet est la domination régionale. Epaulé par la quasi-totalité des Etats (à l'exception d'Israël et de la Syrie), l'Irak l'emporte de peu et se trouve dans une situation économique et financière difficile qui le pousse à la tentative d'annexion du Koweït en 1990.

Alors que l'URSS n'est plus que l'ombre d'elle-même, cet acte provoque, à la satisfaction d'Israël, inquiet du surarmement irakien, l'intervention des Etats-Unis dans le cadre de l'ONU, confortée par une vaste alliance qui regroupe l'Egypte, la Syrie, l'Arabie Saoudite, soit trois des quatre pays arabes majeurs du Proche-Orient. Soucieux de ne pas voir se modifier au Moyen-Orient un *statu quo* favorable aux puissances occidentales depuis 1920 et afin d'éviter des pertes humaines (que leur opinion publique admettrait mal), les Etats-Unis livrent une guerre aérienne de six semaines avant de lancer une brève opération terrestre. Pour conforter les Saoudiens, inquiets d'une possible montée au pouvoir des chiites irakiens (environ 55 % de la population), Sadam Hussein est laissé au pouvoir. Ce dernier s'appuie avant tout sur l'élément sunnite (moins de 25 %), qui est l'assise de tous les régimes depuis la création de l'Irak par la Grande-Bretagne au lendemain de la Première Guerre mondiale (le vilayet de Mossoul, riche en pétrole, surtout peuplé de Kurdes, est définitivement rattaché à l'Irak en 1925 au grand dam de la Turquie kémaliste). Pour la première fois dans l'histoire de la guerre, le nombre des victimes militaires de l'adversaire n'est pas communiqué par le vainqueur (par crainte de choquer les opinions publiques occidentales). Il est probable qu'il se situe autour de 100 000 morts contre 200 ou 300 pour la coalition.

Parmi les conflits africains, celui qui a, de loin, causé le plus de victimes est la guerre civile au Rwanda (1994) dont le gouvernement était soutenu par la France et qui a procédé intentionnellement au génocide des Tutsi et à la liquidation physique des Hutu opposés au régime, causant de 600 000 à 700 000 victimes. L'ONU retire ses troupes et discute, durant les massacres, la question de savoir s'il s'agit ou non d'un génocide. La France laisse faire, compte tenu de son hostilité envers les Tutsi anglophones du Front de libération (FLT). L'opération Turquoise, lancée trop tard s'il s'agissait d'arrêter les massacres, permet aux responsables hutu du génocide de se réfugier au Zaïre.

Enfin, l'Angola aura connu depuis 1961 la lutte armée la plus longue du continent. Celle-ci devient plus âpre après le retrait des Portugais (1975), lorsque la guerre civile implique le gouvernement de Luanda, les Cubains et l'Unita de J. Savimbi. Ce dernier, soutenu successivement par la Chine, l'Afrique du Sud, les Etats-Unis, le Zaïre de Mobutu, est aujourd'hui isolé, bien que son mouvement ait toujours eu une ampleur locale considérable : l'ethnie ovambo du Centre, qui représente près de 40 % de la population totale. Quelles qu'aient pu être les immixtions étrangères, la guerre civile angolaise a toujours été ancrée dans les réalités du pays et plus ou moins liée à la forte personnalité de J. Savimbi.

Malgré toute la rhétorique sur le fait que l'ex-Yougoslavie est géographiquement en Europe, les Balkans sont le produit d'une histoire particulière. Un regroupement des Bosniaques musulmans, effectué sous l'égide des Nations unies dès le début du conflit en Bosnie, aurait évité bien des victimes ; le résultat étant, de toute façon, un regroupement *et* des victimes. Mais le conflit a été contenu. La guerre, dans sa dynamique régionale propre, aurait pu embraser la Macédoine, en plus du Kosovo, puis l'Albanie, la Grèce et, pourquoi pas ?, la Turquie.

Il faut par ailleurs souligner que l'effondrement de l'Union soviétique s'est effectué avec beaucoup moins de convulsions violentes que ne le craignaient la plupart des observateurs. Les conflits de Moldavie, du Caucase (Géorgie, Azerbaïdjan, Tchétchénie) et du Tadjikistan sont bien limités pour une chute d'empire.

Le conflit de l'ex-Yougoslavie ne peut être interprété sans le replacer dans son contexte : celui d'une double fin d'empire d'abord, les Ottomans et les Habsbourg se disputant longuement la frontière militaire *(Militargrenze)* située à la ligne de partage croato-serbe *(krajina)*, qui est aussi une zone de fracture religieuse depuis le XIe siècle. L'islamisation d'une petite partie des populations en Bosnie – comme au Sandjak – et plus largement en Albanie et au Kosovo ajoute un élément de friction supplémentaire, amplifié par des déplacements de populations au gré de la fortune des armes des uns ou des autres. Le royaume des Slovènes, des Croates et des Serbes créé au lendemain de la Première Guerre mondiale était une mosaïque ethniquement slave pour l'essentiel (sauf les Hongrois de Voïvodine, les Albanais du Kosovo, les Juifs et les Tziganes), dont les identités continuaient à être largement dominées par le référent religieux dans un pays qui n'a jamais connu (ni imaginé) la séparation de l'Eglise et de l'Etat. On était catholique, musulman ou orthodoxe avant d'être yougoslave entre les deux guerres. C'est pourquoi il fut si facile à l'Allemagne nazie de créer un Etat satellite croate (qui comprenait aussi la Bosnie).

C'est le communiste croate Tito qui fut le bâtisseur de la Yougoslavie, d'abord comme résistant au nazisme, puis, après la guerre, dans un Etat fondé officiellement, non sur les clivages religieux ou ethniques (bien que reconnaissant la nécessité d'une fédération), mais sur la lutte des classes et sur la laïcité, sinon sur l'athéisme militant. Tant que ce mythe mobilisateur eut une certaine ampleur, l'accent ne fut jamais mis sur les différences qui avaient plongé le pays dans la guerre civile entre 1940 et 1945. Après la mort de Tito et surtout avec la fin de l'URSS, les nationalismes réapparaissent avec violence (suppression, par la Serbie, du statut d'autonomie du Kosovo). Le même phénomène s'observe dans l'ex-Union soviétique avec, par exemple, le conflit du Haut-Karabakh, où Arméniens et Azéris s'opposent comme ils le firent dans les deux premières décennies du siècle.

Une fois de plus, on constate la contradiction entre deux principes acceptés sur le papier par la communauté internationale : le droit à l'autodétermination (pour lequel se sont prononcés les Arméniens du Haut-Karabakh très largement majoritaires) et celui de l'intangibilité des frontières (auquel ne renoncent pas les Azéris).

Le conflit de l'ex-Yougoslavie, pierre de touche de l'Union européenne, augure assez mal de la capacité d'Etats aux intérêts parfois divergents (l'indépendance de la Slovénie et de la Croatie est surtout due à l'Allemagne), et aux moyens limités, à gérer une crise sérieuse. Cependant, la présence de forces de maintien de la paix (surtout françaises et britanniques) a permis de contenir le conflit régionalement. L'accord réalisé grâce aux Etats-Unis, qui ont avantagé les forces croates et conforté les Bosniaques, paraît cependant bien précaire. La Fédération croato-bosniaque musulmane n'est voulue par aucun des partenaires.

Reste à contenir le problème du Kosovo, qui concerne directement la Macédoine et l'Albanie. Ce qui soulève la question de l'immixtion dans les affaires intérieures d'un Etat.

Les principaux mouvements de personnes réfugiées et déplacées, de 1900 à 1999

1919-1923
au lendemain de la Première Guerre mondiale

Colonies allemandes et territoires perdus par l'Allemagne	→ 600 000 Allemands	→ réfugiés en Allemagne
Transylvanie et Europe centrale	→ 300 000 Hongrois	→ réfugiés en Hongrie
Grèce du Nord	→ 250 000 Bulgares	→ réfugiés en Bulgarie
Russie soviétique	→ 1 million de Polonais	→ repoussés en Pologne
Russie soviétique (révolution et guerre civile)	→ 750 000 Russes	→ s'exilent
Turquie	→ 1 250 000 Grecs	→ déplacés en Grèce
Grèce et Bulgarie	→ 650 000 Turcs	→ déplacés en Turquie
Asie Mineure	→ 460 000 Arméniens rescapés du génocide dont 300 000 160 000	→ réfugiés en Arménie → réfugiés en France, aux Etats-Unis, etc.

1923-1944
entre les deux guerres et pendant la Seconde Guerre mondiale

Allemagne nazie	→ 1 million d'Allemands	→ s'exilent
Europe orientale	→ 500 000 Allemands	→ rapatriés en Allemagne
Espagne (guerre civile, 1936-1939)	→ 200 000 Espagnols	→ s'exilent
URSS	→ 250 000 Ruthènes	→ déportés en URSS
URSS	→ 500 000 Allemands de Russie	→ déportés en Asie centrale

URSS	→ 230 000 Tatars de Crimée	→ déportés en Sibérie
URSS	→ 700 000 Tchétchènes et autres Caucasiens	→ déportés en Asie centrale

1945-1948
au lendemain de la Seconde Guerre mondiale

Europe centrale et orientale (1945-1948)	→ de 13 millions à 15 millions d'Allemands	→ expulsés vers l'Allemagne
URSS	→ 1 500 000 Polonais	→ expulsés vers la Pologne
Pays Baltes	→ 200 000 Baltes	→ s'exilent
URSS	→ 400 000 Finnois	→ expulsés vers la Finlande
Territoires perdus par le Japon (Corée, Taïwan…)	→ 2 300 000 Japonais	→ rapatriés au Japon

1948-1999
de l'après-guerre à nos jours

Colonies européennes (décolonisations, 1945-1975)	→ 3 200 000 Européens dont 800 000 Portugais 350 000 Britanniques 300 000 Néerlandais 200 000 Italiens 1 400 000 Français	→ rapatriés
Pakistan et Birmanie (partition de l'Inde, 1947-1948)	→ 9 500 000 hindous	→ Union indienne
Union indienne (partition de l'Inde, 1947-1948)	→ 8 500 000 musulmans	→ Pakistan
Israël (1948-1949)	→ 900 000 Palestiniens	→ pays arabes
Pays musulmans (1949-1956)	→ 800 000 Juifs	→ Israël
Corée du Nord (guerre de Corée, 1950-1953)	→ 4 millions de Coréens	→ Corée du Sud essentiellement
URSS et pays de l'Est (1950-1989)	→ 8 700 000 réfugiés dont 4 500 000 Allemands de l'Est 1 200 000 Juifs	 → RFA → Israël et Occident
Vietnam du Nord (partition du Vietnam, 1954)	→ 900 000 Vietnamiens	→ Vietnam du Sud
Colombie (à partir des années 1960)	→ 900 000 Colombiens	→ exilés au Venezuela
Corne de l'Afrique (1974-1991)	→ 1 600 000 Ethiopiens, Somalis, Erythréens, Soudanais du Sud	→ réfugiés et déplacés dans les pays voisins
Vietnam (1975-1981)	→ 1 300 000 Vietnamiens	→ en fuite *(Boat People)*
Cambodge des Khmers rouges (1975)	→ 1 200 000 Cambodgiens	→ en fuite
Laos (1975)	→ 360 000 Laotiens	→ en fuite
Angola (1975-)	→ 250 000 Angolais	→ réfugiés dans les pays voisins
Sahara occidental (1975-)	→ 150 000 (?) Sahraouis	→ réfugiés en Algérie

Cuba (dictature castriste)	→ 1 million de Cubains	→ réfugiés aux Etats-Unis
Guatemala et Salvador (guerres civiles)	→ 1 million de Centraux-Américains	→ réfugiés aux Etats-Unis
Afghanistan (guerre 1979-1989)	→ 5 millions d'Afghans	→ Pakistan (4 millions) → Iran (1 million)
Sierra Leone et Liberia (années 1990)	→ 2 100 000	→ réfugiés et déplacés dans les pays voisins
Koweit, Irak, Arabie Saoudite (guerre du Golfe, 1990-1991)	→ 1 500 000 réfugiés	→ pays musulmans et Asie
Caucase (1990-1994)	→ 2 millions d'Arméniens, Azéris, Géorgiens, Tchétchènes	→ réfugiés dans leurs pays d'origine, sauf les Tchétchènes
Ex-Yougoslavie (1991-)	→ 1 200 000 Bosniaques, Serbes, Croates, Albanais	→ réfugiés, surtout en Europe occidentale
Turquie et Irak (1991-)	→ 600 000 Kurdes et Chiites d'Irak	→ réfugiés dans les pays voisins et en Europe occidentale
Tadjikistan (1991-)	→ 200 000 Tadjiks	→ réfugiés dans les pays voisins d'Asie centrale
Rwanda, Burundi et ex-Zaïre (génocide, 1994 ; conflits, 1994-1997)	→ 1 900 000	→ réfugiés et déplacés vers le Zaïre essentiellement

Sources : ONU et INED

Les interventions des Nations unies

DÈS LE LENDEMAIN de la Seconde Guerre mondiale, l'Organisation des Nations unies a vocation à intervenir dans des conflits (Israël, Corée) ou à s'interposer entre adversaires (Chypre). Mais, la plupart du temps, son rôle est d'abord déterminé par les données du conflit Est-Ouest.

L'effondrement de l'URSS modifie la donne dans une très large mesure (guerre du Golfe), bien que des résistances puissent se manifester à l'égard de la volonté des Etats-Unis.

De plus en plus, les forces armées occidentales, dans le cadre d'opérations multi-nationales, tendent à imposer ou à restaurer la paix. On constate depuis la fin de la guerre froide – et compte tenu des réticences des opinions publiques (l'Occident paraît se caractériser par un refus de la mort qui semble même, aux Etats-Unis, dépasser le cadre de la guerre) –, l'apparition d'un nouveau mercenariat. Para-étatiques mais échappant aux entraves des opérations officielles, aux Etats-Unis *(Military Professional Resources Incorporated – MPRI)*, ces nouvelles « compagnies », anglo-saxonnes pour l'essentiel, britanniques *(Sandline)* ou sud-africaines *(Executive Outcome)*, sont intervenues en Bosnie, au Sierra Leone et en Angola.

63. Les interventions majeures de l'ONU depuis sa fondation en 1945

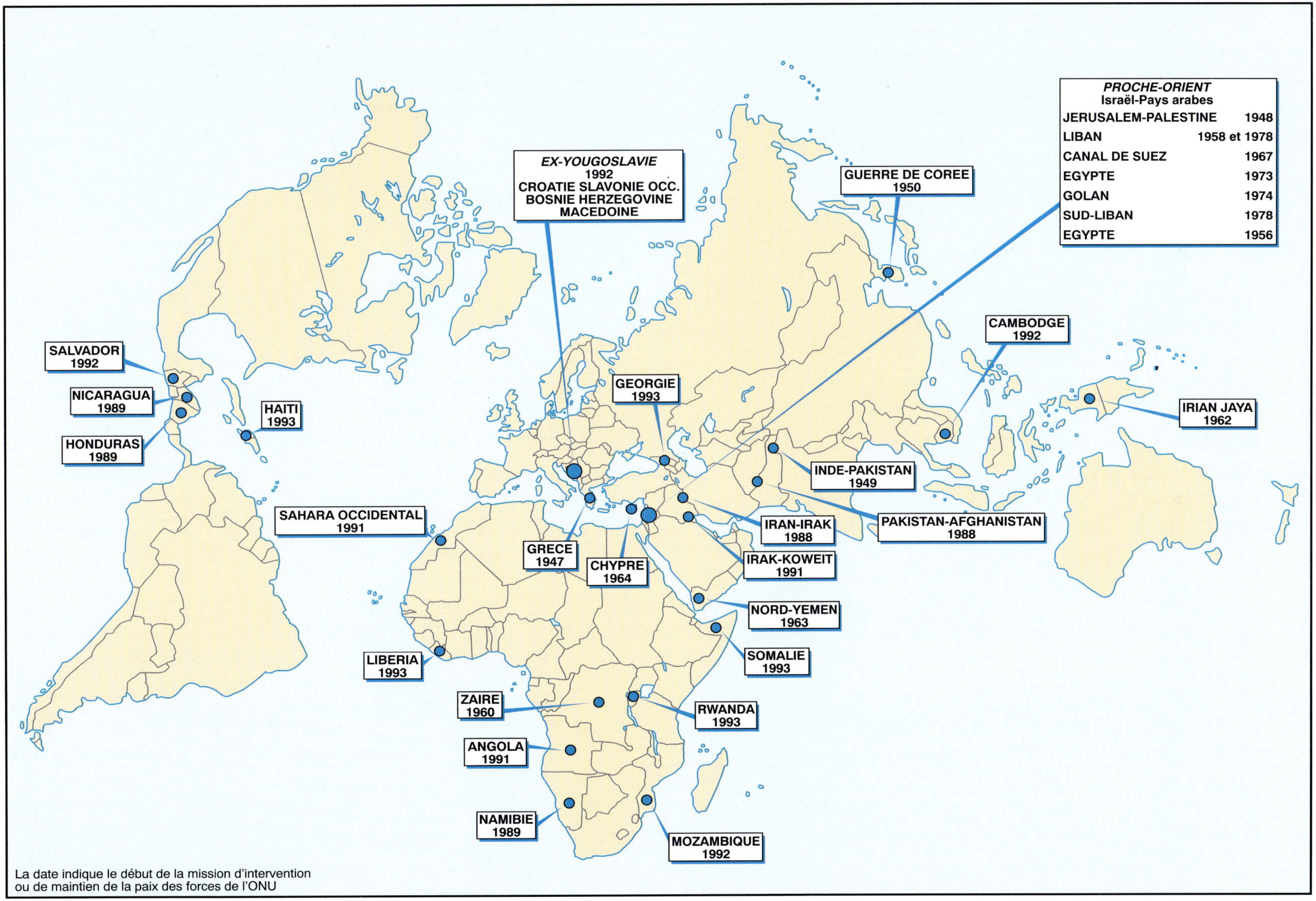
PROCHE-ORIENT
Israël-Pays arabes
JERUSALEM-PALESTINE 1948
LIBAN 1958 et 1978
CANAL DE SUEZ 1967
EGYPTE 1973
GOLAN 1974
SUD-LIBAN 1978
EGYPTE 1956
EX-YOUGOSLAVIE
1992
CROATIE SLAVONIE OCC.
BOSNIE HERZEGOVINE
MACEDOINE
GUERRE DE COREE
1950
CAMBODGE
1992
SALVADOR
1992
NICARAGUA
1989
HONDURAS
1989
HAITI
1993
GEORGIE
1993
IRIAN JAYA
1962
INDE-PAKISTAN
1949
PAKISTAN-AFGHANISTAN
1988
IRAN-IRAK
1988
IRAK-KOWEIT
1991
SAHARA OCCIDENTAL
1991
GRECE
1947
CHYPRE
1964
NORD-YEMEN
1963
SOMALIE
1993
LIBERIA
1993
ZAIRE
1960
RWANDA
1993
ANGOLA
1991
NAMIBIE
1989
MOZAMBIQUE
1992
La date indique le début de la mission d'intervention
ou de maintien de la paix des forces de l'ONU

Le monde contemporain

La seconde moitié du XXe siècle

UNE FOIS LA RECONSTRUCTION achevée, l'Europe et les Etats-Unis connaissent un quart de siècle de croissance économique exceptionnelle.

De 1950 à 1973, la progression annuelle du PNB par habitant est de 3,8 % en Europe, de 2,1 % aux Etats-Unis et de 7,7 % au Japon. Rythme sans précédent.

Cette période est marquée par une égalisation de la distribution des revenus, une amélioration des législations sociales et la naissance à large échelle de la « société de consommation ».

L'un des phénomènes les plus importants de la seconde moitié du XXe siècle est la « troisième révolution agricole » (productivité multipliée par cinq en quatre décennies), alors que l'on constate depuis trente ans un ralentissement de la croissance de la productivité de l'industrie manufacturière.

De nouveaux problèmes surgissent, créés par le développement industriel : pollution de l'atmosphère, de la mer et des sols. Des accidents industriels se multiplient (Bhopal, Inde, 1984) et, plus graves, des accidents nucléaires, dont le plus connu est celui de Tchernobyl (1992).

Le système monétaire international est déréglé. En 1971, le président Nixon annonce la suppression de la convertibilité du dollar en or, ce qui détermine la généralisation du taux de change flottant et engendre une inflation.

Les chocs pétroliers de 1973 et 1979 sont imposés par le cartel de l'Organisation des pays exportateurs du pétrole (OPEP). Le prix du pétrole brut est multiplié par six en une décennie (1973-1982). Les deux premières récessions concernent les années 1974-1975 et 1981-1982. Une troisième touche les pays développés en 1991-1993 : moins forte, elle est plus prolongée. Ces récessions entraînent surtout une hausse du chômage.

Depuis 1979, on constate la montée d'un chômage structurel voisin de 10 %, qui touche particulièrement les jeunes, les femmes et les ouvriers non qualifiés.

A partir de la fin des années 1980, on assiste à un vaste mouvement de privatisation – Royaume-Uni en tête. En même temps s'opère une série de fusions et de concentrations.

Le G7 à travers le siècle

Exportations d'articles manufacturés des principaux pays développés
(en milliards de dollars courants)

	1899	1913	1929	1937	1950	1973	1995
Allemagne	0,70	1,73	2,50	2,02	1,46	59,00	446,08
Canada	0,01	0,04	0,43	0,45	1,27	12,04	119,62
Etats-Unis	0,36	0,85	2,49	1,78	5,53	44,47	450,28
France	0,45	0,79	1,33	0,54	1,99	25,43	218,05
Italie	0,11	0,21	0,45	0,31	0,76	18,39	204,13
Japon	0,05	0,15	0,48	0,65	0,70	34,58	421,62
Royaume-Uni	1,03	1,96	2,74	1,94	5,10	24,32	197,63

Source : Paul Bairoch

La décolonisation

DANS L'IDÉOLOGIE DE MASSE, nationaliste et impériale, véhiculée dès le début du siècle, l'idée impériale fondée sur les colonies d'outre-mer s'ancre solidement dans la conscience de quelque trois générations. Certes, c'est une période brève à l'échelle historique puisque, entre l'apogée de l'expansion coloniale et sa chute, il s'est écoulé à peine soixante-quinze ans. Mais c'est assez à l'échelle humaine pour constituer, non un esprit du temps, par définition volontiers changeant, mais une véritable *vision du monde.*

Celle-ci s'appuie sur la foi absolue dans la supériorité de la civilisation européenne et de ses valeurs. Pour les Européens du XIXe siècle, leur patrie incarne la civilisation face à la barbarie. Même lorsque, par la suite, cette certitude est ébranlée par l'action des sciences et par l'apparition de visions nouvelles, les notions de pluralisme des civilisations et de relativisme des cultures ne modifient pas, pour le plus grand nombre, l'idée d'une supériorité décisive des Blancs sur les indigènes.

Après la Première Guerre mondiale, les insurrections sont matées, quelle que soit leur ampleur (Abd el-Krim au Maroc, le cheikh Moukhtar en Libye...), avec l'appui quasi unanime des opinions des métropoles, à l'exception de quelques rares voix. Aucun doute n'intervient sur la pérennité de la mission colonisatrice. L'Europe, à ce moment-là, possède toutes les supériorités: militaire, économique, scientifique et intellectuelle. L'homme blanc fait régner sa loi et rayonner sa civilisation sur une multitude impuissante, tandis que sa foi est propagée par des missionnaires.

Pourtant, ce monde apparemment résigné, écrasé, surclassé de toute façon, bouge. Souvent de manière plus articulée parmi les formations nationales anciennes ayant une tradition étatique : Chine, Vietnam...

Prenons d'abord l'exemple japonais. Le Japon est le seul Etat qui, à partir de 1868, a relevé le défi occidental et s'est de lui-même lancé dans la course à l'industrialisation. L'année 1905 est, pour l'Extrême-Orient, une date importante : celle de la victoire du Japon récemment industrialisé sur l'Empire russe, certes arriéré mais européen. Les conséquences psychologiques sont considérables. Les jeunes Chinois, Annamites, Birmans... se rendent en hâte au Japon étudier auprès d'une nation asiatique qui a réussi à vaincre des Blancs. Paradoxalement, à cette époque où l'Europe occidentale et les Etats-Unis dominent le monde, l'un des thèmes majeurs en Occident est celui du « péril jaune ».

Puis se produit la révolution chinoise de 1911. Au Vietnam se dressent des figures nationalistes comme Phan Bôi Châu. L'Inde, pour sa part, connaît un itinéraire relativement autonome avec le parti du Congrès (créé par un ancien fonctionnaire britannique en 1885). La renaissance chez les musulmans commence avec Djamal al-Din al-Afghani dès la seconde moitié du XIXe siècle, mais il faut attendre la révolution constitutionnelle persane de 1905-1907 et la révolution jeune-turque de 1908 pour en ressentir les premiers effets politiques.

Quant à l'Afrique, en retard par rapport à l'Asie et n'ayant pas connu d'Etat national, au sens égyptien ou vietnamien, elle intègre progressivement les idées de pan-africanisme que véhiculent les diasporas noires afro-américaines: W.D. Dubois, M.A. Garvey, G. Padmore, reprises plus tard par Nkrumah.

La période coloniale, comme toute période de conquête, apporte son lot d'exactions, de répressions et de massacres. Mais la colonisation fournit les armes qui permettent de s'en libérer. Elle façonne elle-même les nouvelles élites, dont une partie se lève pour combattre le colonialisme au nom de l'identité, de la dignité et de l'indépendance. Le nationalisme moderne, conception véhiculée par la Révolution française, est l'idéologie majeure des XIXe et XXe siècles. Ce n'est pas par hasard que les mouvements de libération se dénomment « de libération *nationale* ».

Impossible, une fois que l'on a fait et refait le procès du colonialisme, de ne pas reconnaître ses apports modernisateurs. Les sociétés européennes, tout en déstructurant l'économie traditionnelle, en créant le sous-développement et en humiliant les colonisés, ont également diffusé les idées mêmes qui permettront aux vaincus de s'arracher à leur domination.

Les mouvements protestataires font leur apparition en Asie et au nord de l'Afrique dès le début de l'entre-deux-guerres. En Inde, les campagnes de désobéissance civile se développent et culminent une première fois en 1929, ponctuées d'ailleurs d'actes terroristes. Le mouvement ne se relâchera plus jusqu'au « Quit India » de 1943. Au Vietnam, tandis qu'est créé le Parti communiste indochinois, d'autres mouvements nationalistes fomentent des insurrections (Yen Bay, 1930) et sont écrasés. En Egypte, le parti Wafd est actif dès 1920. L'Etoile nord-africaine est fondée par les Algériens au tout début des années 1920 et le Néo-Destour nationaliste en Tunisie en 1934.

On ne saurait trop insister sur l'importance qu'eut, pour les colonies d'Asie, la défaite infligée par les Japonais aux Occidentaux durant la Seconde Guerre mondiale : Philippines (Etats-Unis), Vietnam (France), Indonésie (Pays-Bas), Malaisie (Grande-Bretagne). Le règne indiscuté des Blancs touche à sa fin. Mais les certitudes impériales ne se liquident que difficilement, sinon douloureusement. Cette modification révolutionnaire des rapports entre maîtres et sujets s'étend sur deux ou trois décennies, de l'indépendance des Philippines (1945) à celle des colonies portugaises au lendemain de l'effondrement du salazarisme (1974).

Dès 1943, les jeux sont faits en Inde. La Grande-Bretagne quitte le sous-continent indien en 1947. Cela n'empêche pas les troupes britanniques de combattre aux colonies – mais jamais en masse comme l'ont fait les Français ou les Portugais – pendant de nombreuses années : Palestine (1945-1947), Malaisie (1948-1957), Kenya (1952-1954), Chypre (1955-1959), Aden (1963-1967). Il est vrai que la Grande-Bretagne n'avait pas été vaincue comme les colonisateurs continentaux (France, Pays-Bas) et qu'elle n'a pas connu l'obsession de l'*abandon,* synonyme de décadence irrémédiable. Elle jouissait d'un consensus national très grand et n'a pas vu, à la différence de la France, se dresser au sujet de la question coloniale une partie de la nation contre l'autre.

Les Pays-Bas, dès que les conditions de l'après-guerre le permettent, se lancent dans des opérations de reconquête de l'Indonésie (1947-1948). En 1946, c'est le cas de la France au Vietnam. (L'outre-mer, pour la France, avait été la revanche au rétrécissement de l'hégémonie continentale, consécutif à la défaite de 1870.) Une décennie plus tard, le Portugal entame, pour une douzaine d'années, trois guerres coloniales en Afrique.

Entre-temps, la décolonisation non violente a multiplié le nombre des Etats. Les derniers combats se déroulent en Afrique, dans les colonies de peuplement (Rodhésie, 1979) et autour du

64. La décolonisation

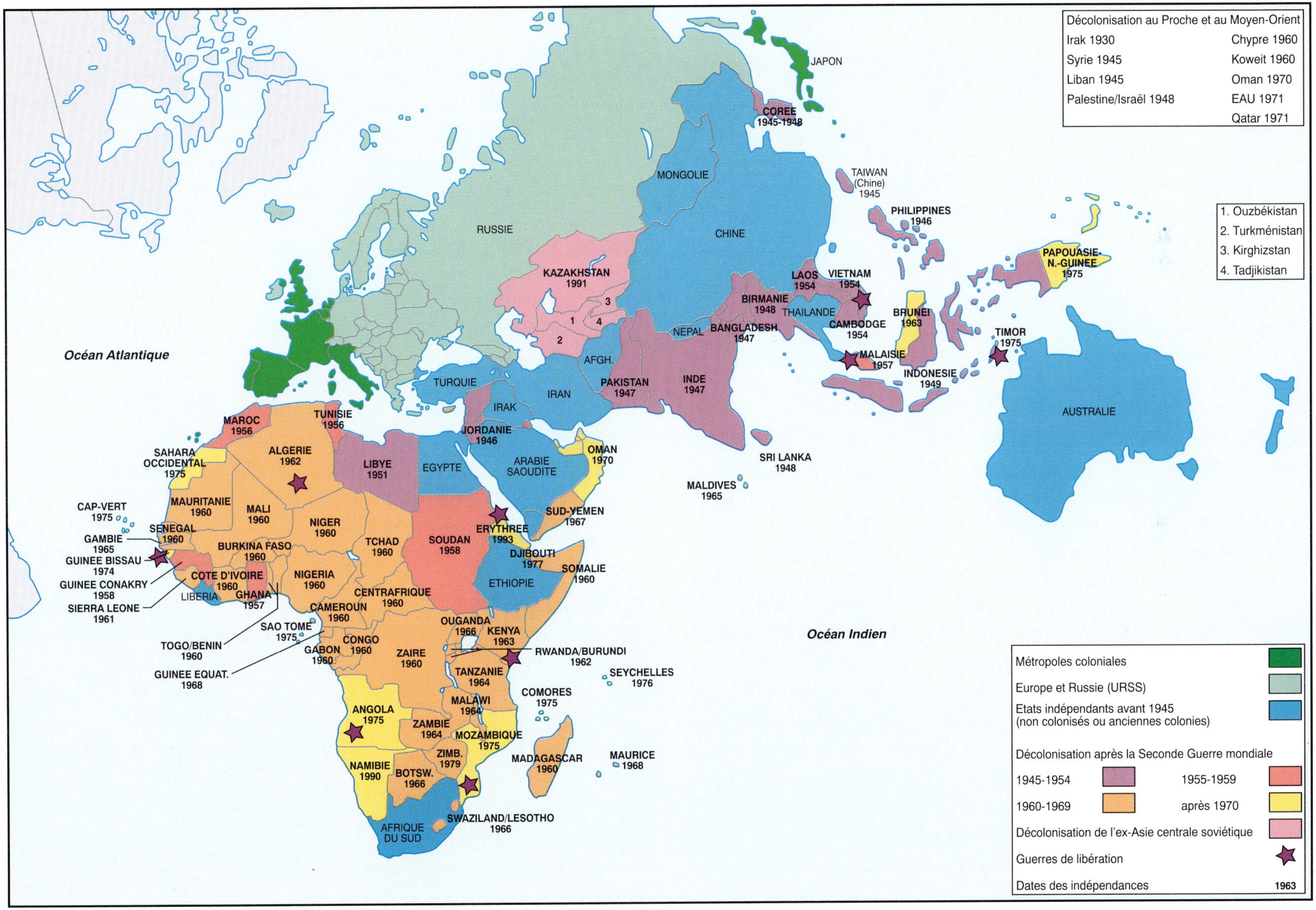
Décolonisation au Proche et au Moyen-Orient
Irak 1930
Syrie 1945
Liban 1945
Palestine/Israël 1948
Chypre 1960
Koweit 1960
Oman 1970
EAU 1971
Qatar 1971
1. Ouzbékistan
2. Turkménistan
3. Kirghizstan
4. Tadjikistan
Océan Atlantique
Océan Indien
JAPON
COREE 1945-1948
MONGOLIE
TAIWAN (Chine) 1945
PHILIPPINES 1946
RUSSIE
CHINE
KAZAKHSTAN 1991
PAPOUASIE-N.-GUINEE 1975
LAOS 1954
VIETNAM 1954
BIRMANIE 1948
THAILANDE
BRUNEI 1963
CAMBODGE 1954
NEPAL
BANGLADESH 1947
TIMOR 1975
MALAISIE 1957
INDONESIE 1949
AFGH.
TURQUIE
IRAN
PAKISTAN 1947
INDE 1947
IRAK
AUSTRALIE
MAROC 1956
TUNISIE 1956
JORDANIE 1946
SRI LANKA 1948
SAHARA OCCIDENTAL 1975
ALGERIE 1962
LIBYE 1951
EGYPTE
ARABIE SAOUDITE
OMAN 1970
MALDIVES 1965
MAURITANIE 1960
MALI 1960
CAP-VERT 1975
NIGER 1960
SOUDAN 1958
ERYTHREE 1993
SUD-YEMEN 1967
SENEGAL 1960
GAMBIE 1965
GUINEE BISSAU 1974
GUINEE CONAKRY 1958
SIERRA LEONE 1961
BURKINA FASO 1960
TCHAD 1960
DJIBOUTI 1977
SOMALIE 1960
COTE D'IVOIRE 1960
NIGERIA 1960
ETHIOPIE
LIBERIA
GHANA 1957
CENTRAFRIQUE 1960
CAMEROUN 1960
OUGANDA 1966
KENYA 1963
SAO TOME 1975
TOGO/BENIN 1960
CONGO 1960
GABON 1960
ZAIRE 1960
RWANDA/BURUNDI 1962
GUINEE EQUAT. 1968
TANZANIE 1964
SEYCHELLES 1976
COMORES 1975
MALAWI 1964
ANGOLA 1975
ZAMBIE 1964
MOZAMBIQUE 1975
ZIMB. 1979
MADAGASCAR 1960
MAURICE 1968
NAMIBIE 1990
BOTSW. 1966
AFRIQUE DU SUD
SWAZILAND/LESOTHO 1966
Métropoles coloniales
Europe et Russie (URSS)
Etats indépendants avant 1945 (non colonisés ou anciennes colonies)
Décolonisation après la Seconde Guerre mondiale
1945-1954
1955-1959
1960-1969
après 1970
Décolonisation de l'ex-Asie centrale soviétique
Guerres de libération
Dates des indépendances
1963

glacis sud-africain (Namibie, 1989). L'apartheid disparaît, conséquence indirecte de la fin de la guerre froide.

L'un des résultats majeurs de la décolonisation est l'*autonomie politique* retrouvée par les pays d'Afrique et d'Asie. En fait, le retrait des colonisateurs et leur perte d'influence directe permettent à nouveau l'expression d'intérêts régionaux d'Etats dont un certain nombre préexistait à la période coloniale. Pouvait-on expliquer le conflit irano-irakien par l'affrontement Est-Ouest ? Cette grille s'appliquait-elle au conflit sino-vietnamien ou à l'investissement du Cambodge par le Vietnam ?

En réalité, masqués, à l'époque, par le conflit Est-Ouest, les affrontements armés sino-indiens qui commencent en 1959, les guerres indo-pakistanaises où la belligérance est constitutive à la formation de l'Etat pakistanais, les efforts de Soekarno pour étendre la puissance régionale de l'Indonésie (conflit avec la Malaisie) et les tentatives unitaires de Nasser sont *déjà* des manifestations de cette nouvelle autonomie politique, qui se concrétise souvent par des volontés d'hégémonie régionale. Plus récemment, l'investissement du Sahara occidental par le Maroc, de Timor-Est par l'Indonésie, du Liban par la Syrie en sont des illustrations.

Les indépendances sont d'abord, et surtout, marquées par la *construction de l'Etat*. Partout, depuis que l'Occident en a défini le concept, on assiste à la multiplication des Etats-nations, processus entamé avec l'effondrement des Empires autrichien et ottoman au lendemain de la Première Guerre mondiale. Si les formations nationales anciennes, souvent enracinées dans les Etats qui préexistaient à la période coloniale, y trouvent un cadre cohérent, d'autres Etats, sans nations, notamment en Afrique ou au Proche-Orient, se contentent de s'appuyer sur des groupes ethniques ou confessionnels. Dans maints pays d'Afrique noire, l'Etat est bien fragile, le pouvoir ne reposant que sur un homme et sur une clientèle très restreinte.

D'une façon générale, dans tous les pays, la situation des minorités est moins bonne que durant la période coloniale pendant laquelle certaines de ces minorités avaient été l'objet de la sollicitude des colonisateurs. Trop souvent, l'indépendance a été pour le groupe majoritaire l'occasion d'étouffer toute revendication minoritaire, jusqu'aux droits les plus élémentaires. Il y a peu de pays, en Asie, en Amérique latine (quand il s'agit d'Indiens), en Afrique où, d'une façon ou d'une autre, les minorités ne sont pas opprimées. Le cas le plus aberrant est probablement celui des Kurdes de Turquie puisqu'ils n'existent pas officiellement entre 1924 et 1991.

La complexité des problèmes des minorités est considérable. Certaines sont économiquement privilégiées : Chinois dans le Sud-Est asiatique en général. D'autres, au contraire, sont défavorisées par rapport à la majorité : Baloutches du Pakistan ou d'Iran, montagnards de la péninsule indochinoise ou de Thaïlande. Leur caractéristique est d'être souvent brimées et discriminées, et les Etats, qui les considèrent comme marginales, ne font rien pour améliorer leur sort.

Ces minorités ethniques peuvent aussi être religieuses. Très longtemps, le référent unique a été l'appartenance religieuse. Au Proche-Orient, par exemple, celle-ci continue d'être parfois plus importante que la nationalité. Dans un passé récent, bien des minorités ont été discriminées ou éliminées sur ces critères : Assyro-Chaldéens (chrétiens) pendant la Première Guerre mondiale et au cours des années 1930, d'abord dans le cadre de l'Empire ottoman, puis dans l'Etat irakien ; Bahaï's dans l'Iran de Khomeyni ; chiites en Irak (bien qu'ils constituent une majorité)...

Les droits des minorités existent sur le papier. Rien n'oblige les Etats à les respecter. Une partie non négligeable des crises post-coloniales trouve là son origine.

L'Islam aujourd'hui

RIEN D'ÉTONNANT si l'Islam est discret entre le dernier tiers du XIXe siècle et la Seconde Guerre mondiale : il est asservi à peu près partout, et les pays musulmans ne jouissent pas d'indépendance politique.

L'Empire ottoman traverse une crise profonde dont Mustafa Kemal parvient à sauver la Turquie (1923) en adoptant le modèle de l'Etat-nation et en optant pour la laïcité – rupture brutale d'une tradition dont la Turquie, aujourd'hui, paie le prix avec le mouvement islamiste Refah.

Le Persan Djamal al-Din al-Afghani (1838-1897) est le premier à tenter de trouver une réponse à l'intrusion de l'Europe et à la crise des sociétés musulmanes.

L'adoption de l'idéologie nationaliste, dont Mustafa Kemal est le précurseur, permet peu à peu aux Etats musulmans du Moyen-Orient d'abord, puis du Maghreb, d'arracher l'indépendance politique. Souvent avec une rhétorique socialisante plus ou moins inspirée de la vulgate marxiste-léniniste diffusée par l'URSS.

L'humiliation coloniale en Asie est largement effacée par les indépendances ou les révolutions (chinoise, vietnamienne) alors qu'elle perdure dans l'Orient arabe et, secondairement, dans les pays qui se revendiquent comme musulmans, à cause des défaites militaires infligées par Israël.

Malgré la manne pétrolière des années 1974-1982, l'échec relatif des politiques de développement contribue à la frustration de pays dont la démographie multiplie les problèmes, tout en jetant vers les villes un très important exode rural.

L'islamisme trouve son terreau dans ces phénomènes. Historiquement, les deux intellectuels qui sont à l'origine de l'« islamisme politique » sont l'Egyptien Hassan al-Banna (1906-1949), créateur des Frères musulmans, et Abul al-Mawdudi (1903-1979), fondateur du parti Jamiat al-Islami au Pakistan. Tous deux partent du constat d'infériorité dans lequel se trouve la société musulmane du fait de la domination européenne. Et tous deux partagent une conclusion commune : les pays musulmans sont sclérosés et la faute en incombe aux religieux (ulémas) et aux souverains qui ont failli à leur mission. Dans les années 1950, l'Egyptien Saïd Qutb (1906-1966) exerce une influence non négligeable, mais il faut attendre la révolution iranienne (1979), avec l'ayatollah Khomeyni (1902-1989) à sa tête, pour que soit largement popularisée l'idéologie qui sous-tend ces mouvements.

L'Islam, qui est religion et cité, est un système globalisant qui ne sépare pas le temporel du spirituel, investit le champ politique et social et sert de cadre de référence pour toutes les activités des musulmans.

L'islamisme politique capitalise les frustrations sociales et identitaires de populations urbaines récentes, sensibles aux discours populistes véhiculés par les militants islamistes qui n'hésitent pas à s'investir dans le travail social (comme hier les marxistes).

Au-delà des actions humanitaires ou sociales, l'islamisme prétend résoudre la crise de la société en offrant pour modèle le retour à l'origine réelle ou supposée de la communauté des croyants. Ce recours à un passé mythique se limite au retour à la *charia* (la Loi des musulmans). Il concerne surtout les mœurs en se cristallisant sur le contrôle des femmes à travers, entre autres, le port du voile.

L'exemple iranien, d'autant plus intéressant qu'il s'agit d'une expérience en pays chiite, disposant d'un clergé organisé, montre à l'évidence que ce projet est porteur d'échec s'il n'est pas capable d'assurer une croissance dynamique. De surcroît, malgré l'opposition de solidarités transnationales (les « Afghans »), le modèle occidental de l'Etat-nation a largement concouru à la formation de patriotismes aux intérêts et aux aspirations politiques contradictoires.

La théorie des dominos (chute d'un Etat entraînant celle d'un autre), déjà fausse en ce qui concerne la guerre du Vietnam, l'est tout autant en ce qui concerne l'islamisme. L'impact de celui-ci n'est pas négligeable comme courant de protestation, car il exprime les frustrations de larges couches de populations à l'encontre de régimes corrompus et souvent inefficaces en matière de croissance. Mais le caractère déstabilisateur de l'islamisme politique en termes mondiaux est plus que réduit. Sa capacité de nuisance, en revanche, n'est pas négligeable.

65. Le monde musulman à la fin du XXe siècle

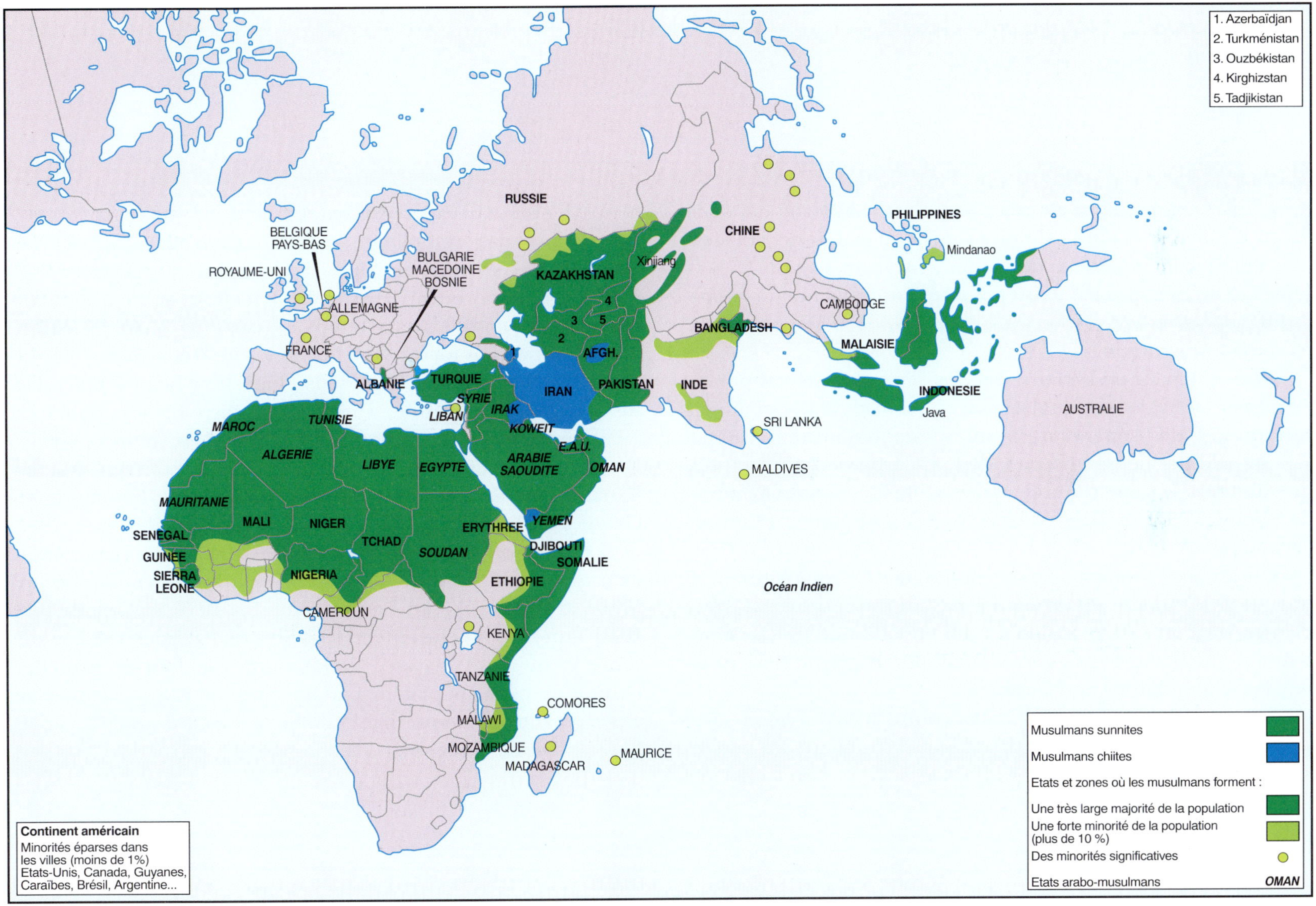
1. Azerbaïdjan
2. Turkménistan
3. Ouzbékistan
4. Kirghizstan
5. Tadjikistan
RUSSIE
BELGIQUE
PAYS-BAS
ROYAUME-UNI
BULGARIE
MACEDOINE
BOSNIE
ALLEMAGNE
FRANCE
ALBANIE
TURQUIE
SYRIE
LIBAN
IRAK
IRAN
KOWEIT
E.A.U.
ARABIE SAOUDITE
OMAN
YEMEN
KAZAKHSTAN
Xinjiang
AFGH.
PAKISTAN
INDE
CHINE
BANGLADESH
CAMBODGE
MALAISIE
PHILIPPINES
Mindanao
INDONESIE
Java
SRI LANKA
MALDIVES
AUSTRALIE
MAROC
TUNISIE
ALGERIE
LIBYE
EGYPTE
MAURITANIE
MALI
NIGER
TCHAD
SOUDAN
ERYTHREE
DJIBOUTI
SOMALIE
ETHIOPIE
SENEGAL
GUINEE
SIERRA LEONE
NIGERIA
CAMEROUN
KENYA
TANZANIE
MALAWI
MOZAMBIQUE
COMORES
MADAGASCAR
MAURICE
Océan Indien
Continent américain
Minorités éparses dans les villes (moins de 1%)
Etats-Unis, Canada, Guyanes, Caraïbes, Brésil, Argentine...
Musulmans sunnites
Musulmans chiites
Etats et zones où les musulmans forment :
Une très large majorité de la population
Une forte minorité de la population (plus de 10 %)
Des minorités significatives
Etats arabo-musulmans
OMAN

Du mouvement sioniste à Israël depuis 1948

En 1881, lorsque la vague d'antisémitisme moderne qui sévit en Roumanie et dans l'Empire tsariste se manifeste, la Palestine, alors partie intégrante de l'Empire ottoman, compte 25 000 Juifs. Les événements et l'existence d'un mouvement qui prêche la formation de colonies juives en Palestine y amènent une modeste immigration.

Au lendemain de l'affaire Dreyfus, Théodore Herzl publie *L'Etat juif* (1896) et le premier congrès sioniste se tient l'année suivante à Bâle. Cependant, le mouvement sioniste ne mène vers la Palestine, entre 1881 et 1917, qu'à peine 2 % des Juifs qui quittent l'Europe centrale et orientale. L'écrasante majorité de l'immigration se dirige vers le Nouveau Monde et l'Europe occidentale.

Durant la Première Guerre mondiale, Chaïm Weizmann obtient de la Grande-Bretagne une déclaration approuvant l'établissement d'un « foyer national » juif en Palestine (déclaration Balfour, 1917). Après la guerre, la Grande-Bretagne devient la puissance mandatrice en Palestine.

L'hostilité des populations arabes contre la colonisation juive se manifeste dès 1920. Les Britanniques publient un « livre blanc » et limitent l'immigration. En 1931, les Juifs sont 175 000 sur une population totale de 1 million. Cependant, après l'avènement du nazisme en 1933, l'immigration s'accélère : de 100 000 environ entre 1918 et 1931, celle-ci passe à 200 000 entre 1933 et 1939. Entre-temps, à partir de 1936, l'hostilité arabe prend une forme violente et les heurts armés se multiplient, tandis qu'en 1937 un deuxième « livre blanc » préconise un partage de la Palestine. Un nouveau « livre blanc », publié en 1939, restreint l'immigration juive à 75 000 personnes pour les cinq années à venir. Conséquence de l'atroce politique d'extermination menée par le régime nazi, un courant d'immigration clandestin s'établit dans des conditions très difficiles.

Les événements se précipitent. Dès 1945, des organisations juives entament la lutte contre l'occupation coloniale britannique afin d'établir un Etat sioniste. En 1947, la Grande-Bretagne annonce qu'elle entend se retirer de Palestine l'année suivante et qu'elle cède aux Nations unies le soin de trancher l'avenir du pays. Un plan de partage entre un Etat juif et un Etat arabe est voté (y compris par l'URSS) : il n'est pas accepté par les Etats arabes de la région.

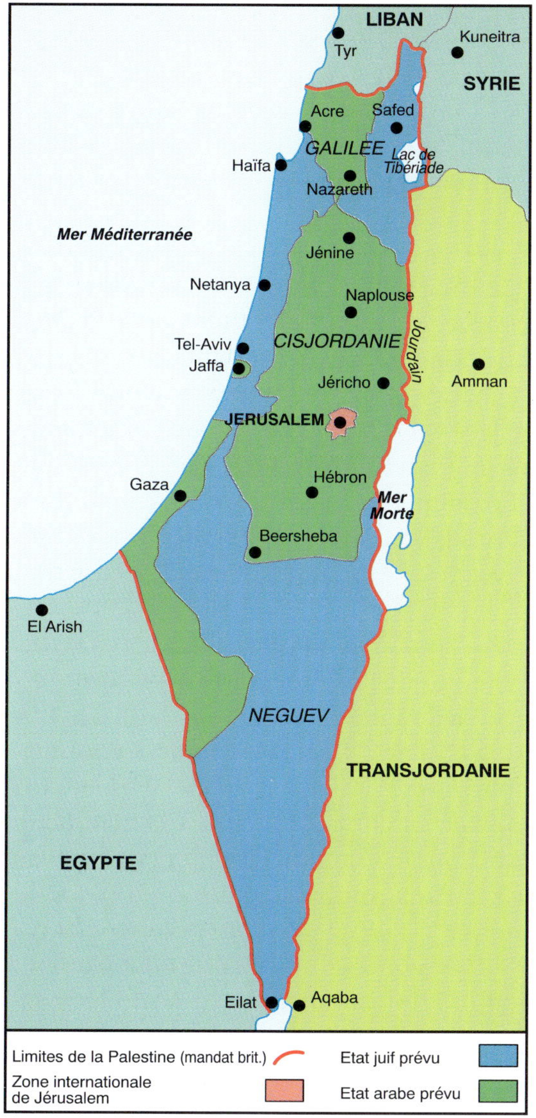

66. **Le partage de la Palestine : plan de l'ONU, 1947**

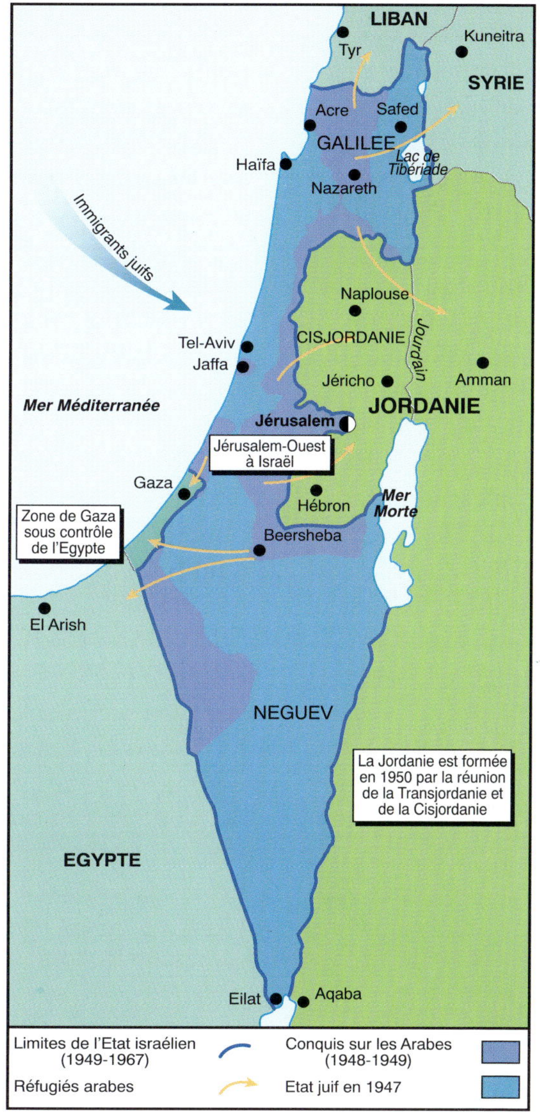

67. **La formation d'Israël, 1948-1949**

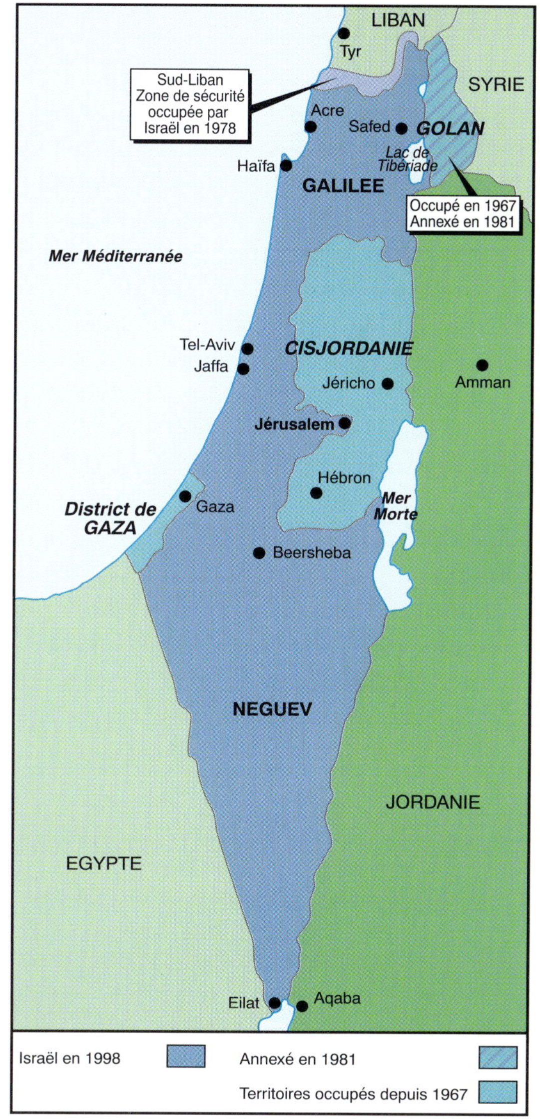

68. **Israël et les territoires occupés en 1999**

Au lendemain du 14 mai 1948, où est proclamé le nouvel Etat d'Israël, les armées d'Egypte, de Syrie et de Transjordanie envahissent le pays. Au bout d'une année difficile (Israël recevant des armes tchèques), les Etats arabes sont battus. Alors que le territoire d'Israël s'accroît sensiblement, entre 750 000 et 900 000 réfugiés palestiniens connaissent l'exode.

Israël participe à l'opération franco-britannique contre l'Egypte au lendemain de la nationalisation du canal de Suez (1956) et se renforce militairement (notamment avec l'aide de la France). Conséquence du conflit israélo-arabe et des nationalismes exacerbés, près de 800 000 Juifs doivent quitter les pays arabes pour Israël, surtout entre 1948 et 1966. A la veille de la guerre des Six Jours (1967), les réfugiés palestiniens sont 1 350 000. Cette guerre, perdue par les Etats arabes, permet l'émergence des organisations palestiniennes tel le Fatah, qui était jusque-là tenu en suspicion par la plupart des Etats arabes, et depuis 1964, sous la férule du nassérisme pan-arabe. Israël occupe le Sinaï (Egypte), les hauteurs du Golan (Syrie), la Cisjordanie et annexe Jérusalem-Est (Jordanie).

Perçue par les Arabes de la Palestine du mandat, l'immixtion des colons juifs, particulièrement aux lendemains de la déclaration Balfour, fait partie de l'intrusion coloniale européenne. Elle est fortement rejetée dès les années 1936-1939. Après la défaite arabe de 1948-1949, les Arabes de Palestine sont atomisés : une partie se trouve en territoire israélien (1 million en 1999), une autre partie dans les territoires occupés par Israël (Cisjordanie et Gaza) ; les réfugiés se retrouvent pour la plupart dans des camps en Jordanie, au Liban, en Syrie... Dès 1949, la Cisjordanie est annexée par la Transjordanie, qui devient la Jordanie, et Gaza est sous mandat égyptien. *A posteriori,* on note que ce qui est aujourd'hui revendiqué par l'Organisation de libération de la Palestine (OLP) fut, entre 1949 et 1967, sous administration arabe. Le nationalisme palestinien s'est constitué contre le sionisme et affirmé contre l'Etat d'Israël dont la création et l'expansion l'ont dépossédé et, secondairement, contre les Etats arabes qui l'ont souvent manipulé, sinon combattu (Jordanie, septembre 1970, Syrie).

La guerre d'octobre 1973, déclenchée par les Etats arabes, malgré un avantage initial dû à l'effet de surprise, ne parvient à aucun changement territorial. Mais, en 1977, l'Egypte de Sadate, grâce à la médiation américaine, recouvre le Sinaï que le Likoud consent à évacuer, en échange de la reconnaissance de l'Etat d'Israël et de la paix. Malgré l'intervention militaire israélienne au Liban qui s'étend jusqu'à Beyrouth (1982), l'OLP, bien que durement frappée, n'est pas liquidée. A partir de 1987, et durant plusieurs années, les jeunes générations des territoires occupés manifestent avec force *(intifada)* leur opposition à l'occupation israélienne.

Un processus de paix semble émerger avec les accords d'Oslo (1993). L'OLP reconnaît l'existence d'Israël après en avoir longtemps nié l'évidence. Le gouvernement de I. Rabbin reconnaît la légitimité de l'OLP. Un accord est signé à Washington concernant l'autonomie des territoires occupés (1993). Un début de transfert de pouvoir est entamé en 1994-1995 (Jericho, Gaza...). L'assassinat de Rabbin par un Israélien d'extrême droite (1995) suivi par quatre attentats-suicides opérés par le Hamas et le Djihad islamique (1996) portent au pouvoir, par un réflexe sécuritaire, B. Nathanyaou et une coalition de droite et d'extrême droite religieuse. L'intransigeance du nouveau gouvernement bloque les perspectives de règlement, malgré les pressions d'une Administration américaine démocrate, qui rencontre l'opposition d'un Congrès républicain et d'un puissant courant de soutien à la politique du nouveau Premier ministre. Les colonies, qui n'ont cessé de se multiplier dès le lendemain

69. La perception par Israël de son environnement

70. Les terres déclarées « gouvernementales » par l'Etat d'Israël entre 1967 et 1995

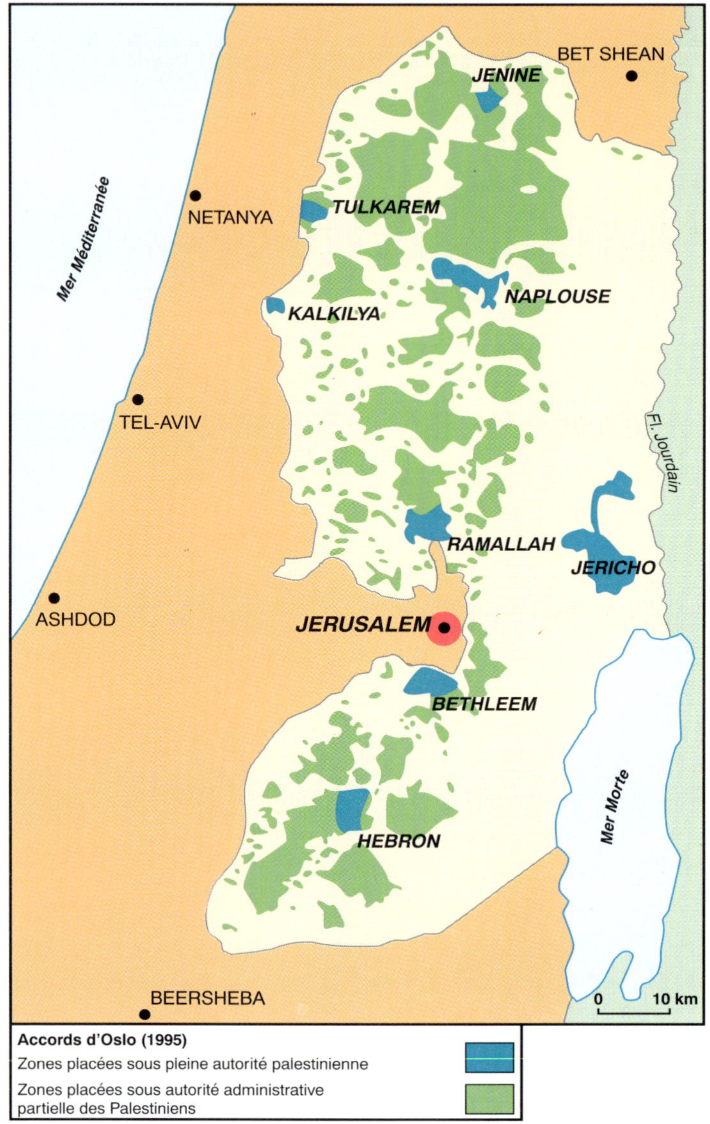

71. L'autonomie palestinienne : 1995

de la victoire de 1967, se renforcent, et l'implantation israélienne autour de Jérusalem s'étend très largement.

La politique de B. Nathanyaou, dont l'avenir jugera l'efficacité, vise essentiellement à dénier à l'autorité palestinienne le contrôle des zones stratégiques, à réduire l'assiette territoriale dont elle héritera, à ralentir le processus de palestinisation et à en limiter la souveraineté. Les partis religieux, qui fournissent aujourd'hui l'essentiel des nouveaux colons, sont le fer de lance de cette politique. Outre les tensions entre les tenants de l'orthodoxie religieuse et les éléments séculiers du pays, Israël n'en continue pas moins d'être grevé par le problème palestinien. Les Palestiniens, à l'intérieur d'Israël, ne jouissent pas de l'égalité des droits. Ceux des territoires occupés, depuis 1967, vont de dépossession en dépossession. Le territoire en taches de léopard potentiellement palestinien ressemble étrangement à celui qui était dévolu aux bantoustans dans l'Afrique du Sud de l'apartheid, même si celui-ci n'est pas institutionnalisé.

Aujourd'hui, Israël est plus en sécurité que jamais. L'Union soviétique s'est effondrée, privant d'un allié les Etats arabes les plus hostiles à l'Etat hébreu. L'Egypte et la Jordanie reconnaissent leur ennemi d'hier. L'Irak, depuis 1991, est considérablement affaibli. La Syrie est prise en étau entre deux Etats (la Turquie et Israël) dont l'alliance objective est un nouveau facteur dans l'équilibre du Moyen-Orient. Le Golan n'est pas près d'être restitué. L'Iran reste hostile, mais ne peut user que de stratégie indirecte (soutien au Hezbollah libanais). La population a sensiblement augmenté depuis l'arrivée des Juifs d'URSS. Enfin, sans même évoquer son potentiel nucléaire, Israël est bénéficiaire d'un très important soutien américain.

Reste que la politique actuelle de B. Nathanyaou augure mal de l'insertion d'Israël au Proche-Orient. Mais peut-être n'est-ce point le but recherché par l'actuelle direction politique du pays ?

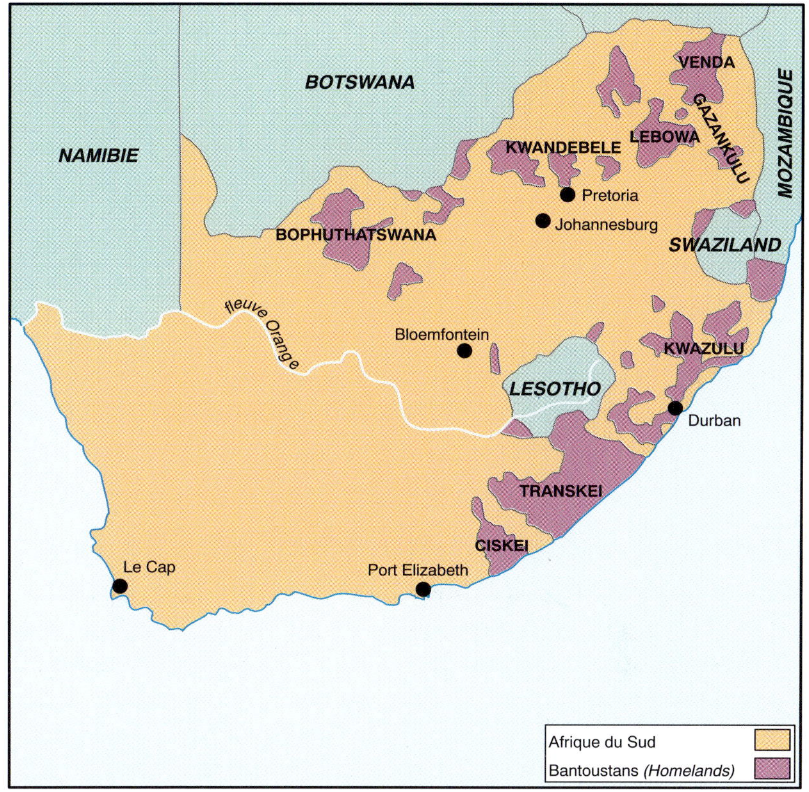

72. L'Afrique du Sud de l'apartheid, avant 1994

L'évolution démographique de la Méditerranée

Au début du xxe siècle, alors que la France compte quelque 39 millions d'habitants, les trois pays du Maghreb dépassent à peine les 10 millions. Depuis la fin de la Seconde Guerre mondiale, les changements sont spectaculaires : l'Algérie compte alors moins de 9 millions d'habitants (dont 10 % de non-musulmans), la France 40 millions ; ce rapport de 1 à 4 s'est très largement modifié en un demi-siècle pour être ramené à moins de 1 à 2.

Les projections indiquent que l'Algérie atteindra 63 millions d'habitants en 2025, la France à peine 60 millions. Le Maroc connaît les mêmes variations que l'Algérie. La Turquie, qui avait 21 millions d'habitants en 1950, 50 millions en 1985, passe à 70 millions en 2000, pour atteindre plus de 90 millions en 2025.

Avec le Maroc et l'Algérie, d'une part, la Turquie, de l'autre, l'Egypte est le quatrième Etat de la Méditerranée non européenne à avoir connu une forte croissance au cours du dernier demi-siècle, et à la poursuivre : environ 10 millions d'habitants en 1900, 20 millions en 1950, 47 millions en 1985, près de 100 millions en 2025.

Par rapport aux 375 millions, sans progression notable, de l'Europe des Quinze (1998), les Etats du nord de l'Afrique, la Turquie et les Etats du Levant représenteront environ 380 millions d'individus en 2025. Au début du xxe siècle, ces mêmes Etats totalisaient un peu plus de 40 millions de personnes, tandis que les quinze pays européens en avaient plus de 200 millions.

Population des pays méditerranéens en 1913
(en millions d'habitants)

Méditerranée européenne		Méditerranée non européenne	
France	40	Empire ottoman	21
Italie	35	Egypte	11
Espagne	21	Algérie	5,3
Grèce	5	Maroc	5,2
Bulgarie	4,5	Tunisie	1,5
Albanie	0,8	Libye	0,7

Source : Colin Mac Evedy et Richard Jones, Atlas of World Population History, *Londres, Penguin, 1978.*

73. Populations et migrants du bassin méditerranéen

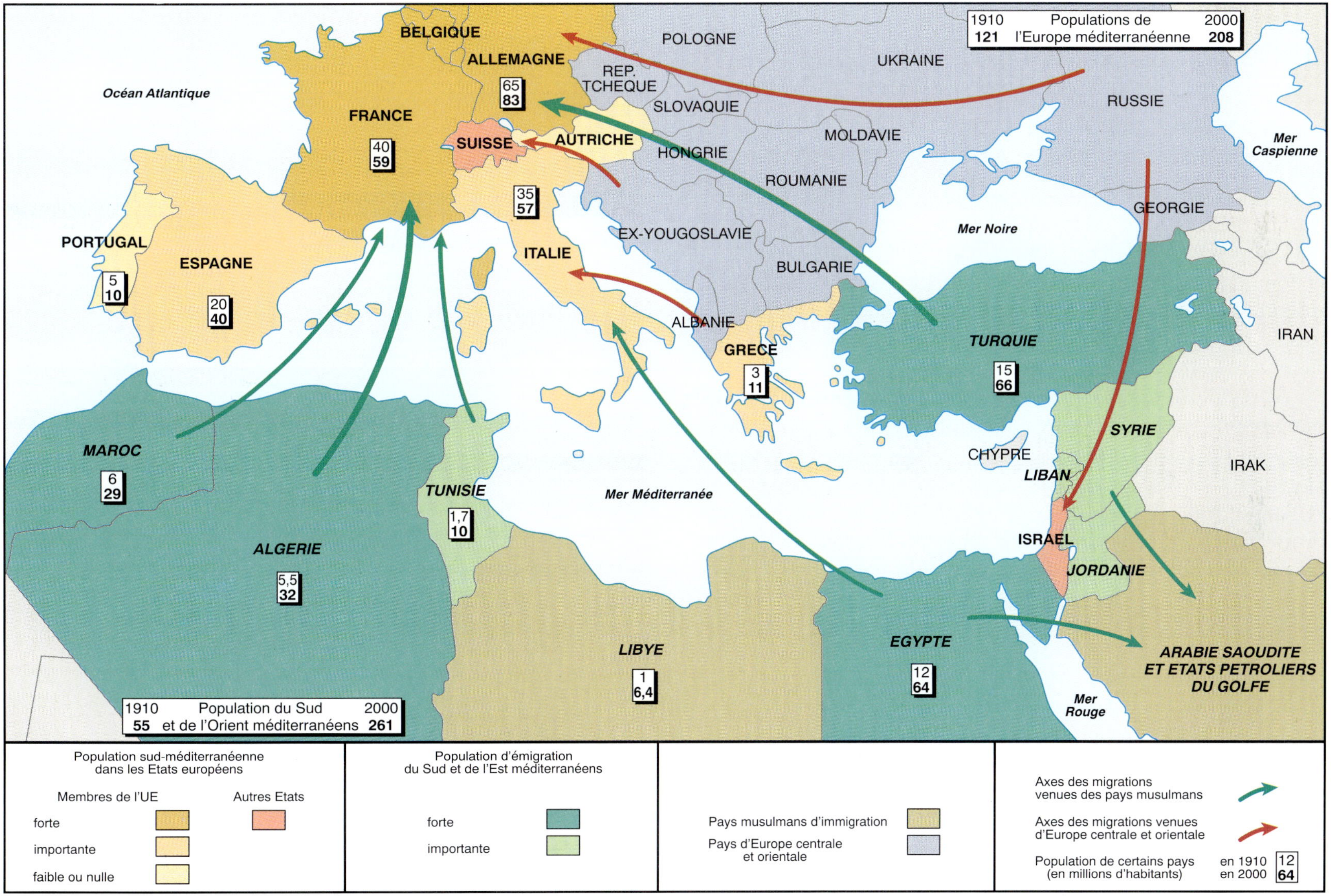
1910 Populations de 2000
121 l'Europe méditerranéenne 208
Océan Atlantique
BELGIQUE
ALLEMAGNE
65
83
POLOGNE
UKRAINE
REP. TCHEQUE
SLOVAQUIE
RUSSIE
FRANCE
40
59
SUISSE
AUTRICHE
HONGRIE
MOLDAVIE
Mer Caspienne
ROUMANIE
35
57
GEORGIE
Mer Noire
PORTUGAL
5
10
ESPAGNE
20
40
EX-YOUGOSLAVIE
ITALIE
BULGARIE
ALBANIE
GRECE
3
11
TURQUIE
15
66
IRAN
SYRIE
CHYPRE
LIBAN
IRAK
MAROC
6
29
TUNISIE
1,7
10
Mer Méditerranée
ISRAEL
JORDANIE
ALGERIE
5,5
32
LIBYE
1
6,4
EGYPTE
12
64
ARABIE SAOUDITE ET ETATS PETROLIERS DU GOLFE
Mer Rouge
1910 Population du Sud 2000
55 et de l'Orient méditerranéens 261
Population sud-méditerranéenne dans les Etats européens
Membres de l'UE
Autres Etats
forte
importante
faible ou nulle
Population d'émigration du Sud et de l'Est méditerranéens
forte
importante
Pays musulmans d'immigration
Pays d'Europe centrale et orientale
Axes des migrations venues des pays musulmans
Axes des migrations venues d'Europe centrale et orientale
Population de certains pays (en millions d'habitants)
en 1910 12
en 2000 64

Riches et pauvres dans le tiers-monde

Ce que l'on appelle « tiers-monde » à l'époque dominée par le conflit Est-Ouest est composé de sociétés à des niveaux de développement fortement différenciés. Mais la colonisation ou la domination plus ou moins directe de l'Europe lui donnent un référent commun : celui de l'humiliation. Celle-ci engendre à la fois un désir de dignité et, pour certaines sociétés au passé glorieux, un désir de recouvrer de la puissance.

Après plusieurs décennies de développement, le bilan est hautement contrasté : auprès de la plupart des pays africains, que l'on retrouve en majorité dans les vingt-cinq pays les plus pauvres du monde, on constate le nombre croissant de pays nouvellement industrialisés ou semi-industrialisés en Asie orientale dont, malgré la crise financière de 1998, les avancées économiques sont considérables depuis vingt ans.

Croissance des économies d'Asie orientale

	Revenu par tête en 1996 ***(en dollars)***	**Taux de croissance annuelle entre 1970 et 1996**
Chine	3 120	9,1 %
Corée du Sud	12 410	8,4 %
Hong Kong	25 400	7,1 %
Indonésie	4 280	6,8 %
Malaisie	9 700	7,4 %
Philippines	3 060	3,6 %
Singapour	25 650	8,2 %
Taïwan	17 720	8,3 %
Thaïlande	8 370	7,5 %

Par comparaison, la moyenne des pays occidentaux est de 22 700 dollars

Source : Banque mondiale

74. Riches et pauvres en 1996 : le PNB

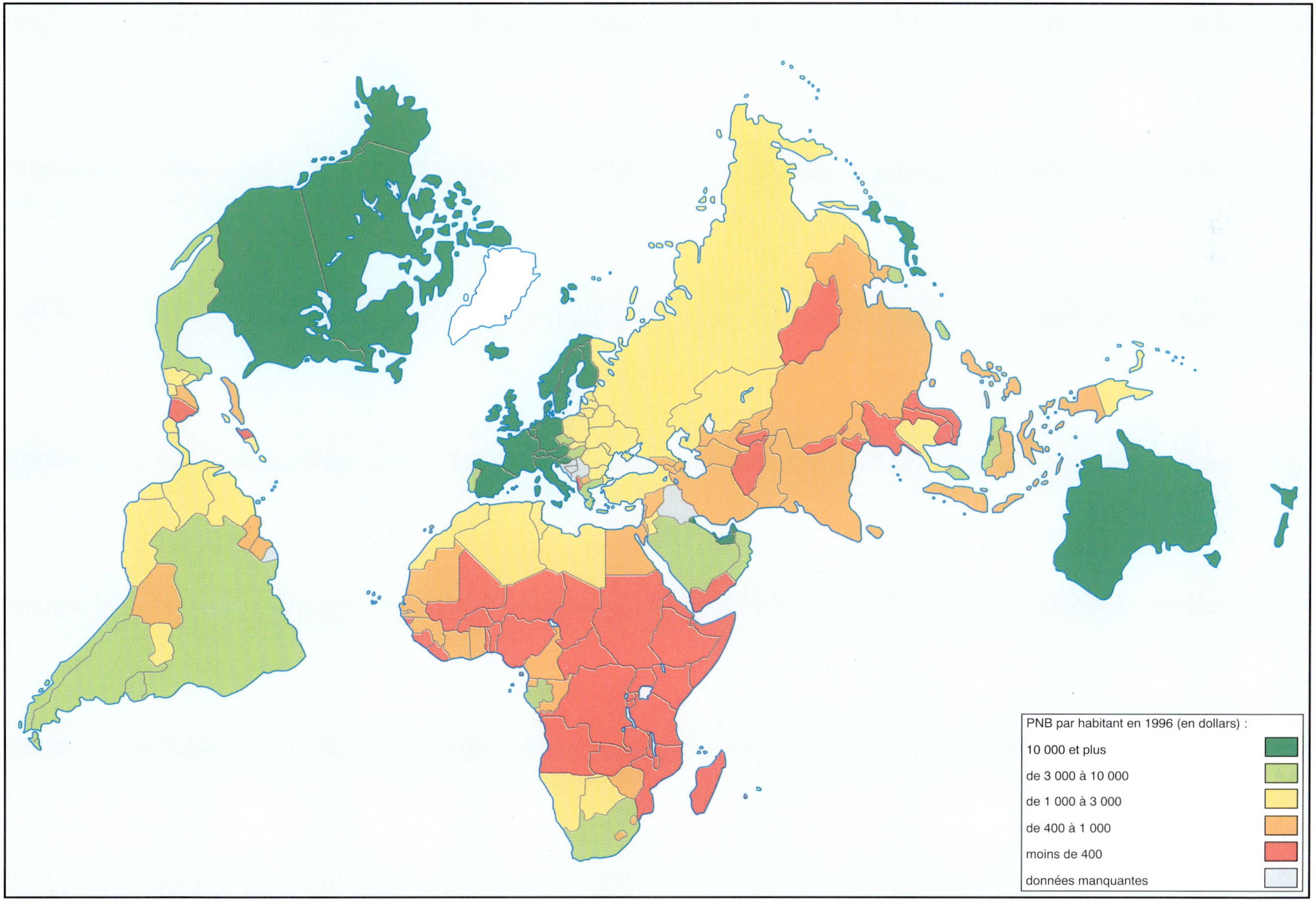
PNB par habitant en 1996 (en dollars) :
10 000 et plus
de 3 000 à 10 000
de 1 000 à 3 000
de 400 à 1 000
moins de 400
données manquantes

La drogue et l'économie criminelle

A L'ÉPOQUE MODERNE, dans les années 1840, le premier et principal trafiquant est la Grande-Bretagne, lors de la guerre de l'opium contre la Chine des Mandchous.

De 1950 à 1975, les services français, américains et chinois nationalistes utilisent les minorités ethniques du Triangle d'or pour financer, grâce à l'opium ou à l'héroïne, des activités militaires dirigées contre les communistes indochinois ou chinois.

Aujourd'hui, en Asie orientale, le principal fournisseur d'héroïne est l'Etat birman, avec la complicité d'Etats voisins, et le blanchiment de ce trafic est essentiellement opéré par des éléments de la diaspora chinoise à Singapour, à Taïwan et, jusqu'en 1997, à Hong Kong.

L'Afganistan est parmi les principaux fournisseurs de drogue acheminée tant par le Pakistan que par des filières d'Asie centrale vers la Russie et l'Europe.

La Turquie passe pour être le lieu de transit de la majorité de l'héroïne consommée en Europe occidentale. Le Liban est également un carrefour de la drogue.

En Amérique latine, on connaît le rôle de la Colombie, centre d'un vaste réseau qui n'est pas isolé en Amérique du Sud et qui transite par le Mexique vers le plus gros marché de consommation du monde : les Etats-Unis. Le blanchiment est opéré notamment dans les îles Caraïbes.

En Afrique, le Nigeria joue un rôle de transitaire croissant.

Les sommes considérables dégagées par ces trafics concourent au développement d'économies parallèles, dont il n'est pas toujours aisé de mesurer les effets.

A l'exception de la Colombie, les mouvements armés qui trafiquent de la drogue sont infiniment plus modestes que les Etats qui participent directement ou indirectement à ce commerce. Cartels et mafias se sont organisés tant en Asie orientale et au Moyen-Orient que dans l'ex-URSS cette dernière décennie.

Principaux Etats sous influence du trafic de drogue : Colombie, Pérou, Venezuela, Equateur, Turquie, Bulgarie, Roumanie, Afghanistan, Géorgie, Azerbaïdjan, Ouzbékistan, Pakistan, Maroc, Nigeria, Birmanie, Cambodge. Etats où la Mafia est intégrée au pouvoir : Turquie, Russie, Italie, Japon, Liban, Colombie, Mexique.

En Europe, le blanchiment se fait en partie à Chypre, le recyclage au Liechtenstein, au Luxembourg, à Monaco et en Suisse.

75. Les grands courants du trafic des drogues

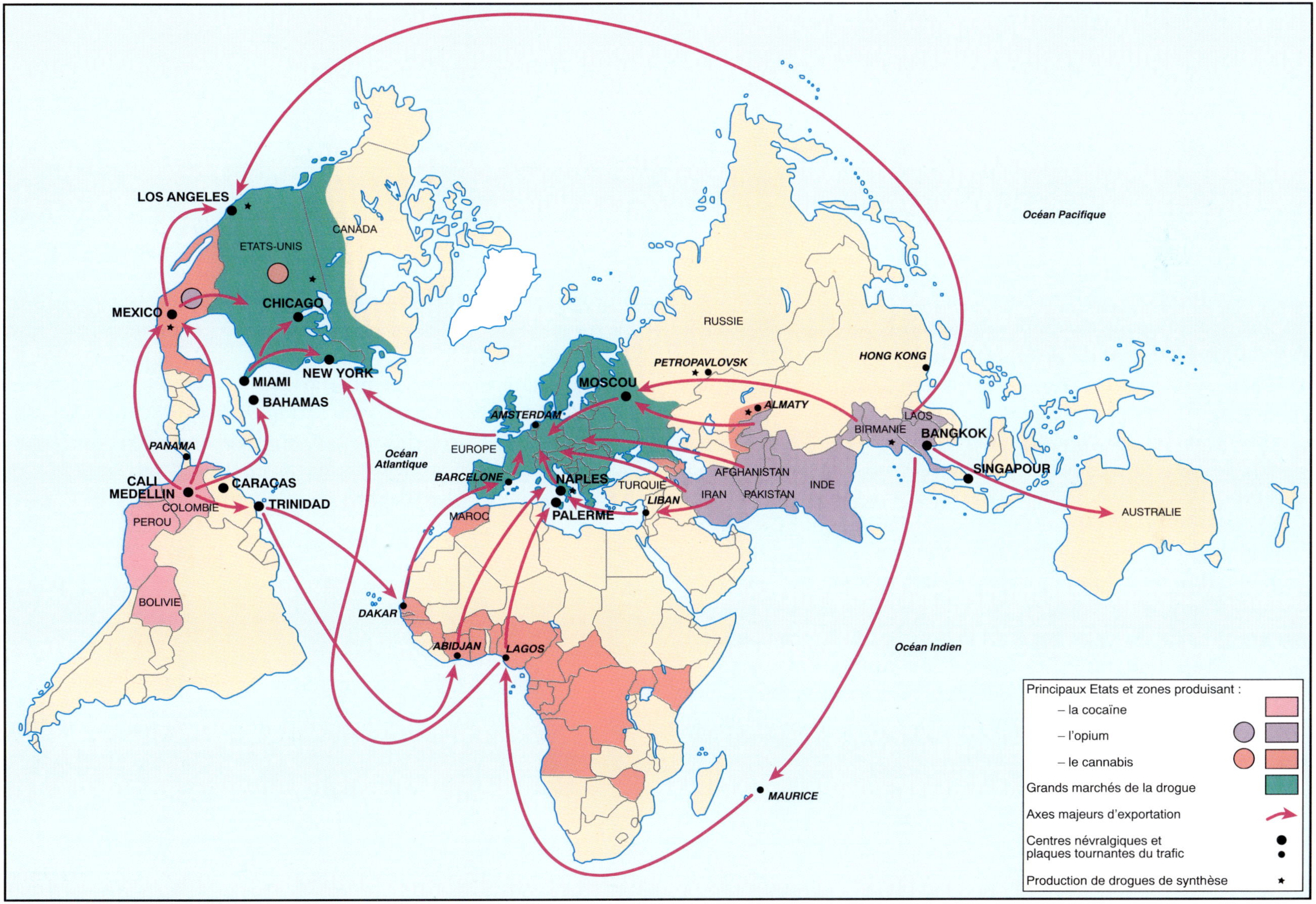
LOS ANGELES
ETATS-UNIS
CANADA
MEXICO
CHICAGO
MIAMI
NEW YORK
BAHAMAS
PANAMA
CALI
MEDELLIN
COLOMBIE
CARACAS
TRINIDAD
PEROU
BOLIVIE
Océan Atlantique
EUROPE
AMSTERDAM
BARCELONE
MAROC
NAPLES
PALERME
TURQUIE
LIBAN
MOSCOU
RUSSIE
PETROPAVLOVSK
ALMATY
AFGHANISTAN
IRAN
PAKISTAN
INDE
BIRMANIE
LAOS
BANGKOK
HONG KONG
SINGAPOUR
AUSTRALIE
Océan Pacifique
Océan Indien
DAKAR
ABIDJAN
LAGOS
MAURICE
Principaux Etats et zones produisant :
– la cocaïne
– l'opium
– le cannabis
Grands marchés de la drogue
Axes majeurs d'exportation
Centres névralgiques et plaques tournantes du trafic
Production de drogues de synthèse

La prolifération nucléaire

Depuis l'effondrement de l'URSS, la prolifération des armements nucléaires est plus que jamais sujet de préoccupation : circulation clandestine de matières fissiles, particulièrement vers des Etats perturbateurs, par exemple.

En quelque trois décennies, le nombre des Etats nucléaires augmente seulement de deux nouveaux détenteurs : l'Inde et le Pakistan, dont on connaissait déjà la capacité à détenir l'arme nucléaire depuis des années.

En revanche, l'Irak, avec la guerre du Golfe (1991), voit ses efforts pour se doter du feu nucléaire ruinés une seconde fois (Osirak, 1983). En 1993, la Corée du Nord subit les pressions des Etats-Unis qui manient la carotte et le bâton pour décider ce pays à renoncer à son programme nucléaire. Restent les Etats comme l'Iran ou la Libye qui cherchent à se doter du nucléaire.

Le champ du nucléaire, dans l'ensemble, a été contrôlé autant que faire se peut par le club des nantis. A terme, il n'est pas possible d'en interdire l'accès à d'autres Etats, ce qui, contrairement à une idée reçue, n'augmentera pas nécessairement les risques d'un conflit nucléaire, le nucléaire interdisant les conflits paroxystiques.

L'existence de missiles à portée moyenne, et parfois davantage, dont nombre d'Etats d'Asie et d'Afrique du Nord disposent peut se révéler dangereuse au cas où l'un d'eux menacerait d'utiliser des charges chimiques ou biologiques. Il va sans dire qu'un chantage de cette nature serait très coûteux pour l'Etat qui en userait.

Les Etats qui disposent d'armes chimiques : Iran, Syrie, Libye, Arabie Saoudite, Egypte, Inde, Pakistan, Chine, Taïwan, Corée du Sud, Corée du Nord, Afrique du Sud. Ceux qui disposent d'armes biologiques : Chine, Corée du Nord, Iran. L'Irak n'a, en principe, plus d'armes chimiques ni biologiques.

76. L'arme nucléaire en 1999

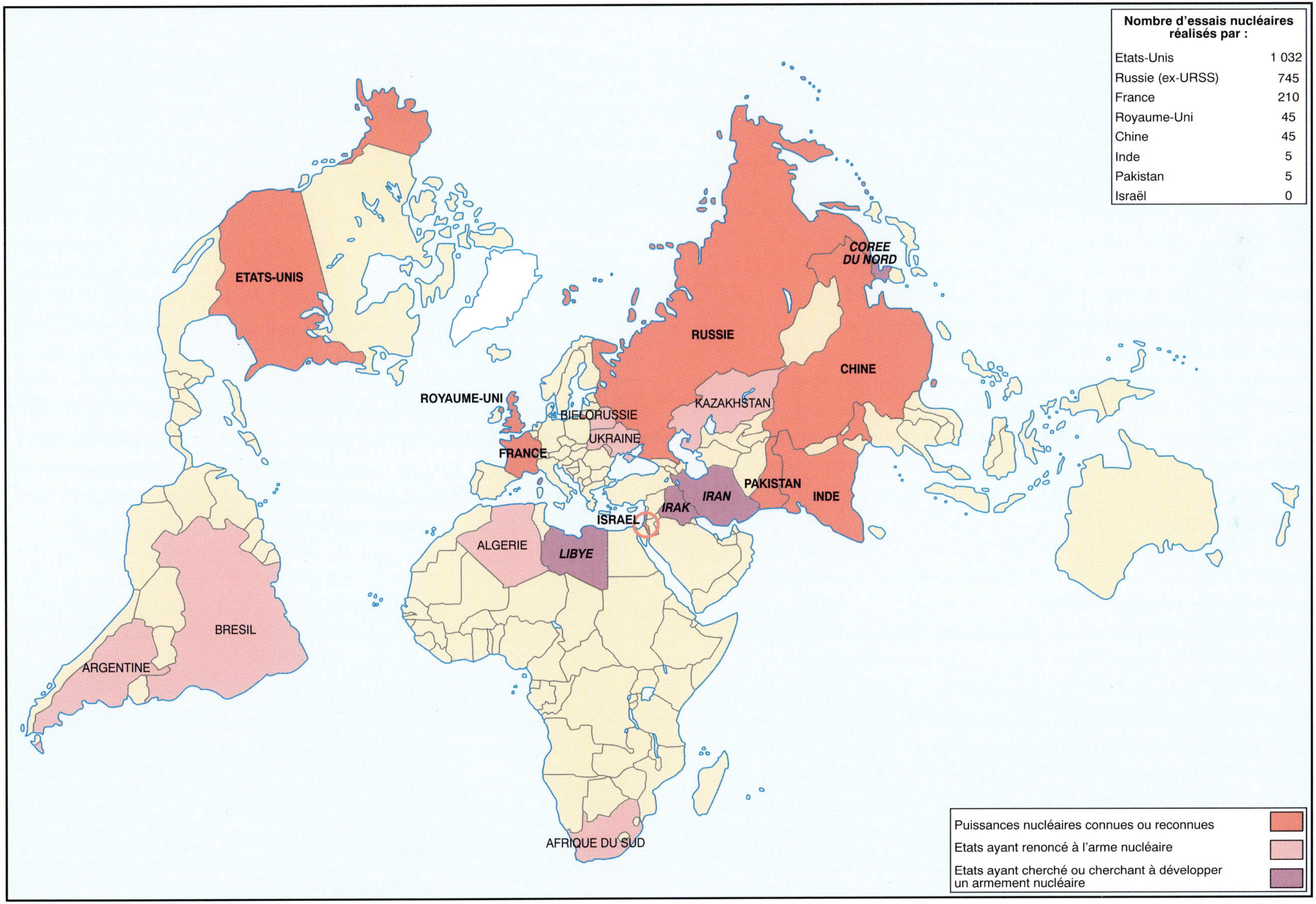
Nombre d'essais nucléaires réalisés par :
Etats-Unis 1 032
Russie (ex-URSS) 745
France 210
Royaume-Uni 45
Chine 45
Inde 5
Pakistan 5
Israël 0
ETATS-UNIS
ROYAUME-UNI
FRANCE
BIELORUSSIE
UKRAINE
RUSSIE
KAZAKHSTAN
CHINE
COREE DU NORD
PAKISTAN
INDE
IRAN
IRAK
ISRAEL
ALGERIE
LIBYE
BRESIL
ARGENTINE
AFRIQUE DU SUD
Puissances nucléaires connues ou reconnues
Etats ayant renoncé à l'arme nucléaire
Etats ayant cherché ou cherchant à développer un armement nucléaire

Les perspectives stratégiques des Etats-Unis

POUR LA PREMIÈRE FOIS, les Etats-Unis dominent, seuls, la planète. Le monde d'aujourd'hui ne peut être analysé qu'à partir de l'hégémonie américaine et de ce que celle-ci détermine pour le reste du monde – alliés compris. L'hégémonie se mesure non seulement en termes militaires, industriels et financiers, comme au début du XXe siècle, mais aussi en termes d'avance et de capacité d'innovation technologique, en communication-information permettant de projeter son influence, entre autres à travers sa culture et sa langue. Dans tous les domaines essentiels de la puissance, les Etats-Unis sont les premiers et peuvent le rester, compte tenu de leur capacité d'adaptation.

La politique américaine sur le court terme consiste à tirer profit de la fin de la guerre froide et de sa victoire sur le plan idéologique (libre-échange, démocratie...) – les droits de l'homme faisant partie des moyens de pression, tout comme, à un degré plus fort, l'embargo. La guerre du Golfe (1991) a démontré la nouvelle liberté d'action créée par la fin de la guerre froide au profit du vainqueur. Par ailleurs, tout se passe comme si la Russie affaiblie était plus une proie qu'une puissance non antagonique : extension de l'OTAN, encouragements aux nationalismes ukrainien, azéri, ouzbek et, grâce aux pétroliers, projet de désenclaver l'Asie centrale. On assiste, sans que la chose soit nommée, au *roll back* que Foster Dulles avait souhaité en devant se contenter de l'endiguement.

Les perspectives stratégiques du début du XXIe siècle consistent pour les Etats-Unis, tout en conservant ou en augmentant leur avance dans les technologies de souveraineté, à contrôler l'équilibre de la masse eurasiatique. A cet effet, il ne faut pas que se renforce un Etat ou un groupe d'Etats aux intérêts trop contraires aux leurs. L'extension de l'OTAN (Pologne, Hongrie, République tchèque pour commencer) cherche à garantir le risque d'un retour offensif ou hostile de la Russie et concourt à maintenir l'Europe politique de demain dans la mouvance des Etats-Unis. A terme, l'équilibre en Asie orientale entre la Chine, le Japon, l'Inde, l'Indonésie, la Corée, le Vietnam, sans oublier la Russie, reste garanti par les Américains. Ceux-ci reprennent, à l'échelle de la masse eurasiatique, le principe traditionnel de la Grande-Bretagne à l'égard de l'Europe : soutenir ceux qui s'inquiètent de l'excessive montée en puissance d'un voisin et rester l'arbitre d'un équilibre favorable.

Cela suppose une situation intérieure socialement stable, une économie dynamique, une direction politique dotée de vision et de volonté. Et, de surcroît, point trop paralysée par l'équilibre des pouvoirs, les médias et l'opinion publique.

77. Les Etats-Unis face aux deux pôles de la masse eurasiatique

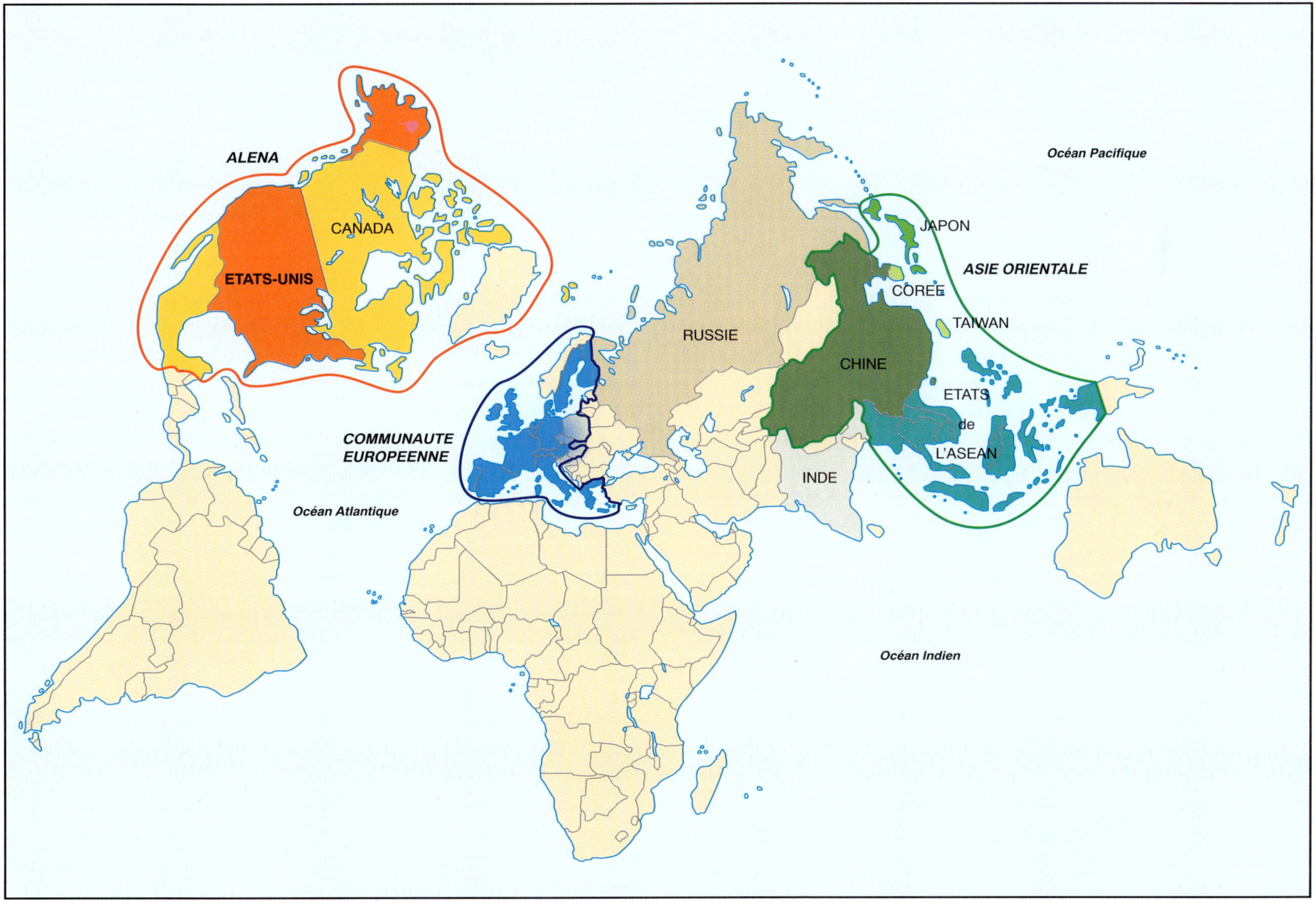
ALENA
CANADA
ETATS-UNIS
Océan Pacifique
JAPON
ASIE ORIENTALE
COREE
TAIWAN
RUSSIE
CHINE
ETATS
de
L'ASEAN
INDE
COMMUNAUTE
EUROPEENNE
Océan Atlantique
Océan Indien

Les conflits aujourd'hui

Contrairement à une idée répandue, les conflits ne sont pas plus nombreux aujourd'hui qu'ils ne l'étaient durant la guerre froide – qui mobilisait contre un adversaire principal l'essentiel de la réflexion et des crédits.

Dès 1945, favorisée par la défaite infligée aux puissances impériales européennes par le Japon en 1941-1942, se répandait une vague de contestation souvent violente du monde colonial, dont l'aspect national, même chez ceux qui se réclamaient du marxisme-léninisme, ne saurait être nié. Symboliquement, Bandung (1955) en prenait acte. Tous les conflits violents (1945-1962) furent menés par des irréguliers et fondés sur des stratégies indirectes auxquelles les armées classiques européennes étaient mal préparées. Tous eurent pour victimes surtout des civils, la population étant l'enjeu des conflits.

Affirmer, comme on le fait fréquemment aujourd'hui, que les acteurs des conflits récents sont de plus en plus souvent des bandes armées soustraites à l'autorité de l'Etat et que les conflits sont essentiellement intra-étatiques, est faire bon marché des guerres de libération nationales qui s'étendent sur les trente premières années de l'après-guerre. Prétendre, à partir des exemples de la Somalie, du Liberia ou de l'Afrique des grands lacs, ériger une typologie nouvelle à vocation universelle est excessif. L'Asie orientale ne connaît plus guère de conflits ouverts ; il en est à peu près de même en Amérique latine – sauf en Colombie et au Pérou – particulièrement si l'on compare la situation actuelle à celle des années 1960 ou 1970. Quant aux victimes des conflits contemporains, elles sont le plus souvent civiles, non point depuis la fin de la guerre froide, mais depuis l'agression japonaise en Chine (1937), tout au long de la Seconde Guerre mondiale, puis durant les guerres de libération nationales.

La plupart des types de conflits qui se déroulent de nos jours, soit par leurs causes, soit par leurs modalités, existaient déjà du temps de la guerre froide, mais passaient au second plan, ou n'existaient que par rapport à celle-ci.

Sa fin fit cesser une série de conflits qu'elle alimentait de façon indirecte : Namibie, Ethiopie-Erythrée, Angola (présence cubaine), Mozambique et, dans une certaine mesure, Afrique du Sud, celle-ci ne s'estimant plus menacée par des voisins se réclamant du marxisme-léninisme ; et régler graduellement des guérillas d'Amérique centrale : Salvador, Nicaragua, Guatemala.

La guerre froide a contribué à masquer le caractère identitaire et notamment national de nombreuses luttes. Le droit des peuples à disposer d'eux-mêmes, proclamé par les principes wilsoniens durant la Première Guerre mondiale, ne concernait que les peuples européens. De son côté, la Société des Nations faisait référence aux droits des minorités. Au lendemain de la Seconde Guerre mondiale, le droit des peuples à disposer d'eux-mêmes s'adressait aux peuples colonisés par les Européens mais ne s'adressait qu'à eux seuls. Aucun peuple opprimé par un autre en Asie ou en Afrique n'en bénéficiait. Référence n'était pas faite aux droits des minorités (dont Hitler s'était fait le champion dans le cas des Sudètes), mais aux droits de l'homme, qui sont des droits individuels.

Aussi, une fois la décolonisation achevée, n'est-il pas étonnant que nombre de pays nouvellement indépendants connaissent des mouvements de contestation violente issus de minorités ethniques ou religieuses.

En fait, le principe proclamé de l'intangibilité des frontières l'emportait – par souci de maintien du *statu quo* – sur le droit à l'autodétermination. Les frontières ont été essentiellement remaniées au terme des deux guerres mondiales. Dans le monde afro-asiatique, seuls deux nouveaux Etats faisaient sécession : le Bangladesh, grâce à Indira Ghandi, et l'Erythrée, grâce à la fin de l'aide soviétique à l'Ethiopie.

Dans nombre de pays d'Asie et d'Afrique, le modèle européen de l'Etat-nation paraissait d'autant plus mal adapté qu'il n'était pas accompagné de démocratie. Quant à la solution fédérale, elle était souvent rejetée comme synonyme d'éclatement. Ainsi, entre les années 1960 et 1990, le nombre des conflits à caractère ethnique ou religieux s'est multiplié. La plupart de ces conflits sont infra-étatiques.

On assiste également, depuis les années 1950, à un accroissement démographique considérable dans le sud qui s'accompagne, en Afrique tout particulièrement et en Asie méridionale, d'une stagnation économique pour la majorité des populations.

Dans la zone qui s'étend du Maghreb au Pakistan s'exprime, surtout à partir de 1979, une contestation de l'Occident et des valeurs qu'il impose, fondée sur un retour aux sources réelles ou supposées de l'Islam.

Lorsque la guerre froide prend fin, le paysage conflictuel que nous connaissons est en grande partie déjà présent. En dehors de ce qui est directement lié à la chute du système communiste européen (ex-Yougoslavie, Caucase, Tadjikistan), que peut-on considérer comme nouveau ? Ni la drogue, ni les terrorismes, ni la montée de l'économie criminelle qui suivent tout naturellement leurs courbes, dans l'ensemble, ascendantes.

La prolifération nucléaire, lorsqu'elle est le fait d'Etats comme l'Inde ou le Pakistan, est d'une part inévitable – elle peut être retardée, non interdite à terme – et d'autre part beaucoup moins inquiétante que ne le proclament les représentants des Etats officiellement détenteurs. La possession du feu nucléaire empêche les guerres paroxystiques. En même temps qu'elle sanctuarise en confortant le sentiment de sécurité, elle pousse à mieux mesurer les conséquences d'une escalade. On peut raisonnablement estimer que, une fois en possession de l'arme atomique, ni l'Inde ni le Pakistan n'auront intérêt à la prolifération. Le Pakistan profitera de son nouveau statut pour renforcer son influence en direction de l'Asie centrale et du Moyen-Orient.

La cessation de l'aide apportée par l'URSS et ses alliés à un certain nombre de mouvements armés oblige ceux-ci à trouver des solutions alternatives fondées sur des économies parallèles. C'était déjà le cas des mouvements de guérilla ne disposant pas de sanctuaire ni de soutien extérieur, comme le Sentier lumineux, au Pérou.

Une évaluation des conflits de l'après-guerre froide ne saurait être que régionale. L'Amérique latine n'a plus que deux foyers : l'un endémique, la Colombie, où les guérillas ont abandonné les perspectives de prendre le pouvoir ; l'autre, le Pérou, où les mouvements insurrectionnels sont essoufflés. Les Etats d'Asie orientale qui, jusqu'à la crise financière de 1997, ont connu presque tous de très vigoureuses croissances économiques, ne sont que très peu handicapés par des mouvements affaiblis ou en voie de disparition (Moros des Philippines, Timor-Est, Khmers rouges). Les conflits d'une certaine envergure concernent la zone qui va du Maghreb au sous-continent indien et à l'Afrique subsaharienne.

Il serait vain d'essayer de formuler un nouveau concept désignant sous une seule dénomination des conflits très diversifiés et aux causes multiples. Signalons cependant, dans la plupart des cas, la faiblesse de l'Etat (Afrique), l'absence d'intégration nationale (Colombie), l'oppression des minorités ethniques ou religieuses (Turquie, Irak, Sud-Soudan, Sri Lanka), la stagnation ou la régression économiques, notamment en Afrique. Ces conflits, pour rappeler une banalité, sont des conflits politiques. Des mouvements armés qui, pour se financer, se livrent à des activités illégales (drogues, taxations diverses), n'en restent pas moins, tant qu'ils ont une épaisseur sociale, d'abord des mouvements politiques.

Notons que, depuis une vingtaine d'années, le niveau de la professionnalisation des armées irrégulières a très largement progressé.

Certains conflits, considérés comme périphériques – domaine réservé d'un allié (Timor-Est) ou non gérable (Somalie) –, se déroulent dans l'indifférence générale, l'humanitaire étatique étant, lui aussi, sélectif. Cependant, en marge d'opérations multinationales sous l'égide de l'ONU, ou d'opérations menées par un Etat, un nouveau mercenariat essentiellement anglo-saxon (Grande-Bretagne, Afrique du Sud, Etats-Unis) participe à la gestion des crises violentes (Sierra Leone, Angola, Bosnie) souvent avec succès et contribue, jusqu'à présent, au maintien d'un *statu quo* favorable à la politique que certains Etats occidentaux (Etats-Unis, Grande-Bretagne) ne peuvent mener officiellement.

Derrière l'apparent désordre du monde tel qu'il est relaté par les médias, la marge de ce qu'il est possible de perturber reste en somme relativement limitée.

La véritable mutation du paysage conflictuel lorsque la guerre froide prend fin est que l'un de ses protagonistes a déclaré forfait. Bon nombre des risques et menaces qui sont fréquemment évoqués aujourd'hui s'étaient développés au cours des décennies précédentes, mais paraissaient alors secondaires : déséquilibre démographique croissant entre le Nord et le Sud ; montée des économies criminelles en grande partie dues à la drogue ; multiplication des conflits dus aux problèmes de minorités ethniques ou religieuses, surtout en Afrique et en Asie ; montée de l'islamisme dans certains pays musulmans et de divers intégrismes ailleurs (Inde, Israël) ; terrorismes divers ; tensions et émeutes urbaines, non seulement au sud mais également au nord de la planète.

Pourtant, il serait illusoire de penser que, en somme, le même monde continue – sans le conflit Est-Ouest qui fut durant un demi-siècle la préoccupation majeure de l'Occident. La mutation opérée en Europe centrale, la fin de l'Union soviétique ont des conséquences dont certaines sont immédiatement perceptibles (tel, par exemple, le conflit dans l'ex-Yougoslavie), d'autres moins directement (ventes d'armements, trafic de plutonium et autres circulations de matériel à haut risque ou de techniciens vers des pays considérés comme perturbateurs).

L'effondrement du système communiste européen, en permettant la réunification de l'Allemagne, déplace vers l'est le pivot de la nouvelle Europe dont l'Allemagne est désormais l'épicentre. Le partenariat franco-allemand paraît moins assuré pour l'avenir. L'ensemble de la *Mitteleuropa* jusqu'à l'Ukraine, Pologne comprise – sans oublier les Etats baltes – bénéficie d'importants investissements allemands. Ce processus ne s'accompagnera-t-il pas d'effets politiques à moyen terme ?

L'intégration de l'Europe centrale et danubienne au sein de l'OTAN est en cours, ce qui modifie l'ancien équilibre stratégique.

Les deux bénéficiaires majeurs de cette mutation sont les Etats-Unis et, secondairement, l'Allemagne.

Si l'appréciation du monde d'aujourd'hui doit partir d'abord du constat de la nouvelle hégémonie américaine, il faut y ajouter un second fait : la paix mondiale paraît plus assurée que jamais. Aussi est-il paradoxal de voir se multiplier les mises en garde sur les (mini-) apocalypses de demain. Tout se passe comme s'il était nécessaire de vendre de l'angoisse. Un Occident pacifique paraît menacé par de « nouveaux barbares ». Or, il n'y a pas de nouveaux barbares. Ce sont les mêmes qu'hier, à la période coloniale. Ce qui a changé, c'est la sensibilité du *néo-civilisé* issu d'un demi-siècle de paix et de relative prospérité – de surcroît dans le cadre de sociétés démographiquement peu dynamiques et vieillissantes. Le terrorisme, par exemple, depuis trois décennies, n'a déstabilisé aucun Etat. Israël, le plus visé d'entre tous, est triomphant. *Le fait que les pays développés ne puissent être menacés que par le truchement du terrorisme est davantage la preuve de leur puissance que de leur vulnérabilité.* En trente ans (1968-1998), le terrorisme transnational a causé moins de 10 000 morts. Aucune menace d'envergure en matière de violence venue de l'extérieur ne pèse sur les Etats industriels de l'Occident.

Certes, le terrorisme peut provoquer demain davantage de victimes par l'utilisation de gaz chimiques – comme à Tokyo en 1995 – ou de substances biologiques. Des Etats qui disposent d'armes chimiques ou biologiques peuvent menacer de s'en servir. Cependant, la capacité de rétorsion de l'Occident est sans mesure par rapport aux moyens d'Etats perturbateurs. On peut craindre un attentat particulièrement meurtrier, mais en aucun cas une déstabilisation (sinon purement psychologique).

Il est inexact de prétendre, contrairement aux sentiments que propagent les médias de masse et certains spécialistes, que tous les périls sont imminents. A l'optimisme du début du siècle succède, en Europe, un pessimisme très supérieur aux difficultés concrètes rencontrées par nos sociétés. Certes, des défis et des risques existent comme dans toute matière vivante. Mais nos sociétés sont, à bien des égards, mieux armées qu'autrefois.

Peut-être manquent-elles de projets plus mobilisateurs que ceux de l'accumulation de biens et d'une démocratie confisquée entre deux élections.

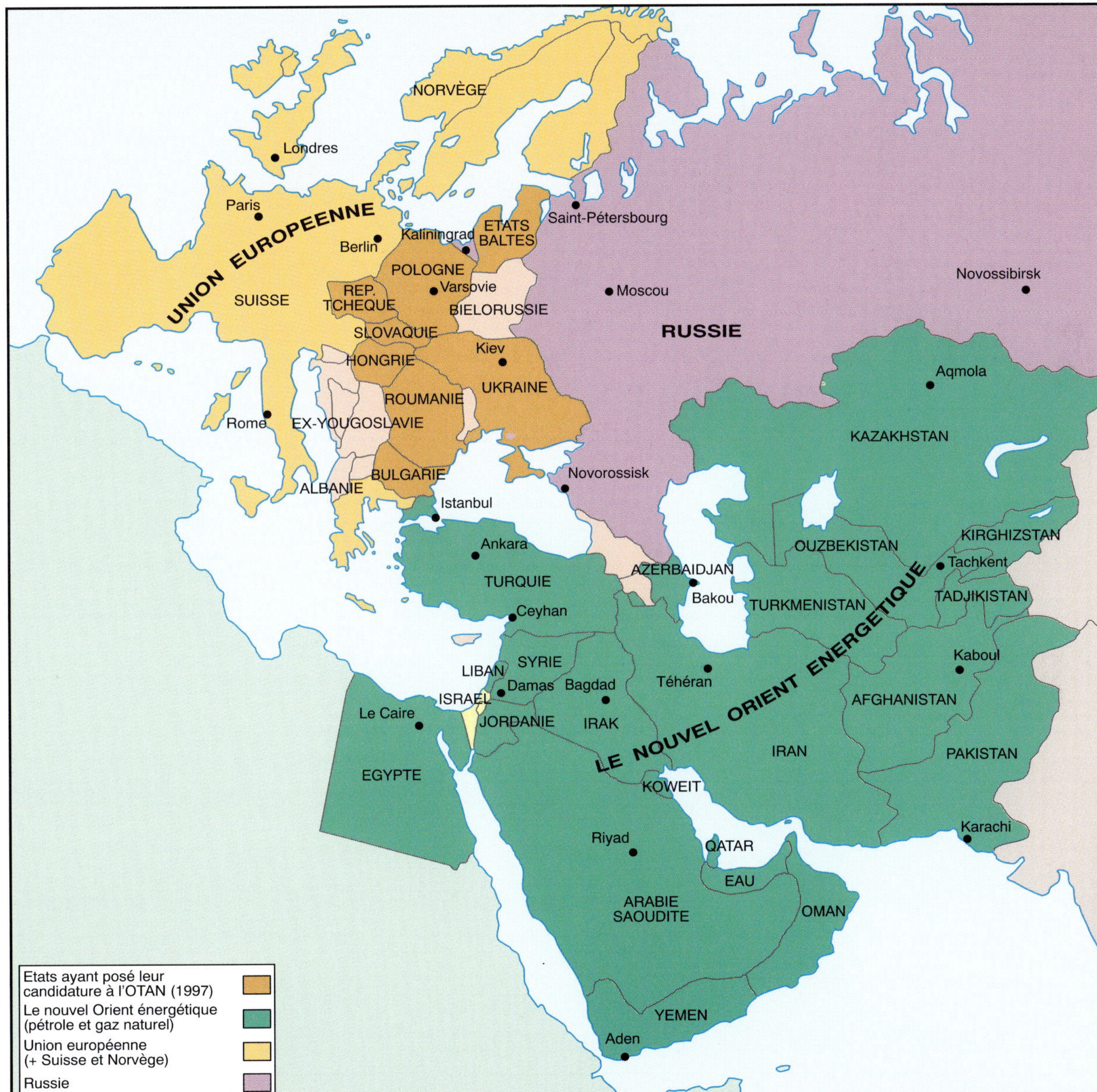

78. Les nouvelles donnes à la périphérie russe

Conclusion

Quel bilan ?

L'UN DES PARADOXES DU XXe SIÈCLE (1914-1991) est qu'il a essentiellement vécu sur le fonds des idéologies léguées par le siècle précédent : nationalismes et socialismes, en les portant jusqu'à leurs conséquences les plus extrêmes – totalitarismes fondés sur la race pour les nazis, sur l'idée de classe pour les communistes, tous deux se rejoignant sur le but de créer un « homme nouveau ».

Les véritables bouleversements du siècle tiennent à l'essor démographique comme aux innovations scientifiques (physique, chimie, médecine, biologie) et technologiques.

Les conséquences fondamentales de ces percées sont :

- l'apparition du feu nucléaire, qui modifie qualitativement la capacité de destruction dont l'espèce humaine, depuis les débuts de l'organisation collective de la violence, fait un usage constant ;
- la troisième révolution industrielle, fondée sur les communications et dont on mesure encore mal les conséquences ;
- le génie génétique, dont les perspectives peuvent bouleverser les données humaines sur lesquelles nous vivons depuis l'origine.

Malgré l'ensemble des hécatombes du siècle (guerres, génocides, révolutions, massacres, famines, épidémies, touchant peut-être 300 millions d'individus), la population du globe passe en un siècle de 1,6 à 6 milliards d'êtres humains. Dans le même temps, la proportion de la population du nord de la planète s'effondre de moitié malgré une immigration non négligeable. *La principale victime de cette modification est l'Europe.* En effet, tandis que sa population augmente seulement de 400 millions d'habitants en 1900 à 625 millions vers l'an 2000, les Etats-Unis passent, grâce aux courants migratoires, de 78 millions à 270 millions d'habitants. A l'horizon 2015-2025, la population des Etats-Unis sera nettement plus jeune que celles de l'Europe et, *a fortiori,* du Japon endogame.

A la mentalité impériale de la première moitié du XXe siècle en Europe et aux nationalismes agressifs dont le nazisme et les fascismes sont les expressions extrêmes, succède, après la Seconde Guerre mondiale, un monde graduellement très différent : un monde fondé sur le droit à l'autodétermination, où l'idée d'une supériorité biologique qui justifiait le racisme disparaît et ne hiérarchise plus les civilisations. Notons cependant que le droit à l'autodétermination est resté limité aux peuples colonisés par l'Occident.

Les antagonismes nationaux inter-européens font progressivement place à une communauté européenne fondée sur le libre-échange et sur un sentiment d'appartenance à une civilisation commune.

La fascination millénariste pour l'Union soviétique et ses idéaux proclamés – enthousiasme suscité chez ses adeptes plus souvent à l'extérieur qu'à l'intérieur de ses frontières – a disparu, non à cause de la terreur exercée, mais par effondrement du système. Ironie de l'histoire : le fameux « dépérissement de l'Etat » prévu par les marxistes aura été réservé à l'URSS.

L'émergence des anciennes colonies rend au monde asiatique surtout et africain son autonomie politique. Le développement de l'Asie orientale – à l'instar du Japon qui était, au début du siècle, le seul pays industrialisé d'Asie – est un des phénomènes importants d'aujourd'hui et plus encore de demain.

L'économie de marché, en dépit de ses crises et de ses inégalités, démontre, au cours du siècle, son dynamisme et sa capacité d'adaptation. Pour tempérer ses excès, des politiques sociales, à condition qu'elles ne soient pas paralysantes, sont nécessaires. Les multinationales se développent en fonction des données et des contraintes du marché mondial dont le profit est l'indication d'efficacité et la source de leur croissance. Elles tiennent aujourd'hui compte, dans leurs stratégies, des politiques des Etats industrialisés. Au total, à l'échelle mondiale, le nationalisme – dont les excès sont aujourd'hui surtout limités aux pays nouvellement indépendants – paraît être l'idéologie qui a le mieux traversé le siècle.

Si le monde reste politiquement centré sur l'Europe jusqu'en 1945, les Etats-Unis – qui sont industriellement les premiers au début du siècle – deviennent, dès la fin de la guerre, la puissance majeure et garantissent la sécurité de l'Europe occidentale. Depuis l'effondrement de l'Union soviétique, ils sont l'épicentre du monde.

Les mutations sociales au cours du siècle sont considérables. Le nombre d'heures de travail hebdomadaire a chuté. La classe ouvrière, qui représentait une majorité de la population active, a fortement diminué au profit du secteur tertiaire. Partout dans les pays industriels, la proportion des agriculteurs se situe en dessous de 10 % (4 % aux Etats-Unis). En Asie et en Afrique, la proportion des populations urbanisées égale celle des populations rurales, alors que la majorité des Latino-Américains vivent dans les villes – et pour une importante partie d'entre eux, en bidonvilles, comme dans le monde afro-asiatique.

On est loin de l'époque (1909) où quatre femmes qui manifestaient devant la Maison-Blanche en faveur du droit de vote pour les femmes étaient condamnées à six mois de prison. Le XXe siècle est, par excellence, celui de l'émancipation politique et de la libération des femmes, d'abord en Occident mais aussi, dans une certaine mesure, hors d'Occident : droit de vote, développement de l'emploi, modification dans les juridictions visant à l'égalité, contraception qui donne à la femme la liberté de gérer elle-même sa fertilité.

Le phénomène de la massification est une des caractéristiques de notre époque démocratique où les opinions publiques sont, au nom d'idéologies diverses, manipulées.

Plus que jamais, à l'ère des communications et des masses, les stratégies indirectes – dans un monde bridé par le nucléaire – sont le vecteur des antagonismes. Davantage qu'autrefois, l'enjeu et le champ de bataille sont d'abord dans les esprits et les volontés.

En même temps que se poursuit, à travers le marché, un processus de mondialisation, *surtout sensible entre pays industriels,* se manifestent des revendications identitaires soit de pays souverains, insatisfaits du *statu quo,* soit de minorités opprimées exprimant des malaises qui ne sont plus ressentis seulement par des élites, comme c'était le cas autrefois.

Sur le plan des idéologies religieuses, le bilan sur le siècle indique une désaffection relative en pays industriel des religions institutionnalisées. L'Eglise catholique, jadis globalement conservatrice, a connu, avec Jean XXIII et Paul VI un *aggiornamento.* Un retour aux valeurs traditionnelles assorti d'un esprit offensif sur le plan politique sont caractéristiques de la manière de Jean-Paul II. La multiplication des sectes démontre l'inadaptation relative des grandes religions aux attentes de leurs sociétés. Les sociétés musulmanes du Moyen-Orient sont en butte à leurs propres pesanteurs, aux contradictions induites par la domination américaine, et hantées par l'humiliation des défaites infligées par Israël. L'islamisme n'est qu'une des manifestations de la crise des sociétés musulmanes déçues dans leurs attentes en matière de croissance et, pour les élites, de puissance recouvrée. La croissance est, aujourd'hui, la justification d'un régime. Dans les pays qui se développent peu et dont la démographie est forte, l'augmentation du nombre de jeunes sans perspective d'emploi aboutit à une crise chronique jugulée par la coercition. Néanmoins, la conjonction de l'inefficacité et de la corruption de régimes de surcroît impopulaires débouche sur l'émeute. Entre deux accès de violence (réprimée quand le pouvoir est encore stable et sûr de lui), les grandes villes sont le lieu de la délinquance et de l'insécurité.

Dans les pays industriels, la compétition globale est de plus en plus âpre et exige des mutations, une plasticité dans l'adaptation et une créativité fondée sur la qualité de la recherche. Cela implique une autre politique que celle du souci électoral de séduire afin d'être reconduit.

Les Etats, en ordre plus ou moins dispersé : un premier loin devant, un deuxième et un troisième fort près l'un de l'autre, un quatrième talonné par plusieurs candidats, finissent le siècle à des places qui n'étaient pas les leurs à son début.

Les Etats-Unis se retrouvent non seulement à la première place, mais aussi sans rivaux, du moins pour l'instant, même s'ils peuvent, lorsqu'il n'y a pas crise ouverte, être bridés ou paralysés.

L'Allemagne – malgré deux guerres perdues – reste l'acteur central de l'Europe. Maintenant que la Seconde Guerre mondiale appartient au passé et qu'elle est réunifiée, le rôle qu'elle va jouer ira croissant.

Aujourd'hui, où l'Occident se caractérise par une phobie des menaces, alors que celles-ci sont plus virtuelles que réelles, le problème crucial de l'Europe et sa véritable menace sont le vieillissement de sa population. Le refus d'en tenir compte ne fait qu'amplifier d'autres problèmes, dont l'immigration.

Chronologies

Evénements historiques

1878
Amiral Tirpitz à la tête de la flotte du Reich (juin).
Guerre russo-turque dans les Balkans (1877-1878). Victoire russe (mars 1878).
Congrès de Berlin (juin-juillet).
La Serbie, le Monténégro et la Roumanie deviennent indépendants.
Les Autrichiens occupent la Bosnie.
La Bulgarie devient principauté autonome.

1881
Vague de pogroms contre les Juifs en Russie (1881-1882).

1882
Triple-Alliance (Allemagne, Italie et Autriche-Hongrie).
Les Britanniques conquièrent l'Egypte, qui devient un protectorat (septembre).

1884
Conférence de Berlin concernant le partage de l'Afrique (novembre).

1889
Scandale du Panamá (1889-1893).
Fondation de la IIe Internationale (la première datait de 1864). Congrès de Paris (mai).

1890
Etats-Unis : fin de la « Frontière ».

1891
Alliance franco-russe.

1894
Guerre sino-japonaise (1894-1895) en Mandchourie et sur mer. Victoire japonaise : Formose (Taïwan) annexée par le Japon.
Début de l'Affaire Dreyfus.

1895
Guerre cubaine d'indépendance (1895-1896).
Massacres d'Arméniens par les Turcs (1895-1896), estimés à 100 000 victimes.

1896
Désastre militaire italien à Adoua, Ethiopie (mars).
Guerre d'indépendance menée aux Philippines sous la direction d'Emilio Aguinaldo (1896-1898).
Parution de *L'Etat juif* par Théodore Herzl.

1897
Premier congrès sioniste à Bâle.

1898
Guerre américano-espagnole (mai-décembre) : Porto Rico annexé, occupation de Cuba et des Philippines par les Etats-Unis.
Les Etats-Unis formulent la doctrine de la « porte ouverte » à propos de la Chine.
Crise franco-britannique à Fachoda, haut Nil (7 novembre).
Naissance du Parti ouvrier social-démocrate en Russie.

1899
Début de l'insurrection des « Boxers » (1899-1900) contre les

occupants étrangers en Chine (juin).
Dreyfus gracié (19 septembre). Il est réhabilité en 1906.
La guerre des Boers (1899-1902). Conflit majeur où les Boers d'abord l'emportent grâce à leur mobilité. Mais la supériorité du feu et du nombre des Britanniques triomphe d'un adversaire isolé (Afrique du Sud).

1900
Premier Congrès panafricain à Londres sur l'initiative de W.E.B. Du Bois.
Révolte des Boxers (1899-1900). Prise de Pékin (août) par les forces conjuguées européennes et nord-américaines. Les troupes russes occupent la Mandchourie (octobre).
Achèvement dans l'Empire russe du chemin de fer transsibérien.

1901
Mort de la reine Victoria.

1902
Insurrection macédonienne contre l'Empire ottoman (1902-1914).
Ibn Séoud prend le contrôle du Nedj. Début de sa conquête de l'Arabie (1902-1925).
Pacte naval anglo-japonais.

1903
Début de la construction du chemin de fer Berlin-Bagdad.
Scission entre bolcheviques et mencheviques au sein du Parti social-démocrate russe (IIe congrès de Londres).
Important pogrom anti-Juifs à Kichinev, en Bessarabie.
Expédition britannique de Younghusband au Tibet (fixation de la frontière tibéto-indienne).
Afin de contrôler le canal de Panamá, les Etats-Unis soutiennent une sécession contre la Colombie. Panamá devient un protectorat américain *de facto* (novembre).

1904
Entente cordiale franco-anglaise (8 avril).
Début de la guerre russo-japonaise en Mandchourie (1904-1905).
Insurrection des Herero et des Hottentots dans le Sud-Ouest africain. Les trois quarts des Herero sont anéantis par les forces allemandes (1904-1906).

1905
Insurrection à Saint-Pétersbourg, qui s'étend à Moscou et à la Russie d'Europe (22 janvier).
Crise franco-allemande à propos du Maroc (mars).
Guerre russo-japonaise : chute de Port-Arthur ; défaite russe à Moukden (11 mars) et défaite navale russe à Tsushima (27 mai).
Création du parti irlandais Sinn Fein.
Révolution constitutionnelle en Perse (1905-1907).

1906
Après la défaite de la révolution de 1905 en Russie, restauration d'un pouvoir autoritaire en Russie (Stolypine).
Dreyfus, gracié, réintègre l'armée (juillet).
Gandhi commence sa campagne pour la non-violence en Afrique du Sud (1906-1913).
L'armée américaine occupe Cuba (1906-1909).

1907
Russes et Britanniques définissent leur sphère d'influence en Asie centrale et en Iran.

1908
Révolution « jeune-turque » dans l'Empire ottoman (juillet).
Annexion par l'Autriche-Hongrie de la Bosnie-Herzégovine, dirigée contre la Serbie (octobre).
Début de l'exploitation du pétrole iranien par les Britanniques.

1910
Formation de l'Union sud-africaine (Le Cap-Natal-Orange-Transvaal).
Révolution mexicaine (1910-1920).
Le Japon annexe la Corée.

1911
Deuxième crise franco-allemande à propos du Maroc (Agadir).
L'Italie déclare la guerre à l'Empire ottoman (prise de Tripoli, septembre). Annexion de la Tripolitaine et du Dodécanèse.
Proclamation de la république en Chine par Sun Yat-sen à Nankin (octobre).

1912
Maroc : protectorat français (mai).
Première guerre balkanique (1912-1913) : Serbes, Grecs, Bulgares et Monténégrins attaquent l'Empire ottoman, qui est défait.
Création de l'African National Congress.
Fondation du Guomindang (Parti national du peuple) par Sun Yat-sen.

1913
Création de l'Etat albanais (janvier).
Coup d'Etat « jeune-turc ». Les pan-turquistes l'emportent (avril).
Deuxième guerre balkanique (1913) : la Grèce, la Roumanie, l'Empire ottoman et la Serbie sont attaqués par la Bulgarie pour le partage des dépouilles. Défaite de la Bulgarie (août).

1914
Assassinat de l'archiduc d'Autriche à Sarajevo (28 juin).
Début de la Première Guerre mondiale (1914-1918).
La Grande Guerre : invasion de la Belgique (août). Avance en tenaille vers Paris. Bataille de la Marne (septembre). « La course à la mer » (septembre-novembre).
Sur le front de l'Est, victoires allemandes à Tannenberg et aux lacs de Mazurie contre les Russes (août-septembre).

1915
Guerre de tranchées à l'ouest (Champagne, Flandre, Artois).
Bataille des Dardanelles (février 1915-janvier 1916) : les forces franco-britanniques échouent à mettre l'Empire ottoman hors de combat.
Début de la bataille de l'Atlantique : sous-marins allemands contre convois alliés (février).
La Serbie défaite par les forces autrichiennes, bulgares et allemandes (octobre).
Massacres et déportations des Arméniens d'Asie Mineure, victimes du premier génocide du siècle.

1916
Bataille de Verdun (février-décembre). Echec allemand.
Avancée russe vers Erzeroum, Empire ottoman (février).
Début de la révolte arabe (juin).
Bataille navale du Jütland (mai-juin).
Bataille de la Somme (juillet-novembre). Echec franco-britannique.
Irlande : à Dublin, la « Pâque sanglante » (avril).

1917
La guerre sous-marine s'intensifie (janvier).
Révolution de février 1917 (Kerensky et la Douma).
L'offensive Nivelle. Mutineries (avril-mai).
Entrée en guerre des Etats-Unis (avril). Débarquement des unités américaines (septembre 1917).
Insurrection d'octobre 1917 : montée au pouvoir des bolcheviques.
Bataille de Cambrai : utilisation des premiers tanks (novembre).

1918
Traité de Brest-Litovsk (mars) : la Russie se retire de la guerre.
Offensives allemandes : Somme, Aisne, Champagne (mars-juin).
Interventions étrangères (Français et Britanniques) contre les bolcheviques en mer Blanche et mer Noire (juin-août). Les forces japonaises débarquent en Sibérie orientale. De même, certaines forces américaines (août).
Deuxième bataille de la Marne (juillet-août).
Offensive de Foch (juillet-septembre) : recul des Allemands.
Bataille de Megiddo en Palestine (septembre) : les Turcs reculent devant les Anglais du général Allenby. Damas est prise par les Anglais. Prise de Beyrouth par les Français. Prise de Mossoul et de Bakou par les Britanniques.
Révolution en Allemagne : proclamation de la république à Berlin (9 novembre). Début de la République de Weimar.
Armistice du 11 novembre 1918 : fin de la Grande Guerre.

1919
Naissance de la Société des Nations (avril).
Traité de Versailles (juin).
Traité de Saint-Germain (septembre) : création de la Pologne, de la Tchécoslovaquie, de la Yougoslavie et de la nouvelle Roumanie.
Traité de Neuilly concernant la Bulgarie (novembre).
Ecrasement de l'insurrection spartakiste à Berlin (janvier). Assassinat de Rosa Luxemburg et de Karl Liebknecht.
République des Conseils de Bavière écrasée en avril.
République des Conseils en Hongrie (Béla Kun) écrasée par l'armée roumaine (avril-août).
Tuerie d'Amritsar par les forces britanniques en Inde (avril).
Chine : Mouvement du Quatre-Mai.
Création de la IIIe Internationale : Komintern (1919-1943).

1920
Putsch manqué de Kapp avec l'appui des corps francs en Allemagne (mars).
Un gouvernement provisoire est proclamé par Mustafa Kemal en Turquie (avril).
Guerre russo-polonaise (1920-1921). Offensive polonaise et contre-attaque de Toukhatchevski qui échoue devant Varsovie (avril).
Traité de Trianon : règle la question des frontières hongroises (4 juin).
Traité de Sèvres : l'Empire ottoman perd l'Orient arabe, la Thrace, l'Arménie, etc. (10 août).
Apparition du parti nazi (Adolf Hitler) et des Sections d'assaut (SA) de Röhm.
En Inde, Gandhi lance un mouvement pour l'indépendance.

1921
Guerre gréco-turque (1921-1922). L'offensive grecque en Anatolie est arrêtée, les Grecs sont refoulés.
Reza Khan s'empare du pouvoir en Iran (février).
Insurrection des marins de Kronstadt (mars).
Nouvelle politique économique (NEP) mise en place par Lénine (mars).
Début de la guerre du Rif (1921-1926).
Partition de l'Irlande : Ulster et Etat libre d'Irlande au Sud (1921-1922). Rébellion de l'Armée républicaine irlandaise.
Premier congrès du Parti communiste chinois (juillet).
Faysal sur le trône d'Irak (par les Britanniques) (avril).
Allemagne : inflation « galopante » et effondrement de la monnaie (1921-1923).

1922
Italie : marche sur Rome des Chemises noires (octobre).

1923
Occupation de la Ruhr par les Français (janvier).
Le traité de Lausanne remplace celui de Sèvres. La Turquie limite ses pertes territoriales aux provinces arabes. Proclamation de la république (24 juillet).
Putsch manqué d'Hitler à Munich (novembre).

1924
Mort de Lénine (janvier).

Ibn Séoud et ses troupes s'emparent de La Mecque (octobre).

1925

Insurrection kurde en Turquie.

Traité de Locarno : reconnaissance par l'Allemagne de ses frontières occidentales (octobre).

La convention de Genève (SDN) interdit l'utilisation des gaz de combat.

Reza Khan devient shah et inaugure la dynastie Pahlavi en Iran.

1926

Chine : Jiang Jieshi (Tchang Kaï-chek) possède le pouvoir sur une partie croissante du pays (1926-1928).

1927

Chine : début de la guerre civile (1927-1949). Massacre des communistes à Shanghai et repli des communistes dans des régions rurales (avril-août). Commune de Canton écrasée (décembre).

Nicaragua : guérilla de Sandino contre l'occupation américaine (1927-1934).

URSS : Trotski écarté du pouvoir (novembre).

1928

Chine : les forces du Guomindang prennent Pékin : fin des seigneurs de la guerre (juin).

Plans quinquennaux et collectivisation agraire en URSS (octobre).

Pacte Briand-Kellogg : 62 Etats entendent renoncer à la guerre (août).

1929

Concordat de Latran entre le pape et Mussolini.

Création des « Frères musulmans » en Egypte.

Krach d'octobre 1929 à Wall Street.

1930

Insurrection kurde en Iran, en Irak (1930-1931) et en Turquie (1930).

Ascension du parti nazi en Allemagne (1930-1932).

1931

Salazar prend le pouvoir au Portugal.

Le Japon investit la Mandchourie (Mandchoukouo), qui devient Etat satellite (septembre).

1932

Guerre du Chaco (1932-1935) entre le Paraguay et la Bolivie.

Montée du militarisme japonais : élimination par meurtres d'opposants.

1933

Hitler et les nazis accèdent au pouvoir par voies légales (janvier).

Roosevelt élu président des Etats-Unis. Début du New Deal (mars).

Ibn Séoud accorde des concessions à la Standard Oil.

1934

L'affaire Stavisky : utilisée par l'extrême droite anti-parlementaire (janvier).

Le 6 février 1934 et les semaines suivantes, violentes manifestations d'extrême droite à Paris.

« Nuit des longs couteaux » : élimination de Röhm et des SA en Allemagne (juin).

Le chancelier Dollfuss prend le pouvoir en Autriche. Il est assassiné la même année par des nazis autrichiens (juillet).

Début des grandes purges staliniennes.

Chine : la cinquième campagne d'encerclement oblige les communistes à faire retraite. Durant la Longue Marche, Mao Zedong établit son pouvoir sur le Parti communiste chinois (1934-1935).

1935

La Sarre retourne à l'Allemagne après plébiscite (janvier).

Réarmement de l'Allemagne (mars).

Décision annoncée par G. Dimitrov (Komintern) d'un Front uni des partis antifascistes.

Agression italienne en Ethiopie (octobre).

Lois raciales promulguées en Allemagne : lois de Nuremberg (septembre).

1936

L'Allemagne réoccupe militairement, sans opposition, la Rhénanie (mars).

Début de la révolte arabe en Palestine (avril) contre les Britanniques et les colons juifs (1936-1939).

Front populaire : victoire électorale. Formation du gouvernement Léon Blum (mai-juin).

Guerre civile espagnole (1936-1939). Insurrection nationaliste dirigée par le général Franco (juillet).

Les grands procès de Moscou dans le cadre des purges staliniennes (1934-1939).

Axe Rome-Berlin proclamé (1er novembre).

« Pacte anti-Komintern » entre l'Allemagne et le Japon (25 novembre). L'Italie le rejoint en 1937.

Alliance entre le Guomindang et les communistes contre les Japonais (décembre).

1937

Espagne : siège de Madrid par les nationalistes (février).

Bombardement de Guernica (avril).

Affrontements entre communistes et anarchistes à Barcelone (mai).

Irlande : De Valera, Premier ministre de l'Etat libre d'Irlande.

La Commission britannique Peel recommande la partition de la Palestine.

Début de l'invasion japonaise en Chine. Prise de Shanghai, massacres considérables de Nankin (juillet-décembre).

1938

Anschluss : annexion de l'Autriche par Hitler (mars).

Chine : prise de Canton et de la côte sud de la Chine par les Japonais (octobre).

Affrontements armés soviéto-nippons à la frontière de la Sibérie et de la Mandchourie (1938-1939).

Accords de Munich (septembre). La France et l'Angleterre entérinent

l'annexion des Sudètes par l'Allemagne.
Allemagne : « Nuit de cristal » (novembre) : violentes manifestations antijuives.

1939
Elimination de la Tchécoslovaquie : protectorat allemand de Bohême-Moravie et Etat slovaque (mars).
Pacte de non-agression germano-soviétique (août 1939) : Molotov-Ribbentrop.
Début de la Seconde Guerre mondiale : l'Allemagne envahit la Pologne (1er septembre). La France et l'Angleterre déclarent la guerre à l'Allemagne (3 septembre).
Partage de la Pologne entre l'URSS et l'Allemagne.
Agression soviétique contre la Finlande (novembre 1939-mars 1940).

1940
Offensive allemande en Scandinavie (Norvège, Danemark), puis invasion foudroyante de la Hollande, la Belgique et la France (juin). Armistice (avril-juin).
Division territoriale de la France. Gouvernement de l'Etat français à Vichy (Pétain).
Bataille aérienne d'Angleterre (été-automne).
France : le statut des Juifs promulgué par Vichy (octobre).

1941
Victoire britannique dans la Corne de l'Afrique : défaites italiennes (janvier-mai).
Offensive allemande en Libye : Afrikakorps du général Rommel (mars-décembre).
Loi du prêt-bail votée aux Etats-Unis (fournitures d'armes aux étrangers) (mars).
Les Allemands envahissent la Yougoslavie et la Grèce (avril).
Début de la guerre de partisans en Yougoslavie (Tito-Mikhailovitch) (mai).
Agression allemande contre l'Union soviétique (22 juin). Opération Barbarossa.
Offensive allemande : Moscou et Leningrad menacées en octobre. Offensive et échec allemands devant Moscou (octobre - novembre). Contre-offensive soviétique (6 décembre).
Pearl Harbor, Hawaii : attaque aérienne sur la base américaine par les forces japonaises (7 décembre).
Chute de Manille et des Philippines (décembre 1941-1942), de Guam et de Wake, de Hong Kong.

1942
Poursuite de l'offensive japonaise : conquêtes de la Malaisie, des Indes néerlandaises, de la Birmanie et de Singapour (janvier-juin).
« Solution finale » de la question juive en Europe décidée à la Conférence de Wannsee (janvier).
Offensive de Rommel en Libye (janvier-novembre) : victoire britannique à El-Alamein (23 octobre).
Premiers bombardements sur Tokyo (avril).
Bataille de la mer de Corail : échec japonais (7-8 mai).
Bombardements massifs des Alliés sur l'Allemagne (Cologne) (mai).
Bataille navale décisive de Midway : échec japonais (4-6 juin).
Guadalcanal : échec japonais (août 1942-juin 1943).
Rencontre Roosevelt-Churchill (Terre-Neuve) créant la Charte de l'Atlantique (août).
Offensive allemande d'été vers la Volga et le Caucase. Bataille de Stalingrad (août 1942-février 1943), bataille décisive renversant le cours de la guerre en Russie.
Les Allemands occupent la zone libre (Etat français de Vichy) en France (novembre).
Fin 1942. La guerre navale de l'Atlantique tourne à l'avantage des Alliés. Débarquement américain au Maroc et en Algérie (novembre).
Début du projet Manhattan qui mènera à la bombe atomique en 1945.

1943
Capitulation des forces allemandes à Stalingrad (février).
Avance anglo-américaine en Tunisie (février-mai). Capitulation des forces allemandes et italiennes.
Insurrection du ghetto de Varsovie (avril-mai).
Accentuation des bombardements alliés sur l'Allemagne (Berlin, Hambourg) et la base de Pennemund (juin-juillet).
Dernière grande offensive allemande à Koursk (juillet).
Débarquement anglo-américain en Sicile (juillet-août). Mussolini est déposé par le Grand Conseil fasciste (juillet).
Conférence de Téhéran (novembre) entre Roosevelt, Staline et Churchill. Le débarquement à l'ouest de l'Europe est décidé.
Début de l'offensive victorieuse des Russes (1943-1945). Libération de Kharkov, Kiev et Smolensk (novembre-décembre).

1944
Russie : Leningrad dégagée, l'armée soviétique entre dans les pays Baltes, en Roumanie et en Galicie (janvier-avril).
Prise d'Anzio et de Monte Cassino en juin par les forces anglo-américaines (mai-juin).
Bombardement de l'Angleterre par les V1 et V2 (juin-septembre).
Débarquement allié en Normandie (6 juin). Soulèvement de la Résistance en France. Libération de Paris (août). Débarquement en Provence (15 août).
Attentat contre Hitler le 20 juillet : échec et répression au sein de l'armée.
Prise de Varsovie après l'anéantissement de l'insurrection des résistants polonais (août-octobre).
Bataille des Ardennes (décembre 1944) : bataille de Bastogne.

1945
Guerre du Pacifique : offensive américaine aux Philippines

(janvier-août). Bataille d'Okinawa (avril-juin). Bombardement de Tokyo (9-10 mars).
Conférence de Yalta entre Roosevelt, Staline et Churchill (4-11 février).
Truman président des Etats-Unis (12 avril).
Berlin, atteint le 22 avril, tombe le 2 mai sous l'assaut de l'armée soviétique.
Capture et exécution de Mussolini (28 avril).
Suicide d'Hitler dans son bunker de Berlin (30 avril).
Fin de la Seconde Guerre mondiale en Europe (8 mai).
Emeutes et massacres de Sétif, en Algérie (mai).
Signature de la Charte des Nations unies (25 juin).
Conférence de Potsdam entre Truman, Staline et Churchill (puis Attlee) (juillet).
Bombardement américain : bombes atomiques sur Hiroshima (6 août) et Nagasaki (9 août).
Capitulation du Japon (14 août).
Proclamation par Hô Chi Minh de l'indépendance du Vietnam (2 septembre).
France : Charles de Gaulle élu président du Gouvernement provisoire (novembre).
Procès de Nuremberg contre les criminels de guerre nazis (novembre 1945- octobre 1946).

1946
France : le général de Gaulle quitte le pouvoir (janvier).
La guerre civile en Chine entre nationalistes et communistes s'intensifie (janvier).
Discours de Churchill à Fulton (5 mars) : « Un rideau de fer est tombé sur l'Europe. »
Etablissement de régimes communistes en Albanie et en Bulgarie. La Pologne, la Hongrie, la Roumanie connaissent la même évolution en 1947-1948.
Guerre civile grecque (septembre 1946-1949).
Début de la guerre d'Indochine entre Vietnamiens et Français (novembre 1946-1954).

1947
Soulèvement anticolonial à Madagascar durement réprimé par les Français (janvier-avril).
Doctrine Truman prônant l'endiguement du communisme (11 mars).
Lancement du plan Marshall (5 juin).
Partition de l'Inde en deux Etats : Union indienne et Pakistan (août). Violentes émeutes et massacres massifs entre Indiens (hindous, sikhs, etc.) et musulmans.
Guerre du Cachemire entre Indiens et Pakistanais (1947-1949).
Création du Kominform (22 septembre 1947-1956).
Plan de l'ONU pour la partition de la Palestine en un Etat juif et un Etat arabe (novembre).

1948
Assassinat de Gandhi (3 janvier).
« Coup de Prague » : les communistes au pouvoir en Tchécoslovaquie (février).
Proclamation de l'Etat d'Israël (14 mai).
Israël : guerre d'Indépendance d'Israël entre les Juifs et les Arabes (mai 1948-janvier 1949).
Blocus de Berlin par les Soviétiques (20 juin 1948-12 mai 1949). Pont aérien américain.
Rupture entre Tito et Staline. La Yougoslavie exclue du Kominform (28 juin).
La Corée du Nord (9 septembre) et la Corée du Sud deviennent des Etats indépendants.
Afrique du Sud : introduction du système raciste de l'apartheid.
Adoption de la Déclaration universelle des droits de l'homme (ONU, décembre).

1949
Création en Europe orientale du Comecon (janvier).
Création du Conseil de l'Europe (avril).
Le traité de l'Atlantique Nord (OTAN) est signé (avril et septembre).
La République fédérale allemande et la République démocratique allemande sont créées (mai-octobre).
Première bombe atomique soviétique (juillet).
Proclamation de la République populaire de Chine (1er octobre).

1950
Europe : plan Schuman sur la Communauté européenne du charbon et de l'acier (CECA) (mai).
Le maccarthysme aux Etats-Unis (1950-1954).
Les forces chinoises conquièrent le Tibet.
Guerre de Corée (25 juin 1950-1953).
Intervention des forces de l'ONU sous le commandement de MacArthur en Corée (27 juin).

1951
Guerre de Corée (1950-1953). La Corée du Nord est soutenue par des troupes chinoises (janvier).
Mossadegh et le parti de Front national nationalisent l'industrie du pétrole (avril).
Bombe H américaine (novembre).

1952
Révolution en Egypte : le roi Farouk est déposé par Gamal Abdel Nasser et Mohammed Néguib (23 juin). Proclamation de la république en Egypte.
Première bombe atomique britannique (octobre).
Procès Slansky à Prague faisant suite à un ensemble de procès politiques en Europe de l'Est (Rajk en Hongrie, 1949, ou Kostov en Bulgarie, 1949, etc.) (novembre).
Eisenhower est élu président des Etats-Unis (novembre).

1953
Mort de Joseph Staline (5 mars). Malenkov à la tête de l'URSS.
Emeutes ouvrières à Berlin-Est

contre le gouvernement (juin). Répression soviétique.
Guerre de Corée : cessez-le-feu établi sur le 38e parallèle, frontière entre les deux Corées (27 juillet).
Iran : Mossadegh est déposé (août).

1954
Défaite des forces françaises à Diên Biên Phu en Indochine (7 mai).
Guatemala : le gouvernement élu de J. Arbenz renversé par un coup d'Etat militaire soutenu par la CIA (juin).
Indépendance du Vietnam : accords de Genève entre la France et les Nord-Vietnamiens (20 juillet). Fin de la guerre d'Indochine.
Création de l'OTASE (septembre).
Début de l'insurrection algérienne (novembre 1954-1962) : Front de libération nationale (FLN).

1955
Conférence de Bandung (avril) réunissant 29 pays afro-asiatiques.
Création du « pacte de Varsovie » à caractère militaire (mai).
La RFA admise à l'OTAN (octobre).
Ascension de N. Khrouchtchev en URSS.

1956
XXe Congès du Parti communiste de l'URSS (février). Khrouchtchev dénonce les « crimes de Staline » dans un rapport secret.
La RDA intègre le pacte de Varsovie.
Dissolution du Kominform (avril).
Vague d'incidents graves en Pologne réprimés par les Soviétiques (juin).
Crise de Suez : nationalisation du canal (juillet).
Campagne militaire anglo-franco-israélienne (octobre-décembre).
Insurrection armée du peuple hongrois en octobre-novembre. Sanglante répression par les troupes soviétiques à Budapest.

1957
Signature des traités de Rome sur la CEE et l'Euratom (mars).

1958
Création de la NASA.
Prise du pouvoir à Alger par le général Massu et un Comité de salut public (13 mai).
Guerre civile au Liban. Intervention des forces américaines (juillet).
Irak : coup d'Etat du général Kassem. Abolition de la monarchie Hachémite (juillet).
Adoption de la Constitution de la Ve République par référendum. De Gaulle devient président de la République (septembre).
Chine : politique du « Grand Bond en avant ».

1959
Association européenne de libre-échange (janvier).
Cuba : les castristes s'emparent de La Havane. Fin de la dictature de Batista (janvier).
Insurrection au Tibet sévèrement réprimée (mars).
Chine : échec du « Grand Bond en avant ».

1960
Bombe atomique française (février).
Massacre de Sharpeville en Afrique du Sud (opposition à l'apartheid) (mars).
Guerres civiles au Zaïre (1960-1964) et sécession du Katanga.
Sud-Vietnam : le FNL relance la guerre civile.
Conflit idéologique ouvert entre l'URSS et la Chine.
John F. Kennedy est élu président des Etats-Unis (novembre).

1961
URSS : Gagarine, premier homme dans l'espace (12 avril).
Echec d'un débarquement de Cubains soutenu par la CIA à la baie des Cochons, à Cuba (avril).
À Alger, tentative avortée de putsch des généraux. Création de l'OAS (avril).
Irak : début de la lutte armée des Kurdes (1961-1975).
Sud-Vietnam : aide américaine renforcée (15 000 conseillers).
« Mur de Berlin » (12 août) séparant l'Ouest et l'Est.
Conférence des non-alignés à Belgrade (septembre). 25 Etats représentés.
Zaïre : intervention des forces armées de l'ONU au Katanga. Lumumba, Premier ministre du Zaïre, est assassiné (septembre).

1962
L'Algérie devient indépendante le 1er juillet. Attentats OAS en France et en Algérie. Exode vers la métropole de 900 000 Français d'Algérie.
Guerre civile au Rwanda entre Hutu et Tutsi (1962-1963).
L'Ethiopie annexe l'Erythrée : début de la lutte des Erythréens pour l'indépendance (1962-1991).
Afrique du Sud : incarcération de Nelson Mandela (condamné à la prison à vie).
Crise des fusées de Cuba (22 octobre-2 décembre).
Conflit sino-indien dans l'Himalaya. Les Chinois occupent l'Aksai Chin (novembre).

1963
Assassinat du président Kennedy (22 novembre).

1964
Chypre : guerre civile entre Turcs et Grecs de l'île (mars-août).
Incident du golfe du Tonkin prétexte à l'intervention militaire des Etats-Unis au Vietnam (2-4 août).
Etats-Unis : la loi sur les droits civiques des Noirs est votée.
Bombe atomique chinoise (octobre).
URSS : Khrouchtchev écarté du pouvoir au profit de Brejnev (octobre).

1965
Guerre du Vietnam : début des raids aériens américains au Nord-Vietnam (février). 150 000 soldats américains engagés au Vietnam (fin 1965).
République dominicaine : intervention armée des Etats-Unis

pour soutenir la dictature en place (avril).
Guerre indo-pakistanaise (25 août-22 septembre) au Cachemire.
Indonésie : coup d'Etat de Suharto contre le président Soekarno. Massacre de 500 000 communistes et partisans de Soekarno (décembre 1965-mars 1966).

1966
Conférence tricontinentale de La Havane (janvier).
La Révolution culturelle en Chine (1966-1971).
Etats-Unis : mouvement des « Black Panthers » et émeutes dans les quartiers noirs des grandes villes (1966-1967).

1967
« Coup d'Etat des colonels » en Grèce : instauration de la dictature (avril 1967-1974).
Nigeria : guerre sécessionniste du Biafra (mai 1967-1970).
« Guerre des Six Jours » : 3e guerre israélo-arabe (5-10 juin). Israël annexe Jérusalem (juin).
Guerre du Vietnam : (500 000 soldats américains).
Bombe H chinoise.
Les nations non communistes d'Asie du Sud-Est fondent l'ASEAN (août).
Mort de Che Guevara en Bolivie (octobre).

1968
Guerre du Vietnam : arrêt des bombardements aériens sur le Nord-Vietnam. Offensive du Têt menée par les Vietnamiens communistes.
Tchécoslovaquie : « printemps de Prague » (janvier-août). Intervention des troupes du pacte de Varsovie (août).
Mouvement mondial de contestation étudiante.
L'agitation et la crise étudiante en France ébranlent le pouvoir gaulliste (mars-juin).
Etats-Unis : assassinat de Martin Luther King à Memphis (avril).
Allemagne : début des actions terroristes du groupe Baader-Meinhof (1968-1971).
Guérillas urbaines en Argentine, au Brésil et en Uruguay (1968-1972).
Nixon élu président des Etats-Unis (novembre).

1969
Graves incidents frontaliers sino-soviétiques sur l'Oussouri (mars).
Le général de Gaulle quitte le pouvoir (avril).
Etats-Unis : massives démonstrations pacifiques contre la guerre du Vietnam.
Guerre civile au Cambodge menée par les Khmers rouges (1969-1975).
Libye : la monarchie est renversée par le colonel Kadhafi.
Début de la guerre civile en Irlande du Nord (Ulster) (août).

1970
Les forces sud-vietnamiennes et américaines pénètrent au Cambodge. Le général Lon Nol renverse le roi Sihanouk (mars).
Chili : élection du gouvernement d'unité populaire de Salvador Allende (1970-1973).
« Septembre noir » en Jordanie : l'OLP expulsée de Jordanie (septembre).
Mort de Nasser en Egypte. Anouar el-Sadate lui succède (septembre).

1971
Guerre d'indépendance du Bangladesh avec intervention de l'Inde contre l'armée pakistanaise (mars-décembre).
La Chine populaire admise à l'ONU (octobre). Taïwan en est exclue.
Suspension de la convertibilité du dollar (15 août).

1972
Etats-Unis : scandale du Watergate (1972-1974).
Accords Salt I entre Américains et Soviétiques : limitation des armes stratégiques (mai).
Visite du président Nixon en Chine populaire.
Renvoi d'Egypte des conseillers soviétiques par Sadate.
Massacres des élites hutu par les Tutsi, au Burundi.

1973
Le Royaume-Uni, l'Eire et le Danemark entrent dans la CEE (janvier).
Accords de paix de Paris sur le Vietnam (janvier).
Chili : le gouvernement de Salvador Allende renversé par un coup de force du général Pinochet.
« Guerre d'Octobre » : 4e guerre israélo-arabe (octobre).
Premier choc pétrolier : prix multiplié par quatre (octobre-décembre).

1974
Démission du président Nixon.
L'Inde possède virtuellement l'arme nucléaire.
Guerre entre le Sud- et le Nord-Vietnam malgré le cessez-le-feu.
Portugal : la « révolution des œillets » : coup d'Etat militaire rétablissant la démocratie (avril).
Grèce : effondrement de la dictature militaire et restauration d'un régime démocratique (juillet).
Ethiopie : l'empereur Hailé Sélassié est déposé par un coup d'Etat militaire.

1975
Accords de Lomé entre la CEE et 46 pays d'Afrique, des Caraïbes et du Pacifique sur l'organisation des relations commerciales (février).
Cambodge : les Khmers rouges prennent Phnom Penh (avril) et contrôlent le pays. Début des déplacements, des déportations de populations et des massacres (1975-1979).
Fin de la guerre civile au Vietnam : les forces communistes s'emparent de Hué, Danang et Saigon (avril).
L'Indonésie envahit et annexe Timor-Est (ex-colonie portugaise).
Guerre civile au Liban (1975-1991) opposant phalanges chrétiennes et OLP (palestiniens) pour commencer.

Acte final de la conférence d'Helsinki (août).
Début de la guerre civile en Angola mettant aux prises les mouvements de résistance, UNITA surtout et FNLA, contre le gouvernement de Luanda.
Cuba s'implique dans les affaires africaines (troupes en Angola : opération Carlota).
A la mort de Franco, son successeur le roi Juan Carlos entreprend la restauration de la démocratie en Espagne (novembre).
Sahara occidental occupé par les forces marocaines (« Marche verte »), auxquelles s'oppose bientôt le Front Polisario (décembre).
Tchad : coup d'Etat et début d'une guerre civile (1975-1987) où interviennent de part et d'autre forces libyennes et françaises.

1976
Guerre civile au Liban : intervention des forces syriennes.
Portugal : Mario Soares, Premier ministre, ouvre une période de stabilité politique (avril).
Emeutes noires à Soweto en Afrique du Sud.
Conférence de la Jamaïque : abandon par le FMI du système de Bretton Woods.
Argentine : coup d'Etat du général Videla.
Chine : mort de Mao Zedong (septembre). Arrestation de la « Bande des Quatre », dont la veuve de Mao (octobre).
Jimmy Carter élu président des Etats-Unis.
Réunification du Vietnam (décembre).

1977
Zaïre : guerre du Shaba (avril).
L'URSS déploie en Europe de l'Est les missiles SS-20.
Voyage du président égyptien Sadate à Jérusalem.

1978
Ethiopie : l'appui des forces cubaines et de l'Union soviétique permet à Mengistu des succès importants contre les forces de la Somalie et la résistance érythréenne (février).
Liban : invasion du Sud par les troupes israéliennes (mars).
Guerre civile en Afghanistan (1978-...).
Action terroriste des « Brigades rouges » en Italie.
Vietnam : les *boat people* fuient le Vietnam et le Cambodge (1978-1981).
Accords de Camp David préparant la normalisation des rapports entre Israël et l'Egypte (septembre).
Jean Paul II élu pape.

1979
Deuxième choc pétrolier : l'OPEP double le prix du baril (janvier 1979-novembre 1980).
Iran : renversement du shah et mise en place d'un régime islamique par l'ayatollah Khomeiny (janvier-février).
Cambodge : invasion par l'armée vietnamienne. Le régime de Pol Pot et des Khmers rouges est renversé (janvier).
Vietnam : attaque des forces chinoises sur la frontière nord (février-mars).
Accident nucléaire à Three Miles Island, Etats-Unis (mars).
Mise en place du système monétaire européen (SME).
Nicaragua : victoire du mouvement sandiniste.
Salvador : guerre civile (1976-1988).
Les Etats-Unis et l'URSS signent les accords Salt II (juin) (limitation du nombre des missiles balistiques intercontinentaux).
L'OTAN décide l'installation de missiles Pershing et Cruise en Europe occidentale.
Israël : accords israélo-égyptiens sur l'évacuation du Sinaï.
Iran : l'ambassade américaine et son personnel pris en otage (novembre 1979-1981).
Afghanistan : intervention soviétique dans la guerre civile (décembre). Début du conflit soviéto-afghan (décembre 1979-1989).

1980
Création en Pologne du syndicat indépendant « Solidarité » dirigé par Lech Walesa (septembre).
Début de la guerre Iran-Irak (septembre 1980-1988).
Turquie : l'armée s'empare du pouvoir (septembre).
Ronald Reagan élu président des Etats-Unis.

1981
La Grèce membre de la CEE (janvier).
Une attaque aérienne israélienne détruit un centre de recherche nucléaire irakien (Ozirak) (juin).
Début de la guerre civile entre Tamouls et Cinghalais au Sri Lanka (1981-...).
Egypte : assassinat de Sadate par des islamistes (octobre).
Négociations soviéto-américaines sur les euromissiles (novembre).
Pologne : le général Jaruzelski à la tête de l'Etat. Le syndicat « Solidarité » hors la loi (décembre).

1982
Invasion par l'armée d'Argentine des îles Falkland (Malouines). Un corps expéditionnaire britannique les reconquiert. La défaite provoque l'effondrement du régime militaire argentin (avril-juin).
Israël envahit le Sud-Liban et l'occupe (juin).
Massacre de Sabra et de Chatila par les phalanges chrétiennes libanaises (septembre).

1983
Le projet d'initiative de défense stratégique (IDS) « guerre des étoiles » présenté par le président Reagan.
La RFA et l'Angleterre acceptent l'installation de Pershing et de missiles de croisière sur leurs territoires.
Menacée directement par les Syriens, l'OLP est contrainte de quitter le Liban (octobre).
Liban : attentats suicides meurtriers

contre les éléments français et américains de la force multinationale (octobre).
Intervention américaine à la Grenade (octobre).
Chypre : la Turquie envahit et partage l'île (juillet-août), créant une République turque de Chypre du Nord.

1984
Assassinat d'Indira Gandhi, Premier ministre de l'Inde (octobre).
L'URSS installe des missiles SS-20 en Europe orientale.
Début de la guérilla du PKK (kurde) en Turquie.

1985
Gorbatchev secrétaire général du PC de l'URSS (mars).
Mesures et sanctions économiques contre l'Afrique du Sud décidées par le Conseil de sécurité de l'ONU (juillet).
Liban : l'armée israélienne quitte le Liban.
Sommet Reagan-Gorbatchev à Genève (novembre).

1986
Entrée du Portugal et de l'Espagne dans la CEE (janvier).
Philippines : Ferdinand Marcos est exilé. Cory Aquino devient chef d'Etat (février).
Ratification de l'Acte unique européen (mars).
URSS : explosion à la centrale nucléaire de Tchernobyl près de Kiev (avril).
Libye : l'aviation américaine bombarde Tripoli en représailles au terrorisme international encouragé par le colonel Kadhafi.
Second sommet Reagan-Gorbatchev à Reykjavik (octobre).

1987
Crise à la Bourse de New York. Répercussions sur les places financières du monde.
Incidents meurtriers à la Grande Mosquée de La Mecque entre chiites et les services d'ordre saoudiens (juillet).
Traité sur les forces nucléaires intermédiaires signé par Reagan et Gorbatchev (décembre).

1988
Intifada palestinienne dans les territoires occupés par Israël (1988-1993).
Birmanie : émeutes et troubles graves contre le régime de dictature durement réprimés (mars-septembre).
Importantes manifestations urbaines à Alger.
Début du conflit entre Arméniens et Azéris à propos de l'enclave du Nagorno-Karabakh (1988-1994).
George Bush élu président des Etats-Unis.

1989
Retrait soviétique d'Afghanistan mais poursuite de la guerre civile (février).
Chine : démonstration du mouvement étudiant sur la place Tian'anmen sévèrement réprimée (juin).
Chute du mur de Berlin (9 novembre).
Roumanie : chute de Ceauşescu à Bucarest (décembre).

1990
Panamá : le général Noriega évincé par une intervention américaine (janvier).
Afrique du Sud : libération de Nelson Mandela, dirigeant de l'ANC (février).
Invasion du Koweït par l'Irak (août).
Réunification de l'Allemagne (3 octobre).

1991
Guerre du Golfe (1990-1991). L'opération aérienne « Tempête du désert », menée sous l'égide des Nations unies par les Américains et leurs alliés, écrase les forces irakiennes (janvier-février).
Le pacte de Varsovie se dissout (mars).
Ethiopie : les forces érythréennes et d'opposition s'emparent d'Addis Abeba. Le régime éthiopien de Mengistu est évincé (mai).
Désintégration de la Yougoslavie : la Croatie et la Slovénie se déclarent indépendantes. Début de la guerre entre Serbes et Croates (juin).
Accord Start I sur le désarmement (juillet).
Les Kurdes d'Irak reprennent la lutte. Soulèvement des chiites du sud de l'Irak.
Violentes réactions et répression du régime irakien. Exode kurde vers la Turquie et l'Iran.
La Lituanie, l'Estonie et la Lettonie font sécession avec l'URSS.
Gorbatchev, isolé au sein du pouvoir, démissionne (décembre). L'URSS disparaît, remplacée par la Communauté d'Etats indépendants (CEI). Boris Eltsine au pouvoir.

1992
Signature du traité de Maastricht (CEE).
Guerre en Bosnie (1992-1995). Les forces serbes, croates et musulmanes s'affrontent (mars).
Accord de dénucléarisation de la péninsule entre les deux Corées.
Sommet Eltsine-Bush à Washington (juin) : accord pour réduire le nombre des armes nucléaires.
Algérie : guerre civile (1992-...) entre les forces armées algériennes et les activistes du Front islamique (FIS) et, par la suite, le GIA.
Intervention sous l'égide de l'ONU de forces américaines et alliées en Somalie (décembre).

1993
Bill Clinton président des Etats-Unis (janvier).
Guerre de Bosnie (1992-1995), marquée par le siège de Sarajevo par les Serbes.
Naissance de la République tchèque et de la Slovaquie issues de la division de la Tchécoslovaquie.
Accord Start II sur la limitation et l'interdiction des armements chimiques.

A la Conférence d'Oslo : la « déclaration de principe » pour la création d'un régime autonome des territoires occupés est acceptée par les Israéliens et les Palestiniens. L'accord entre Rabin et Arafat est ratifié le 13 septembre à Washington.

Afrique du Sud : l'ANC et 19 autres partis s'accordent sur une constitution garantissant les droits fondamentaux pour tous les Sud-Africains (novembre).

1994

L'Union économique européenne entre en vigueur.

Mexique : mouvement de guérilla rurale dans l'Etat de Chiapas (janvier 1994-...) : l'Armée zapatiste de libération nationale du sous-commandant Marcos.

Burundi : violents affrontements entre Hutu et Tutsi (mars-juin).

Rwanda (1994-1996) : l'antagonisme entretenu entre Hutu et Tutsi est à l'origine du génocide de 500 000 à 700 000 Tutsi (avril) et de l'exode massif de 2 millions de réfugiés vers le Zaïre.

Signature au Caire d'un accord entre I. Rabin et Y. Arafat prévoyant un gouvernement autonome palestinien à Jéricho et à Gaza (mai).

Guerre en Tchétchénie (1994-1996) entre le pouvoir russe et le séparatisme de Caucasiens musulmans. Russes longtemps en échec dans le contrôle de Groznyï (septembre-décembre 1994).

1995

Autriche, Suède et Finlande admises dans l'Union européenne, qui compte 15 membres (janvier).

Accords de Schengen : mise en place dans 7 des 15 pays de l'Union européenne.

La France de retour au sein du comité militaire de l'OTAN.

Attentat par arme chimique (gaz sarin) dans le métro de Tokyo.

Accord nucléaire entre les Etats-Unis et la Corée du Nord.

Guerre de Bosnie (1992-1995) : la fin des hostilités. Les forces croates reconquièrent la Krajina. Accords de Dayton signés par les présidents de Serbie, de Croatie et de Bosnie qui prévoient la coexistence de deux identités (croato-musulmane et serbe) en Bosnie, la capitale demeurant Sarajevo (août-novembre).

Accord Taba (Oslo II) signé par Arafat et Rabin portant sur l'extension de l'autonomie palestinienne à la Cisjordanie (septembre).

Assassinat d'Yitzhak Rabin à Tel Aviv (novembre).

1996

Iran : les élections permettent l'arrivée au pouvoir d'un gouvernement modéré, plus ouvert vers l'extérieur.

Israël : B. Netanyahou devient Premier ministre (mai). La politique israélienne sur l'autonomie palestinienne tend à revenir sur les accords d'Oslo.

1997

Union européenne : candidatures de la Hongrie, de la Pologne et de la République tchèque acceptées.

Israël : projet d'expansion du Grand Jérusalem en Cisjordanie (février).

Albanie : la révolte populaire contre les « pyramides » désintègre l'appareil d'Etat (mars-juin).

Zaïre : Chute de Mobutu (mai). L.D. Kabila se proclame chef de la République démocratique du Congo.

Turquie : le REFAH (islamiste) écarté du pouvoir par l'armée.

Hong Kong est réintégré à la Chine.

Crise financière en Asie orientale. La Thaïlande et la Corée du Sud vivement touchées.

Algérie : nombreux massacres de populations civiles attribués aux islamistes (août-septembre).

1998

Crise financière en Asie orientale. Répercussions dans toute l'Asie du Sud-Est et surtout en Indonésie.

Indonésie : Suharto est évincé du pouvoir.

Inde : montée au pouvoir par les élections du parti BJP ultranationaliste.

Le Japon est gagné par la crise.

L'Inde d'abord, puis le Pakistan procèdent à des essais nucléaires.

Irlande du Nord : cessez-le-feu. Accord entre les factions catholiques et protestantes pour rétablir la paix, confirmée par les élections.

Yougoslavie : radicalisation de la situation au Kosovo (Albanais).

Culture et société

La liste que nous avons établie ne prétend être ni complète ni même pleinement satisfaisante. Cependant, elle fournit une série de repères rendant compte d'œuvres et d'événements qui, à des titres divers, ont marqué le siècle. Cette liste s'efforce de mentionner à la fois ce qui a été créé d'important et ce qui a eu, pour des causes diverses, une influence ou un effet sur l'époque (y compris à travers le genre policier, par exemple). Elle est aussi internationale que possible et couvre la fin du XIXe siècle et le XXe siècle jusqu'aux années 1980, après quoi le recul ne nous a pas paru suffisant pour tenter une sélection.

Nous remercions tous ceux qui, sur tel ou tel sujet, nous ont éclairés de leurs avis : Victor Bogorad, Claude Burgelin, Hervé Coutau-Begarie, François Géré, Christian Huber, Juliette Minces, Sophie Mousset, Laurent Murawiec, Alain Ricard, Jean-Paul Rospars, Michèle Sarde, Anne-Marie Sauzeau, Anne Simonin, François Vitrani et, tout particulièrement, Bernard Mangin.

AUX ORIGINES IMMÉDIATES DU XXe SIÈCLE

1853
Joseph Arthur de Gobineau, *Essai sur l'inégalité des races humaines.*

1859
Charles Darwin, *De l'origine des espèces par voie de sélection naturelle.*

1864
Association internationale des travailleurs.

1867
Karl Marx, *Le Capital* (liv. Ier ; liv. II et III édités après sa mort, en 1885 et 1894, par les soins de Friedrich Engels).
Ere du Meiji. Début du « japonisme » en Occident.

1870-1876
Reconnaissance des syndicats en Grande-Bretagne.

1871
Commune de Paris.

1873
Arthur Rimbaud, *Une saison en enfer* (« Lettre au voyant », 1871 et *Illuminations*).
Jean Martin Charcot, *Leçons sur les maladies du système nerveux* (1873-1884).

1874
Première exposition des impressionnistes à Paris.

1875
Congrès de Gotha, fondation du SPD, Parti social-démocrate allemand.

1876
Festival de Bayreuth. Première de l'intégrale de *L'Anneau des Nibelungen* de Richard Wagner.
Elisée Reclus, *Géographie universelle* (1876-1894).

1877
Claude Monet commence la série sur *La Gare Saint-Lazare.*

1878
Vera Zassoulitch tire sur le chef de la police de Saint-Pétersbourg.

1879
Henrik Ibsen, *Maison de poupée.*

1880
Fedor Mikhaïlovitch Dostoïevski, *Les Frères Karamazov.*

1881
Assassinat par les populistes russes du tsar Alexandre II.
Première exposition internationale d'électricité à Paris.

1882
Création de la Standard Oil Company.

1884
Création de la Fabian Society.

1883-1889
Bismark introduit une série de lois d'assurances sociales.

1884
Mark Twain, *Les Aventures d'Huckleberry Finn.*

1885
Emile Zola, *Germinal.*

1886
Robert Louis Stevenson, *Docteur Jekyll et Mister Hyde.*
Inauguration de la statue de la *Liberté* à New York (Auguste Bartholdi).
Auguste Rodin, *Le Baiser.*

1887
Friedrich Nietzsche, *La Généalogie de la morale.*
Stéphane Mallarmé, *Poésies.*

1888
August Strindberg, *Mademoiselle Julie.*

1889
Fondation de la IIe Internationale.
Vincent Van Gogh, *Autoportrait à l'oreille coupée.*
Exposition universelle à Paris, construction de la tour Eiffel.

1890
Le 1er-Mai (commémorant une grève américaine de 1889) est fêté à Paris.
Le premier sous-marin.
A.T. Mahan, *L'Influence de la puissance maritime sur l'histoire* (1660-1785).

1891
Encyclique de Léon XIII, *Rerum novarum,* sur la condition ouvrière.

1893
Independant Labour Party, préfiguration du Labour Party (1906).
Fondation de l'Union générale des syndicats allemands.
Edvard Munch, *Le Cri* (annonce l'expressionnisme).

1894
Début de l'Affaire Dreyfus.
Claude Debussy, *Prélude à l'après-midi d'un faune.*
Paul Valéry commence ses *Cahiers.*
Rudyard Kipling, *Le Livre de la jungle.*
Emile Durkheim, *Règles de la méthode sociologique* (*Le Suicide,* 1897).
William B. Yeats, *Poems* (Irlande).

1895
Création de la CGT.
Auguste et Louis Lumière : le Cinématographe.
Première séance de cinéma à l'hôtel Scribe, Paris.
Gustave Le Bon, *La Psychologie des foules.*

1896
Création du prix Nobel.
Alfred Jarry, *Ubu roi.*
Henri Bergson, *Matière et mémoire.*
Theodor Herzl, *L'Etat juif.*
Premiers jeux Olympiques à Athènes (Pierre de Coubertin).

1897
Friedrich Ratzel, *Politische Geographie.*
Havelock Ellis, *Studies in the Psychologie of Sex.*
Paul Gauguin, *D'où venons-nous, qui sommes-nous, où allons-nous ?*
Stéphane Mallarmé, *Un coup de dés jamais n'abolira le hasard.*
Ratchkovski, *Protocoles des Sages de Sion* (1897-1898, publié à Paris en 1901).

1898
Emile Zola, « J'accuse ».
Ruée vers l'or en Alaska.
Herbert George Wells, *La Guerre des mondes.*
Henri James, *Le Tour d'écrou.*
Oscar Wilde condamné à la prison pour homosexualité.
Premier Salon de l'automobile à Paris.

1899
Thorstein Veblen, *Théorie de la classe de loisir.*
Jean Sibelius, *Symphonie n^o^1 en mi mineur.*
Eduard Bernstein, *Le Socialisme théorique ou le socialisme pratique.*
Joaquim Maria Machado de Assis, *Dom Casmurro* (Brésil).
Frank Norris, *Mc Teague.*
Scott Joplin : naissance du ragtime (1899-1914).
Art nouveau (au tournant du siècle) : Guimard, Klimt, Horta, Van de Velde, etc.

*

1900
Assassinat du président américain McKinley.
Max Weber, *L'Ethique protestante et l'Esprit du capitalisme.*
Charles Péguy, fondation des *Cahiers de la quinzaine.*
Exposition universelle à Paris.
Theodore Dreiser, *Sister Carrie.*
Le shintoïsme, et non plus le bouddhisme, est considéré au Japon comme la religion nationale.

1901
Guglielmo Marconi, premier message TSF au-dessus de l'Atlantique.
Gustave Mahler, *Kindertotenlieder.*
Rabindranath Tagore ouvre son école à Santiniketan (Bengale).
Les recherches pétrolières commencent en Perse.
Le premier sous-marin britannique est lancé.
US Steel créé par John Pierpont Morgan.
Création du Rockefeller Institute, à l'origine de la Fondation Rockefeller.

1902
Claude Debussy, *Pelléas et Mélisande* (sur un livret de Maurice Maeterlinck).
Lois aux Etats-Unis interdisant toute immigration asiatique.
Joseph Conrad, *Au cœur des ténèbres.*
Euclides da Cunha, *Hautes Terres* (Brésil).
Conan Doyle, *Le Chien des Baskerville.*
Enrico Caruso enregistre des arias pour le phonographe.

1903
Les frères Wright : premier avion à moteur.
George Moore, *Principia ethica.*
Emmeline Pankhurst fonde le

Women's Social and Political Union.
Antoni Gaudí, la « Sagrada Familia », à Barcelone.
Jack London, *L'Appel de la forêt.*
Hugo von Hofmannsthal, *Electre* (Richard Strauss).
Pogroms anti-Juifs en Russie.
Henry Ford crée sa compagnie.
Premier Tour de France cycliste.

1904
Halford John Mackinder, *The Geographical Pivot of History* (*The Round World and the Winning of Peace,* 1943).
Fondation de l'International Women Suffrage Alliance à Berlin.
Paul Cézanne, *La Montagne Sainte-Victoire.*
Anton Tchekhov, *La Cerisaie.*
Leoš Janáček, *Jenůfa.*

1905
Mutinerie du cuirassé *Potemkine* à Odessa.
Création aux Etats-Unis du syndicat International Workers of the World (IWW).
Création de la Section française de l'Internationale ouvrière.
Séparation de l'Eglise et de l'Etat en France.
Sigmund Freud, *Trois Essais sur la théorie de la sexualité.*
Richard Strauss, *Salomé* (opéra).
Henri Matisse et les fauves (Derain, Vlaminck, Rouault, etc.).
Ernst L. Kirchner et le groupe de Die Brücke (Le Pont) à Dresde.
Isadora Duncan (ballet) à Saint-Pétersbourg.
Manuel de Falla, *La Vie brève.*

1906
Vilfredo Pareto, *Manuel d'économie politique.*
Paul Claudel, *Partage de midi.*
Vaslav Nijinski fait ses débuts à Saint-Pétersbourg.
Upton Sinclair, *La Jungle.*
Interdiction du travail de nuit pour les femmes dans les pays industriels.
Instauration de la semaine de soixante heures (le dimanche devient chômé).
Isaac Albéniz, *Iberia.*

1907
Abolition en Chine des concours mandarinaux.
Henri Bergson, *L'Evolution créatrice.*
William James, *Le Pragmatisme.*
Pie X condamne le modernisme : encyclique *Pascendi dominici gregis.*
Exposition cubiste à Paris (Braque, Picasso, Gris, etc.).
Pablo Picasso, *Les Demoiselles d'Avignon.*
Maxime Gorki, *La Mère.*

1908
Robert Baden-Powell crée le scoutisme.
Pierre Bonnard, *Nu contre la lumière.*
Jacob Epstein, « Figures ».
Constantin Brancusi, *Le Baiser.*
Béla Bartók, *Premier Quatuor à corde.*
Georges Sorel, *Réflexions sur la violence.*
Premier immeuble en acier et en verre à Berlin, par Peter Behrens.
Premier champion du monde, catégorie lourds (boxe), l'Américain noir Jack Johnson.
Création de l'université du Caire.
Henry Ford lance sa première voiture de masse.
Création des *Pieds Nickelés.*

1909
Fondation de la *Nouvelle Revue française* (NRF).
Marinetti et le futurisme (Severini, Balla, Boccioni, etc.).
Frank Lloyd Wright, « Robie House », à Chicago.
Serge Diaghilev et ses Ballets russes à Paris.
Les femmes sont admises dans les universités allemandes.
Quatre femmes sont condamnées à six mois de prison pour avoir manifesté devant la Maison-Blanche en faveur du vote des femmes.
Création de la compagnie de pétrole anglo-perse (plus tard British Petroleum).
Robert Peary atteint le pôle Nord.
Sergueï Rachmaninov, *3e concerto pour piano.*
Premier Salon de l'aéronautique (Paris).

1910
Bertrand Russel et Alfred North Whitehead, *Principia Mathematica* (1910-1913).
Karl Kautsky, *Les Théories de la plus value* (1904-1910), livre IV du *Capital.*
Robert Delaunay, *La Tour Eiffel.*
Marc Chagall, *A la Russie, aux ânes et aux autres.*
Alexandre Scriabine, *Prométhée.*

1911
Confédération générale du travail (anarchiste).
Wassily Kandinsky, *Composition.*
Wassily Kandinsky et Franz Marc fondent « Der Blaue Reiter », à Munich.
Edward G. Craig, *On the Art of the Theatre.*
Architecture : Walter Gropius, usine Fagus (Allemagne).
Roald Amundsen et Robert Falcon Scott au pôle Sud.

1912
Arnold Schoenberg, *Pierrot lunaire.*
Rabindranath Tagore, *L'Offrande lyrique.*
Antonio Machado, *Les Paysages de Castille* (Espagne).
Maurice Ravel, *Daphnis et Chloé.*
Naufrage du *Titanic.*

1912-1914
Série de lois sociales en Grande-Bretagne.

1913
Edmund Husserl, *Idées directrices pour une phénoménologie.*
Kazimir Malevich et le suprématisme à Saint-Pétersbourg.
Première femme magistrat en Grande-Bretagne.
Igor Stravinsky, *Le Sacre du printemps.*
Marcel Proust, début de *A la recherche du temps perdu.*
Blaise Cendrars, *La Prose du Transsibérien.*
Guillaume Apollinaire, *Alcools.*

Création du Vieux-Colombier par Jacques Copeau.
Le tango, « danse lascive », condamné par le pape.

1914
Ouverture du canal de Panamá.
De 1905 et 1914, 10 millions d'immigrants entrent aux Etats-Unis.

1915
David Wark Griffith, *La Naissance d'une nation.*
Premier emploi de gaz asphyxiants (Allemagne).
Le pacifiste Romain Rolland reçoit le prix Nobel de littérature.

1916
Ferdinand de Saussure, *Cours de linguistique générale.*
Dada à Zurich avec Tristan Tzara, Hans Arp et Giacomo Balla (en peinture, Marcel Duchamp).
Le jazz aux Etats-Unis.
Sigmund Freud, *Introduction à la psychanalyse.*

1917
Alfonso Reyes, *Vision de l'Amáhuac* (Mexique).
Le festival de Salzbourg est créé par Hugo von Hofmannsthal, Richard Strauss et Max Reinhardt.
Piet Mondrian lance le magazine *De Stijl* en Hollande.
Sergueï Prokofiev, *Symphonie classique.*
Erik Satie, musique du ballet *Parade* (Serge Diaghilev et Jean Cocteau).
Chicago devient la métropole du jazz.
Premier disque de jazz enregistré par l'Original Creole Jazz Band.

1918
Lu Xun, *La Mauvaise Herbe* (Chine).
Droit de vote aux femmes en Grande-Bretagne.
Paul Valéry, *La Jeune Parque.*
Le Corbusier publie le manifeste du « purisme ».
Stanislavski fonde le Théâtre d'art à Moscou.
Aleksandr Blok, *Les Douze* (poème) (Russie).
Fernand Léger, *Salle des machines.*
Journée de huit heures en Allemagne.
Premier courrier postal aérien Chicago-New York : dix heures.
Épidémie de grippe, dite « espagnole » (1918-1920) : plus de 20 millions de victimes.

1919
Ernst Jünger, *Orages d'acier.*
John Reed, *Dix Jours qui ébranlèrent le monde.*
Robert Wiene, *Le Cabinet du docteur Caligari.*
Le Bauhaus est fondé par Walter Gropius à Weimar.
Revue *Der Sturm,* Berlin.
Sherwood Anderson, *Winesburg Ohio.*
Le jazz arrive en Europe.
La semaine de travail est désormais de quarante-huit heures en France.
Loi américaine sur la prohibition de l'alcool.
Création de la Société des Nations.
Coco Chanel lance son style.

1920
Oswald Spengler, *Le Déclin de l'Occident.*
Anton Pevsner, *Le Constructivisme,* Moscou.
André Breton et Philippe Soupault, *Les Champs magnétiques.*
Arthur Honegger, Darius Milhaud, Francis Poulenc, Georges Auric, Germaine Tailleferre et Louis Durey forment le Groupe des Six (Paris).
Vsevolod Meyerhold ouvre son théâtre à Moscou.
Droit de vote accordé aux femmes aux Etats-Unis.

1921
Luigi Pirandello, *Six Personnages en quête d'auteur.*
Eugene O'Neill, *L'Empereur Jones.*
Jaroslav Hašek, *Le Brave Soldat Švejk* (1921-1923).
Quotas d'immigration aux Etats-Unis (1921-1924).
Ludwig Wittgenstein, *Tractatus logico-philosophicus.*
Karel Čapek, *R.U.R.*

1922
César Vallejo, *Trilce* (Pérou).
Max Weber, *Economie et Société.*
Bronisław Malinowski, *Les Argonautes du Pacifique occidental.*
Liam O'Flaherty, *Nanouk l'Esquimo.*
Thomas S. Eliot, *The Waste Land.*
James Joyce, *Ulysse* (publié à Paris).
Sinclair Lewis, *Babbitt.*
Rainer Maria Rilke, *Sonnets à Orphée, Elégies de Duino.*
Andreï Bielyï, *Petersbourg.*
Paul Klee, série des « Carrés magiques ».
José Orozco, Diego Rivera, fresques murales à Mexico (1922-1924).
Fritz Lang, *Le Docteur Mabuse.*
Friedrich Murnau, *Nosferatu le vampire.*
Fridtjof Nansen (SDN) crée un passeport pour les apatrides.

1923
Jean Piaget, *Le Langage et la Pensée chez l'enfant.*
Albert Londres, *Au bagne.*
Italo Svevo, *La Conscience de Zeno.*
Colette, *Le Blé en herbe.*
Aleksandra Kollontaï (URSS) défend l'union libre et propose de simplifier la procédure du divorce.
Erich von Stroheim, *Les Rapaces* (1923-1925).
Arthur Honegger, *Pacific 231.*
Premier Salon des arts ménagers (Paris).

1924
Marcel Mauss, *Essai sur le don.*
André Gide, *Corydon* (publié anonymement en 1911).
André Breton, *Premier Manifeste surréaliste.*
Saint-John Perse, *Anabase.*
Edward M. Forster, *A Passage to India.*
Fritz Lang, *Les Nibelungen.*
Thomas Mann, *La Montagne magique.*

1925
Ievgueni Zamiatine, *Nous autres.*
Adolf Hitler, *Mein Kampf.*
Fred Niblo, *Ben Hur.*
Alban Berg, *Wozzeck.*
André Gide, *Les Faux-Monnayeurs.*
Franz Kafka, *Le Procès* (posthume).
Eugenio Montale, *Os de seiche.*

Charlie Chaplin, *La Ruée vers l'or.*
Louis Armstrong et le Hot Five.
Duke Ellington et les Washingtonians.
Sergueï Mikhaïlovitch Eisenstein, *Le Cuirassé Potemkine.*
Ezra Pound, *Cantos.*
Scott Fitzgerald, *Gatsby le magnifique.*
Chaïm Soutine, *Bœufs écorchés.*
Edward Hopper, *Maison près du chemin de fer* (précurseur de l'hyperréalisme).
Première exposition d'art déco à Paris.
Virginia Woolf, *Mrs. Dalloway.*
Joséphine Baker à Paris.

1926
Ramón María del Valle-Inclán, *Tirano Banderas.*
Georges Bernanos, *Sous le soleil de Satan.*
Thomas E. Lawrence, *Les Sept Piliers de la sagesse.*
Martha Graham (ballet) à New York.
Ernst Hemingway, *Le soleil se lève aussi.*
Sergueï Essenine, *Poèmes.*
Isaak Babel, *Cavalerie rouge.*
Agatha Christie, *Le Meurtre de Roger Ackroyd.*
Zoltán Kodály, *Hary Janos.*
Paul Eluard, *Capitale de la douleur.*

1927
Abel Gance, *Napoléon.*
Julien Benda, *La Trahison des clercs.*
Martin Heidegger, *Etre et Temps.*
Alfred Adler, *La Connaissance de l'homme.*
Erwin Piscator fonde la Volksbühne à Berlin.
Paul Vidal de La Blache (avec Lucien Gallois), *Géographie universelle* (1927-1948).
Henri Maspero, *La Chine antique.*
Miloš Crnjanski, *Migrations* (1927-1949) (Yougoslavie).
Vladimir Maïakovski, *Poèmes.*
Friedrich Murnau, *L'Aurore.*
Buster Keaton, *Le Mécano de la « General ».*
Naissance du cinéma parlant avec *Le Chanteur de jazz* (Al Jolson).
Fritz Lang, *Metropolis.*
Exécution de Sacco et Vanzetti aux Etats-Unis.
Charles Lindbergh traverse l'Atlantique en avion.
Sergueï Mikhaïlovitch Eisenstein, *Octobre.*

1928
Carl Gustav Jung, *Dialectique du moi et de l'inconscient.*
Kurt Weill et Bertolt Brecht, *L'Opéra de quat'sous.*
David H. Lawrence, *L'Amant de lady Chatterley.*
Mário de Andrade, *Macounaïma* (Brésil).
Georges Balanchine (ballet) à Paris.
Luis Buñuel, *Un chien andalou.*
Carl Dreyer, *La Passion de Jeanne d'Arc.*
Georg Wilhelm Pabst, *Loulou.*
Vsevolod Poudovkine, *Tempête sur l'Asie.*
Le style « à la garçonne » est lancé à Paris.
Première émission de télévision par WGY, Schenectady, N.Y.
Apparition de Mickey Mouse.

1929
Bronisław Malinowski, *La Vie sexuelle des sauvages.*
Alfred N. Whitehead, *Process and Reality.*
Fondation de l'Ecole des Annales, par Lucien Febvre et Marc Bloch.
Second manifeste surréaliste (Salvador Dalí se joint au mouvement).
Alfred Döblin, *Berlin Alexanderplatz.*
William Faulkner, *Le Bruit et la Fureur.*
Krack boursier à Wall Street.
Hergé, début des aventures de Tintin.
Karl Mannheim, *Idéologie et Utopie.*

1930
Federico García Lorca, *Le Poète à New York.*
Ernst von Salomon, *Les Réprouvés.*
Fondation de la revue *Erkenntnis* (Schlick, Karnap, Tarski, Popper, etc.).
Robert Musil, *L'Homme sans qualités* (1re partie).
Wystan Hugh Auden, *Poèmes.*
Luis Buñuel, *L'Age d'or* (avec Salvador Dalí).
Joseph Sternberg, *L'Ange bleu.*
Aleksandr Dovjenko, *La Terre.*
José Ortega y Gasset, *La Révolte des masses.*
Dashiell Hammett, *Le Faucon maltais.*
Georges Simenon, *La Maison de l'inquiétude,* première apparition du personnage de Maigret.

1931
Vicente Huidobro, *Altazor* (Chili).
Pa Kin, *Famille* (Chine).
Kurt Gödel, théorèmes d'incomplétude.
George Sansom, *A Short Cultural History of Japan.*
Encyclique *Quadragesimo anno.*
Giuseppe Ungaretti, *Allégresse* (poèmes 1931-1943).
Fritz Lang, *M. le Maudit.*
Exposition coloniale à Paris.

1932
Aldous Huxley, *Le Meilleur des mondes.*
Alexander Calder, « stabiles et mobiles ».
Louis-Ferdinand Céline, *Voyage au bout de la nuit.*
Howard Hawks, *Scarface.*
René Clair, *A nous la liberté.*
Le New Deal aux Etats-Unis.

1933
Gilberto Freyre, *Maîtres et Esclaves* (Brésil).
André Malraux, *La Condition humaine.*
Marx Brothers, *La Soupe au canard.*
Autodafé en Allemagne.
Fin de la prohibition (Etats-Unis).

1934
Arnold Toynbee, *Study of History* (12 vol., 1934-1961).
Marcel Granet, *La Pensée chinoise.*
Henry Miller, *Tropique du Cancer* (publié en anglais à Paris).
Jean Vigo, *L'Atalante.*
Ruth Benedict, *Patterns of Culture.*

1935
Kawabata Yasunari, *Pays de neige.*
Constantin Cavafy, *Poèmes.*
Margaret Mead, *Growing up in New Guinea.*

Louis Guilloux, *Le Sang noir.*
Jean Renoir, *Toni.*
George Gershwin, *Porgy and Bess.*
Jorge Amado, *Bahia de tous les saints* (Brésil).
Elias Canetti, *Autodafé.*
Georges Seferis, *Poèmes.*
Début du « stakhanovisme ».
Horace McCoy, *On achève bien les chevaux.*
Le *Normandie* traverse l'Atlantique en 107 heures 33 minutes.
Lois de Nuremberg contre les Juifs.

1936
John Maynard Keynes, *Théorie générale de l'emploi, de l'intérêt et de la monnaie.*
Lao She, *Le Pousse-pousse* (Chine).
Louis-Ferdinand Céline, *Mort à crédit.*
Dylan Thomas, *Poèmes.*
William Faulkner, *Absalon ! Absalon !*
John Dos Passos, *USA* (trilogie 1930-1936).
Charlie Chaplin, *Les Temps modernes.*
Frank Capra, *L'Extravagant M. Deeds.*
Béla Bartók, *Musique pour cordes, percussions et célesta.*
Création de la Fondation Ford.
Jeux Olympiques de Berlin en présence d'Hitler. Quatre médailles d'or pour l'Américain noir Jesse Owens.
Semaine de quarante heures et congés payés (Front populaire).
Premier émetteur de télévision.

1937
Tanizaki Junichiro, *Eloge de l'ombre.*
Talcott Parsons, *The Structure of Social Action.*
Juan Bosch, *Camino Real* (Saint-Domingue).
Jean Renoir, *La Grande Illusion.*
Pablo Picasso, *Guernica.*
Dimitri Chostakovitch, *Symphonie n° 5.*

1938
George Antonius, *The Arab Awakenning.*
Gabriela Mistral, *Tala* (Chili).
E.H. Norman, *Japan's Emergence as a Modern State* (1938-1939).
Sergueï Mikhaïlovitch Eisenstein, *Alexandre Nevski* (musique de Sergueï Prokofiev).
Jean-Paul Sartre, *La Nausée.*
Lewis Mumford, *Les Villes dans l'histoire.*
Henri Michaux, *Plume.*
La semaine de quarante heures aux Etats-Unis.

1939
Norbert Elias, *La Civilisation des mœurs* et *La Dynamique de l'Occident.*
Hermann Rauschning, *Hitler m'a dit.*
Nicolas Bourbaki, *Eléments de mathématiques.*
John Steinbeck, *Les Raisins de la colère.*
Sergueï Tchakotine, *Le Viol des foules par la propagande politique.*
Victor Fleming, *Autant en emporte le vent* (d'après Margaret Mitchell).
Jean Renoir, *La Règle du jeu.*
John Ford, *La Chevauchée fantastique.*
Frank Capra, *Monsieur Smith au Sénat.*
Eric Ambler, *Le Masque de Dimitrios.*

1940
Charlie Chaplin, *Le Dictateur.*
Walt Disney, *Fantasia.*
Dino Buzzati, *Le Désert des Tartares.*
Arthur Koestler, *Le Zéro et l'Infini.*
Richard Wright, *Native Son.*
Raymond Chandler, *Adieu ma jolie.*
Carson McCullers, *Le cœur est un chasseur solitaire.*
Découverte des grottes préhistoriques de Lascaux (France).

1941
Tanizaki Junichiro, *Les Quatre Sœurs.*
Louis Aragon, *Le Crève-Cœur.*
Marc Bloch, *L'Etrange Défaite.*
Camilo José Cela, *La Famille de Pascal Duarte* (Espagne).
Bertolt Brecht, *Mère courage et ses enfants.*
Erwin Piscator et le Studio Theatre à New York.
Orson Welles, *Citizen Kane.*
Haiken et son équipe (Harvard) réalisent le MARK 1.

1942
Spykman, *The Geography of Peace.*
Albert Camus, *L'Etranger.*
John Cage, *Paysages imaginaires n°3* joué à Chicago.
Ernst Lubitsch, *To be or not to be.*
Les Etats-Unis font interner les citoyens américains d'origine japonaise. *Idem* au Canada.
Stefan Zweig, *Le Monde d'hier.*

1943
Walter Lippman, *US Foreign Policy : Shield of the Republic.*
Guglielmo Ferrero, *Pouvoirs.*
Antoine de Saint-Exupéry, *Le Petit Prince.*
Herman Hesse, *Le Jeu des perles de verre.*
Naissance de l'expressionnisme abstrait américain (Arshile Gorky, Willem De Kooning, Jackson Pollock, Mark Rothko).

1944
Friedrich von Hayek, *La Route de la servitude.*
Karl Polanyi, *La Grande Transformation.*
Johan von Neumann et Oskar Morgenstern, *Théorie des jeux et Comportement économique.*
Jorge Luis Borges, *Fictions* (Argentine).
Billy Wilder, *Assurance sur la mort.*
Premier vol direct de Londres au Canada.

1945
Karl Popper, *La Société ouverte et ses ennemis.*
Roberto Rosselini, *Rome, ville ouverte.*
Création de la revue *Les Temps modernes.*
Marcel Carné, *Les Enfants du paradis.*
Frank Lloyd Wright construit le musée Guggenheim, à New York.
Les femmes françaises obtiennent le droit de vote.

1946
David Rousset, *L'Univers concentrationnaire* (*Les Jours de notre mort,* 1947).
Miguel Ángel Asturias, *Monsieur le Président* (Guatemala).
Fernando Pessoa, *Poèmes* (Portugal).
Nikos Kazantzákis, *Alexis Zorba* (Grèce).

Jean Genet, *Le Miracle de la rose.*
Jacques Rueff, *L'Ordre social.*
Jean Dubuffet, *Prospectus aux amateurs de tout genre* (art brut).
Lucio Fontana, spatialisme.
Droit de vote accordé aux femmes en Italie.

1947
Primo Levi, *Si c'est un homme.*
Henry Moore, *Groupe familial.*
H.A.R. Gibb, *Modern Trends in Islam.*
Fondation de la revue *Socialisme et Barbarie* (Castoriadis, Lefort, Lyotard, etc.).
Paul Anthony Samuelson, *Les Fondements de l'analyse économique.*
Robert Antelme, *L'Espèce humaine.*
Mircea Eliade, *Histoire des croyances et des idées religieuses.*
Le Corbusier, *La Cité radieuse* (Marseille).
Aimé Césaire, *Cahier d'un retour au pays natal.*
Malcolm Lowry, *Au-dessous du volcan.*
Antonio Gramsci, *Lettres de prison.*
Birago Diop, *Les Contes d'Amadou Koumba* (Sénégal).
Thomas Mann, *Le Docteur Faustus.*
L'Actors Studio, à New York.
Création de la société du Mont pèlerin (Friedrich von Hayek, Ludwig von Mises, Jacques Rueff).
Le mur du son est franchi.

1948
Norbert Wiener, *Cybernetics, or Control and Communication in the Animal and the Machine.*
Philippe Ariès, *Histoire des populations françaises.*
René Char, *Fureur et Mystère.*
Ernesto Sábato, *Le Tunnel* (Argentine).
Vittorio De Sica, *Le Voleur de bicyclette* (C. Zavattini).
Miles Davis forme son orchestre.
George Balanchine crée le New York City Ballet.
Walter H. Brattain et John Bardeen réalisent le premier transistor.
Les Nations unies votent la Déclaration universelle des droits de l'homme (René Cassin).

1949
George Orwell, *1984.*
Fernand Braudel, *La Méditerranée et le monde méditerranéen à l'époque de Philippe II.*
Claude Lévi-Strauss, *Les Structures élémentaires de la parenté.*
Simone de Beauvoir, *Le Deuxième Sexe.*
Curzio Malaparte, *La Peau.*
Arthur Miller, *Mort d'un commis voyageur.*
Bertolt Brecht forme le Berliner Ensemble.
Carol Reed, *Le Troisième Homme.*

1950
Joseph Schumpeter, *Capitalisme, Socialisme et Démocratie.*
Pablo Neruda, *Le Chant général* (Chili).
Octavio Paz, *Le Labyrinthe de la solitude* (Mexique).
Eugène Ionesco, *La Cantatrice chauve.*
Pierre Henry, *Symphonie pour un homme seul.*
Kurosawa Akira, *Rashomon.*
David Riesman, *La Foule solitaire.*

1951
John Huston, *African Queen.*
George Kennan, *American Diplomacy.*
Alfred Sauvy, *Théorie générale de la population* (1952-1954).
Hannah Arendt, *Les Origines du totalitarisme.*
Julien Gracq, *Le Rivage des Syrtes.*
Henri Matisse achève la chapelle de Vence.

1952
Cesare Pavese, *Le Métier de vivre* (publication posthume).
Marguerite Yourcenar, *Mémoires d'Hadrien.*
Paul Mus, *Vietnam : sociologie d'une guerre.*
Ralph Ellison, *L'Homme invisible.*
Friedrich Dürrenmatt, *Le Juge et son bourreau.*
Fred Zimmerman, *Le train sifflera trois fois.*
Modern Jazz Quartet.
Edgard Varèse, *Déserts.*

1953
Samuel Beckett, *En attendant Godot.*
Rapport Kinsey sur le comportement sexuel (Etats-Unis).
W.M. Watt, *Mahomet* (1953-1956).
Mizoguchi Kenji, *Contes de la lune vague après la pluie.*
Jacques Tati, *Les Vacances de M. Hulot.*
Ozu Yasujiro, *Voyage à Tokyo.*
Ascension de l'Everest par sir Edmund Hillary (Nouvelle-Zélande) et Tenzing Norgay.

1954
Nicholas Ray, *Johnny Guitare.*
Federico Fellini, *La Strada.*
Luchino Visconti, *Senso.*
Mizoguchi Kenji, *L'Intendant Sansho.*
Kurosawa Akira, *Les Sept Samouraïs.*
Elia Kazan, *Sur les quais.*
Alfred Hitchcock, *Fenêtre sur cour.*
Iannis Xenakis, *Metastasis.*
Karlheinz Stockhausen, *Etudes électroniques.*
Joseph Needham, *Science and Civilization in China.*

1955
Carl Dreyer, *Ordet.*
Graham Greene, *Un Américain bien tranquille.*
Raymond Aron, *L'Opium des intellectuels.*
Juan Rulfo, *Pedro Páramo* (Mexique).
Nazim Hikmet, *Choix de poèmes* (Turquie).
Satyajit Ray, *La Complainte du sentier (Pather Panchali)* (trilogie) (Inde).
Charles Laughton, *La Nuit du chasseur.*
Pierre Boulez, *Le Marteau sans maître.*
Flannery O'Connor, *Les braves gens ne courent pas les rues.*
William Gaddis Junior, *Les Reconnaissances.*
Pierre Soulages expose à New York.

1956
Premier câble de téléphone transatlantique.
John Ford, *La Prisonnière du désert.*
Ingmar Bergman, *Le Septième Sceau.*
Juan Bardem, *Grand-Rue.*
João Guimarães Rosa, *Diadorim* (Brésil).
Robert Bresson, *Un condamné à mort s'est échappé.*
Alain Resnais, *Nuit et Brouillard.*

Naissance du pop art.
Léopold Sédar Senghor, *Ethiopiques* (Sénégal).
Nadjib Mahfuz, *Impasse des deux palais* (Egypte).
Yacine Kateb, *Nedjma* (Algérie).

1957
Karl Wittfogel, *Le Despotisme oriental.*
Robert Bellah, *Tokugawa Religion.*
Boris Pasternak, *Docteur Jivago.*
Roland Barthes, *Mythologies.*
Francis Bacon, *Screaming Nurse.*
Naissance du Nouveau Roman.
West Side Story à New York.
Michelangelo Antonioni, *Le Cri.*
Max Frisch, *Homo faber.*
Jack Kerouac, *Sur la route.*
Octavio Paz, *Pierre de soleil* (Mexique).
Albert Memmi, *Portrait du colonisé…*

1958
Carlos Fuentes, *La Plus Limpide Région* (Mexique).
Chinua Achebe, *Le monde s'effondre* (Nigeria).
Youssef Chahine, *Gare centrale.*
Satyajit Ray, *Le Salon de musique.*
Giuseppe Tomasi di Lampedusa, *Le Guépard.*
Chester Himes, *La Reine des pommes.*

1959
Odhysséas Elýtis, *Axion Estis.*
Günter Grass, *Le Tambour.*
Wa Thiong'o Ngugi, *Pétales de sang* (Kenya).
François Truffaut, *Les Quatre Cents Coups.*
Howard Hawks, *Rio Bravo.*
John Cassavetes, *Shadows.*

1960
Gaston Bachelard, *Poétique de la rêverie.*
Maxime Rodinson, *Mahomet.*
Fairbanks, E. Reischauer, A. Graig, *East Asia Tradition and Transformation.*
Luchino Visconti, *Rocco et ses frères.*
Jean-Luc Godard, *A bout de souffle.*
Harold Pinter, *Le Gardien.*
Maurice Béjart crée le Ballet du XXe siècle.
Claude Simon, *La Route des Flandres.*
Oscar Niemeyer construit à Brasília.
Alberto Giacometti, *Homme qui marche.*
Pop art (Andy Warhol).
Karel Reisz, *Samedi soir et dimanche matin.*

1961
Yang Jiang, *Six Récits de l'école des cadres* (Chine).
Michel Foucault, *Histoire de la folie à l'âge classique.*
Frantz Fanon, *Les Damnés de la terre.*
Juan Carlos Onetti, *Le Chantier* (Uruguay).
Rudolf Noureïev (ballet) à Paris.
Luis Buñuel, *Viridiana.*
Iouri Gagarine dans l'espace.
Premiers charters transatlantiques.

1962
A. Hourani, *Arabic Thought in the Liberal Age (1798-1939).*
Alexandre Soljenitsyne, *Une journée d'Ivan Denissovitch.*
Thomas Kuhn, *La Structure des révolutions scientifiques.*
Georges Duby, *L'Economie rurale et la Vie des campagnes dans l'Occident médiéval.*
Etienne Balazs, *La Bureaucratie céleste.*
Jürgen Habermas, *L'Espace public.*
Jean-Pierre Vernant, *Les Origines de la pensée grecque.*
Alejo Carpentier, *Le Siècle des lumières* (Cuba).
Abe Kobo, *La Femme de sable.*
Ozu Yasujiro, *Le Goût du saké.*
Claude Lévi-Strauss, *La Pensée sauvage.*
René Dumont, *L'Afrique noire est mal partie.*

1963
Masao Maruyama, *Thought and Behaviour in Modern Japanese Politics.*
Joseph Losey, *The Servant.*
Betty Friedan, *The Feminine Mystique.*
Julio Cortázar, *Marelle* (Argentine).
Mario Vargas Llosa, *La Ville et les Chiens* (Pérou).
Glaúber Rocha, *Le Dieu noir et le Diable blond.*
Samuel Fuller, *Shock Corridor.*
Heinrich Böll, *La Grimace.*
Elia Kazan, *America America.*
Jean XXIII, encyclique *Pacem in terris.*
Les « beatniks » aux Etats-Unis : Allen Ginsberg, Lawrence Ferlinghetti, etc.
John Le Carré, *L'espion qui venait du froid.*

1964
Vidiadhar S. Naipaul, *L'Inde sans espoir.*
Herbert M. McLuhan, *Pour comprendre les médias.*
Saul Bellow, *Herzog.*
John Hawkes, *The Second Skin.*
Les Beatles à Liverpool.
Les Rolling Stones.
Jean-Paul Sartre, *Les Mots.*

1965
Norman Mailer, *Un rêve américain.*
Sergueï Paradjanov, *Chevaux de feu.*
Milan Kundera, *La Plaisanterie.*

1966
Louis Dumont, *Homo hierarchicus.*
Pedro Lezama Lima, *Paradisio* (Cuba).
Andreï Tarkovski, *Andreï Roublev.*

1967
Jacques Berque, *L'Egypte. Impérialisme et révolution.*
Emmanuel Le Roy Ladurie, *Histoire du climat depuis l'an mil.*
L'hyperréalisme.
Gabriel García Márquez, *Cent Ans de solitude* (Colombie).
Mikhaïl Boulgakov, *Le Maître et Marguerite* (trad.).
Roman Polanski, *Le Bal des vampires.*
Paul VI, encyclique *Popularum Progressio.*
Hugo Pratt crée le personnage de Corto Maltese.

1968
Le Living Theatre à Avignon.
John Updike, *Couples.*
Amos Oz, *Mon Michael.*
Cornelius Castoriadis, Claude Lefort, Edgar Morin, *Mai 68 : La Brèche.*
Pier Paolo Pasolini, *Théorème.*
Ahmadou Kourouma, *Les Soleils des indépendances* (Côte d'Ivoire).

1969
Konrad Lorenz, *L'Agression.*
Herbert Simon, *The Sciences of the Artificial.*
Philip Roth, *Portnoy et son complexe.*
Rachid Boujedra, *La Répudiation* (Algérie).
Varlam Chalamov, *Récits de Kolyma* (trad.).
Festival à Woodstock.
Internet est lancé par le département de la Défense des Etats-Unis.
Neil Armstrong marche sur la Lune.

1970
François Jacob, *La Logique du vivant.*
Gaston Miron, *L'Homme rapaillé* (Québec).
Paul Celan, *Contrainte de lumière.*
Thomas Bernhard, *La Plâtrière.*
José Donoso, *L'Obscène Oiseau de la nuit* (Chili).
Ismail Kadaré, *Les Tambours de la pluie* (Albanie).
Les féministes anglo-saxonnes : Kate Millet, Sheila Rowbotham, Germaine Greer, Shulamit Firestone, Juliett Mitchell.
Chorégraphie : Carolyn Carlson, Pina Bausch.

1971
Maurice Lombard, *L'Islam en sa première grandeur.*
John Rawls, *Théorie de la justice.*
Simon Leys, *Les Habits neufs du président Mao.*
Mishima Yukio, *Confession d'un masque.*
Werner Schröter, *La Mort de Maria Malibran.*

1972
Gilles Deleuze et Félix Guattari, *L'Anti-Œdipe.*
Nadine Gordimer, *Le Conservateur* (Afrique du Sud).
Mahmoud Darwish, *Poèmes* (Palestine).
René Girard, *La Violence et le Sacré.*
Terrorisme aux jeux Olympiques de Munich.

1973
Alexandre Soljenitsyne, *L'Archipel du Goulag.*
Daniel Bell, *Vers la société post-industrielle.*
Droit à l'avortement reconnu aux Etats-Unis.
Crise pétrolière.

1974
Marshall G. Hodgson, *The Venture of Islam.*
Karl Popper, *La Quête inachevée.*
Elsa Morante, *La Storia.*
Augusto Roa Bastos, *Moi, le Suprême* (Paraguay).
André Coetze, *Terre de crépuscule* (Afrique du Sud).

1975
Benoît Mandelbrot, théorie des objets fractals.
Michel Foucault, *Surveiller et punir.*
Jean Pasqualini, *Prisonnier de Mao.*
Cornelius Castoriadis, *L'Institution imaginaire de la société.*
L'avortement est légalisé en France.
L'ordinateur individuel est lancé sur le marché.

1976
Georg Walther Groddeck, *Le Livre du Ça* (trad. fr.).
Theo Angelopoulos, *Le Voyage des comédiens.*
Oshima Nagisa, *L'Empire des sens.*
Carlos Saura, *Cria cuervos.*

1977
Paul Bairoch, *Histoire économique du monde du XVIe siècle à nos jours.*
Woody Allen, *Annie Hall.*
Georges Lucas, *La Guerre des étoiles.*
Hans Jürgen Syberberg, *Hitler, un film d'Allemagne.*
Andrzej Wajda, *L'Homme de marbre.*

1978
Georges Perec, *La Vie, mode d'emploi.*
Oe Kenzaburo, *Dites-nous comment survivre à notre folie* (Japon).
Georges Dumézil, *Mythe et Epopée* (année de parution).

1979
André Brink, *Une saison blanche et sèche* (Afrique du Sud).
Débuts du rap.

1980
Umberto Eco, *Le Nom de la rose.*
Salman Rushdie, *Les Enfants de minuit* (Pakistan).
Vassili Grossman, *Vie et Destin* (trad.).

1981
Jacques Le Goff, *La Naissance du purgatoire.*
Thomas Mafolo, *Chaka* (Afrique du Sud).
Yilmaz Güney, *Yol* (Kurde de Turquie).
Manoel de Oliveira, *Francisca.*
James Ellroy, *Brown's Requiem.*
Wole Soyinka, *Aké, les années d'enfance* (Nigeria).

1982
Steven Spielberg, *E.T.*
Premier disque compact.

1983
Claude Cahen, *Orient et Occident au temps des croisades.*
Clifford Geertz, *Savoir local, Savoir global.*
Nathalie Sarraute, *Enfance.*

1984
Luandino Vieyra, *Nous autres de Makulu* (Angola).
Rachid Mimouni, *Tombeza* (Algérie).
Sergio Leone, *Il était une fois en Amérique.*
Début annoncé de l'épidémie du sida.

1985
Marguerite Duras, *La Douleur.*
Claude Lanzman, *Shoah.*

QUELQUES JALONS SUR CINÉMA ET PROPAGANDE

(sélection établie par François Géré)

1915 David Wark Griffith, *La Naissance d'une nation.*
1926 Vsevolod Poudovkine, *La Mère.*
1929 Sergueï Mikhaïlovitch Eisenstein, *La Ligne générale.*
1932 Bertolt Brecht et Slatan Dudow, *Kuhle Vampe.*
1933 Hans Steinhoff, *Le Jeune Hitlérien Quex.*
1934 Leni Riefenstahl, *Le Congrès de Nuremberg.*
1937 Jean Renoir, *La Marseillaise.*
1940 Veit Harlan, *Le Juif Süss.*
1942 Frank Capra, *Pourquoi nous combattons.*
1950 Wang Bin, Suihua, *La Fille aux cheveux blancs.*
1951 Samuel Fuller, *J'ai vécu l'enfer de Corée (The Steel Helmet).*
1954 Herbert Biberman, *Le Sel de la terre.*
1960 Otto Preminger, *Exodus.*
1967 Jean-Luc Godard, *La Chinoise.*
1967 Joris Ivens (M. Loridan), *Le 17ᵉ Parallèle.*

QUELQUES JALONS EN RELATIONS INTERNATIONALES

Deux classiques concernant les relations interétatiques :

Hans Morgenthau, *Politics Among Nations,* 1948.

Raymond Aron, *Paix et Guerre entre les nations,* 1960.

Mémoires, visions personnelles sur des événements majeurs :

Winston Churchill, *Mémoires de guerre,* 1948-1954.

Charles de Gaulle, *Mémoires de guerre,* 1954-1959.

Henry Kissinger, *A la Maison-Blanche* (1979) et *Les Années orageuses* (1982).

Paul Kennedy, *Naissance et Déclin des grandes puissances,* 1987. Essai historico-politique sur la puissance et les causes du déclin.

Zbignew Bzrezinski, *Le Grand Echiquier,* 1997. L'exposé le plus cohérent sur l'usage que les Etats-Unis devraient faire de leur hégémonie actuelle pour la prolonger.

QUELQUES JALONS SUR L'UNION SOVIÉTIQUE

Lénine, *Que faire ?* 1902. La théorie du parti d'avant-garde, outil de la prise du pouvoir et embryon de la future bureaucratie.

Rosa Luxemburg, *La Révolution russe,* 1918. Le jugement le plus clairvoyant sur la contradiction constitutive de la révolution prolétarienne en Russie.

Boris Souvarine, *Staline,* 1935. Le phénomène stalinien saisi et analysé *in vivo.*

Alexandre Soljenitsyne, *L'Archipel du Goulag,* 1973. Plus terrible encore que le livre de Robert Conquest, *The Great Terror* (1962).

QUELQUES JALONS EN STRATÉGIE

1911
Friedrich von Bernhardi, *La Guerre moderne.* Annonce les données de la guerre à venir.

1919
Hans Delbrück, *Geschichte der Kriegskunst im Rahmen der Politischen Geschichte.* Le premier véritable historien de la guerre.

1929-1935
Raoul Castex, *Théories stratégiques.* A beaucoup écrit, dont des textes politiquement très datés. Mais des idées originales sur un champ très large.

1936
Erich Ludendorf, *La Guerre totale.* Préfigure la Seconde Guerre mondiale où il n'y a plus d'arrière ni d'avant.

1936
Mao Zedong, *Ecrits militaires majeurs sur la guerre révolutionnaire* (1936-1938). Sous l'apparente simplicité de l'exposé, un modèle patient de travail politico-militaire largement imité, y compris par les non-marxistes.

1946
Bernard Brodie, *The Absolute Weapon.* Le premier à avoir appréhendé la rupture qualitative du nucléaire.

1954
Basil Liddell Hart, *Strategy.* L'approche indirecte comme antidote à la boucherie inutile.

1957
Henry Kissinger, *Nuclear Weapons and Foreign Policy.* Que faire du nucléaire pour maximiser sa donne ?

1960
Hermann Kahn, *On Thermonuclear War.* Le penseur de l'impensable.

1960
Pierre Gallois, *Stratégie de l'âge nucléaire.* Le pouvoir égalisateur de l'atome.

1963
André Beaufre, *La Stratégie de l'action. Dissuasion et Stratégie,* et surtout *Introduction à la stratégie.* Couvre le champ du possible.

1966
Thomas Schelling, *Arms and Influence.* Peut-être le plus stimulant des livres stratégiques de la guerre froide.

1982
Lucien Poirier, *Stratégie théorique,* t. I, II et III (1982-1996) (*Généalogie de la stratégie* 1985). Le pionnier de l'épistémologie de la stratégie. Influence à venir.

Sciences et techniques

BIOLOGIE
(liste établie par Bernard Mangin)

De la naissance de la génétique (1900 à 1950), de sa fusion avec la biochimie, à partir de cette date jusqu'à la naissance du génie génétique en 1976, cette science a connu des mutations importantes :

1932
Création du microscope électronique. Sans cet outil d'observation, utilisé fréquemment après la guerre de 1940-1945, il était impossible auparavant de faire des observations pertinentes.

1944
L'ADN comme support génétique découvert par Avery, MacLeod et MacCarthy.

1953
La découverte par Watson et Crick de la double hélice de l'ADN montre que l'hérédité est un fait biochimique.

1961
Découverte par Monod et Jacob des mécanismes chimiques de la transmission de l'information génétique (ADN).

1963
Le code génétique par Nirenberg et Ochoa.

1968
Fécondation artificielle in vitro d'un œuf humain (Cambridge).

1976
Synthèse complète d'un gène.

1978
Premier bébé-éprouvette (Grande-Bretagne).

1981
Wagner greffe un gène de lapin dans un embryon de souris.

1997
Naissance de Dolly, premier être vivant cloné.

PHYSIQUE ET CHIMIE
(liste établie par Bernard Mangin)

Grandes théories physiques conçues dans la seconde moitié du siècle : électrodynamique quantique, chromodynamique quantique (source dans les travaux de Gell-Mann).
Les physiciens travaillent aujourd'hui à l'unification des forces fondamentales de la nature et à la quantification de la gravitation.

Quant aux astrophysiciens, ils se sont lancés dans l'aventure de la cartographie du cosmos.

1895
Röntgen : découverte du rayon X.

1896
Becquerel : découverte de la radioactivité.

1898
Pierre et Marie Curie découvrent le radium.

1900
Planck : théorie des quantas.

1903
Rutherford et Soddy, théorie de la radioactivité.

1905
Einstein formule la théorie de la relativité restreinte.

1908
Liquéfaction de l'hélium par Omnès.

1910
Modèle atomique de Rutherford.

1911
Rutherford prouve l'existence du noyau de l'atome.

1912
La nature ondulatoire du rayon X par von Laue.

1913
Bohr propose un modèle de structure planétaire de l'atome.
Soddy émet l'hypothèse de la notion d'isotopie.

1914
Omnès découvre la conductibilité électrique des métaux et alliages.

1915
Einstein : formulation de la théorie de la relativité générale.

1916
Joseph John Thomson découvre le proton.

1920
Rutherford et Chadwick : première désintégration artificielle et théorie du neutron.

1923
Compton confirme par l'expérience l'hypothèse d'Einstein sur les photons et émet l'hypothèse de la nature ondulatoire de la matière.

1923-1924
De Broglie fonde la mécanique ondulatoire.

1924-1925
Principe d'exclusion de Pauli.

1924
Hubble prouve l'existence d'autres galaxies que la Voie lactée.

1925
Uhlenbeck et Goudsmit découvrent le spin de l'électron.

1926
Schrödinger propose une synthèse des mécaniques quantique et modulatoire.

1927
Davisson et Germer confirment expérimentalement l'hypothèse de De Broglie.
Heisenberg découvre le principe d'incertitude en physique atomique.

1928
Equation de Dirac : introduction de la relativité restreinte en mécanique quantique.

1929
Hubble découvre le décalage vers le rouge de la lumière émise par les galaxies.

1932
Découverte du deutérium, isotope lourd de l'hydrogène.
Dirac : découverte du positron.
Chadwick : découverte du neutron.

1934
Irène et Frédéric Joliot-Curie : radioactivité artificielle.

1938
Bethe découvre la source de l'énergie du soleil.
Principe de la résonance magnétique nucléaire.

1942
Fermi : mise en route du premier réacteur nucléaire
(projet Manhattan menant à la bombe atomique de 1945).

1945
Bombes atomiques sur Hiroshima et Nagasaki (août).

1946
Un cerveau électronique est construit à l'université de Pennsylvanie.

1954
Maser à ammoniac.

1956
Découverte du neutrino.

1957
Découverte des pairs de Cooper.

1958
Schawlow et Townes définissent le principe du laser.

1960
Création du laser.

1964
Travaux de Gell-Mann : modèle des quarks.

1965
Penzias et Wilson découvrent le rayonnement fossile résiduel de l'univers.

1967
Découverte à Cambridge du premier pulsar.

1972
Superfluidité de l'hélium 3.

1984
Découverte au CERN (Genève) du boson intermédiaire Z dans le collisionneur LEP.

1987
Apparition d'une supernova détectée à Las Campanas (Chili).

1995
Refroidissement du laser par évaporation.

MÉDECINE

(liste établie par Bernard Mangin)

Sans négliger l'importance d'autres travaux, c'est la découverte par Fleming en 1928 de la pénicilline qui fait date. Mais il faudra attendre vingt ans avant que ne soient découverts, en 1948, le premier antibiotique et, en 1949, cet anti-inflammatoire majeur qu'est la cortisone.
Dans les années 1950 apparaissent les premières greffes : cornée, rein, etc. Mais sans la découverte des groupes tissulaires antigènes des leucocytes (HLA) par Dausset, à partir de 1965, on n'aurait pas connu l'essor des greffes et transplantations d'organes (1967, greffe du cœur).
Enfin, le développement des moyens d'investigation dans les années 1970 – scanner X (Hounsfield-1972), imagerie par résonance magnétique nucléaire (IRM), dont le principe fut découvert dès 1946 par Bloch et Purcell, imagerie par ultrasons avec l'échographie – fonde une anatomie nouvelle et révolutionne le dépistage et la localisation des lésions.

1921
Vaccin BCG (Institut Pasteur).

1922
Découverte de l'insuline (Canada).

1948
Antibiotiques.

1949
Cortisone.

1950
Antihistaminiques.

1951
Streptomycine.

1952
Première pilule contraceptive.

1954
Salk, vaccin antipoliomyélitique.

1955
Vitamine B12.

1958
Création du microscope laser optique.

1962
Avancées en biologie moléculaire.

1967
Première greffe du cœur (Barnard, Afrique du Sud).

1965
Invention de la cyclosporine, médicament antirejet.

1971
Scanner.

1983
Pilule abortive RU 486.

1998
Première opération chirurgicale à distance avec robot (France).

AVIATION, ESPACE

1903
Premier vol des frères Wright (Etats-Unis).

1909
Blériot (France) traverse la Manche.
Durant la Première Guerre mondiale, l'aviation servira surtout à la reconnaissance et à l'observation.
Déjà, cependant, des combats aériens et des bombardements sont pratiqués.

1919
Alcock et Brown (Etats-Unis) : première traversée de l'Atlantique Nord.

1924
Premier vol autour du monde effectué par l'armée américaine.

1927
Premier vol Atlantique Sud (France) Saint-Louis du Sénégal-Natal.
Lindbergh traverse seul l'Atlantique Nord.

1930
L'Aéropostale établit une liaison avec l'Amérique du Sud.

1934
Scott et Black volent en trois jours de Grande-Bretagne en Australie.

1935
Premier vol de San Francisco à Honolulu et Manille.

1935-1939
La guerre d'Ethiopie et surtout la guerre d'Espagne montrent tout l'avantage que l'on peut tirer de la maîtrise de l'air.

1936
Le premier vol sans escale de type commercial relie San Francisco à Honolulu (4 000 km).

1939
La route aérienne de l'Atlantique Nord est créée sur le plan des échanges commerciaux.

1940
Vol de San Francisco aux Fidji et en Nouvelle-Zélande.
La Seconde Guerre mondiale fait faire un bond décisif à l'aviation. Le B24 américain peut effectuer sans escale de 4 000 à 5 000 km (selon sa charge).
Les distances-temps raccourcissent :

New York-Bombay	30 heures
New York-Moscou	18 heures
New York-Tokyo	23 heures.

1947
Le mur du son est dépassé.

1957
Lancement du Spoutnik (URSS).

1958
Explorer, premier satellite américain.

1961
Iouri Gagarine, premier homme dans l'espace (URSS).

1967
Programme soviétique Soïouz-Sayout-Progress.
John Glenn, premier Américain dans l'espace.

1969
Les Etats-Unis réussissent le premier alunissage (Neil Armstrong).

1970
Luna 17 (URSS) prend des photographies de la Lune.

1971
Saliout 1 (URSS), première station orbitale.

1971-1972
Mariner 9 (Etats-Unis) orbite autour de Mars.

1972
Pioneer 10 (Etats-Unis), premier vaisseau spatial. Atteint Jupiter.

1973
Skylab 2 (Etats-Unis), première station orbitale dans l'espace.

1975
Apollo 18 (Etats-Unis), fait un vol commun avec Soïouz 19 (URSS).

1976
Viking 1 (Etats-Unis), lancé en 1975, atteint Mars l'année suivante.

1977
Voyager 2 (Etats-Unis) est lancé.

1979
Fusée européenne *Ariane.*

1981
Lancement de la première navette spatiale américaine.

1982
Venera 13 et 14 (URSS) atteignent Vénus.

1986
Voyager 2 (Etats-Unis) atteint Uranus.

1989
Voyager 2 atteint Jupiter.

1990
Astro 1.

1992
Atlas 1.

1993
Atlas 2.

1994
Atlas 3.
Ulysse survole le pôle Sud du Soleil.

1995
La navette américaine s'arrime à la station Mir.
Astroz.

1998
Neurolab.

1999
Lancement de Stardhust, qui collectera du matériel sur la comète Wild 2 en 2004 et reviendra sur Terre en 2006.

Imprimé en France par I.M.E. - 25110 Baume-les-Dames
en juin 1999
N° impression : 13462